杉山城の時代

西股総生

角川選書
592

目次

（グルーピングについては112ページを参照）

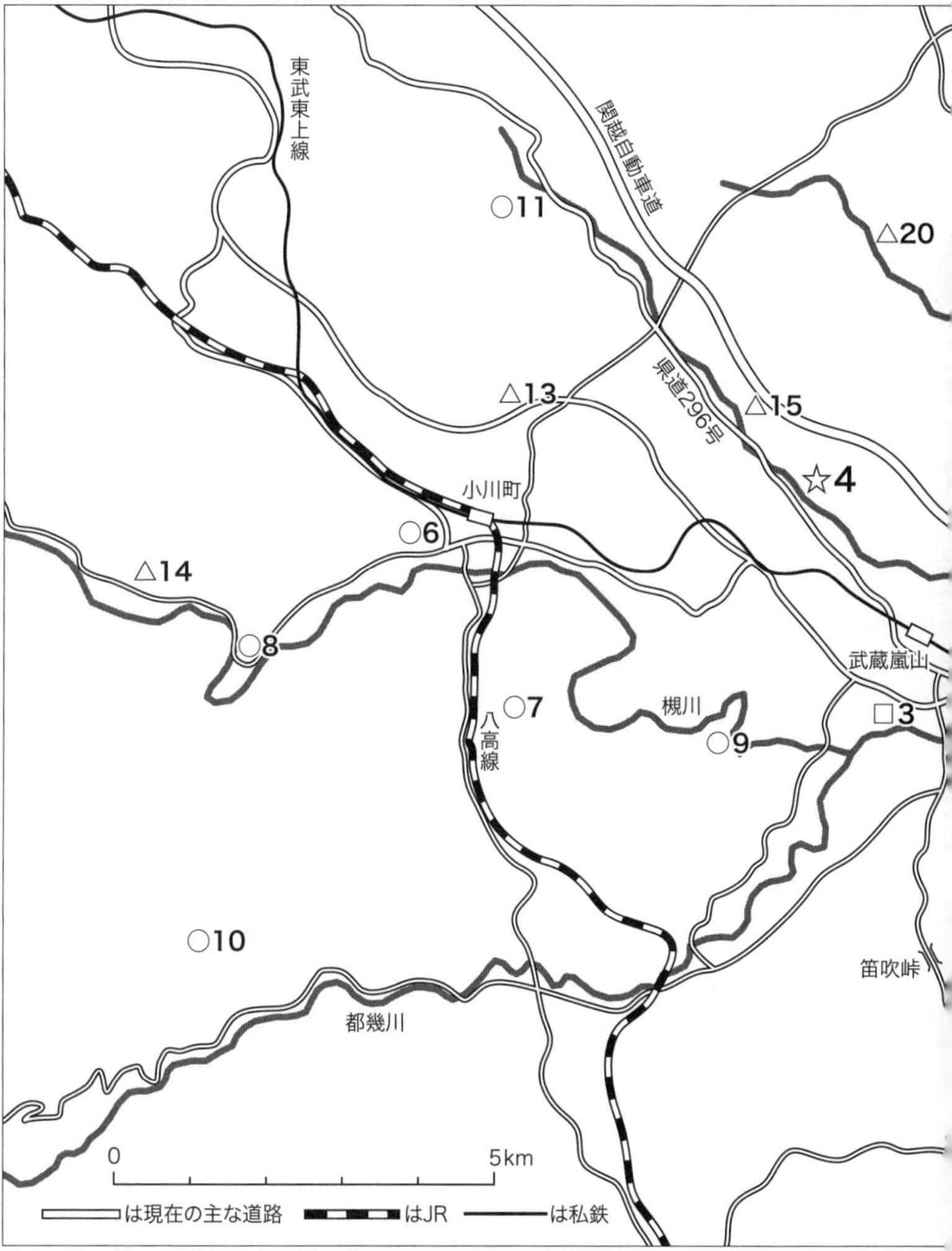

東武東上線
関越自動車道
○11
△20
△13
県道296号
△15
☆4
小川町
○6
△14
○8
武蔵嵐山
○7
八高線
槻川
○9
□3
○10
笛吹峠
都幾川
0
5km
は現在の主な道路
はJR
は私鉄

比企地方の城郭群

まえがき

杉山城は、埼玉県比企《ひき》郡嵐山《らんざん》町所在の「土の城」である。

何年か前、西から上京した知人を案内した時のこと。筆者の簡単な説明にうなずきながら後をついて歩いている彼女は、もともと口数の多い人ではなかったけれど、あまりにも黙りこくって無反応なので、案内役の筆者も少々投げやりな気分になって、ついこんな言葉が口をついて出てしまった。

「……つまらない？　もっと大きな城とか有名な城の方が、よかった？」

杉山城は、歴史的にはまったくと言ってよいほど無名な城だし、規模もそれほど大きくはない。東京・埼玉なら滝山城、八王子城、鉢形城といった壮大な「名城」が他にいくらでもある。城歩きに貪欲《どんよく》な彼女には、杉山城では不足であったたか。

筆者の視線を感じた彼女は、おずおずと口を開いた。

「……いえ、ちがうんです。あまりにもすごくて、言葉にならないんです。こんな城、関西では見たことがない……」

＊　＊　＊

この城は、これまでも多くの城郭研究者や城マニアたちを瞠目《どうもく》させ、饒舌《じょうぜつ》にさせ、あるいは沈黙させてきた。さまざまな築城技法を凝縮した精密機械のような姿が、一種異様な迫力を発しているからだ。一方で、いつ誰が築いたのかを示す確たる史料は知られておらず、戦国時代に庄《しょう》氏（杉山氏とも）が在城したらしいという、心もとない言い伝えが地誌に見える程度であった。

そんな「謎めいた城」を、関東の城郭研究者たちは、天文末〜永禄《えいろく》年間（一五五〇〜六〇年代）における北条氏による築城、と推定してきた。すなわち、北条氏と管領《かんれい》上杉氏、および上杉謙信との間で展開した松山城争奪戦に伴って、北条氏が築いたのであろう、というわけだ。この推測は、城郭研究者たちの間で、一種の「定説」となっていた。

「定説」に重大な疑義が突きつけられたのは、二〇〇〇年代に入ってからのことだ。杉山城の主郭を中心として数次にわたる発掘調査が行われ、そこで出土した遺物の年代が、十五世紀後半から十六世紀前半におさまる、という結果が示されたのである。だとしたら、杉山城は北条氏が比企地方に進出する以前、山内《やまのうち》上杉氏と扇谷《おうぎがやつ》上杉氏との抗争の中で築かれたことになるのではないか。

少なからぬ研究者たちが、この「新説」を支持することとなった。従来の「定説＝北条氏築城説」は、推測にもとづくものでしかない。しかし、城跡に発掘調査のメスが入り、出土遺物という〝物証〟が提示された以上、推測より証拠に従うべきだ、というわけである。

しかし、城郭研究者の中には「新説」に違和感を抱く者も少なくなかった。杉山城ほどの技巧的な縄張りが、はたして戦国前期に存在するものだろうか。関東地方の他の城と比較した場

杉山城主郭東側の土塁と空堀（著者撮影）

合、杉山城の縄張りを戦国前期に溯《さかのぼ》らせることが、はたして妥当なのだろうか。そうした素朴な疑問が、違和感の出発点だったのだろう。

杉山城の年代をめぐって、いくつかのシンポジウムが行われ、何本かの論考が書かれた。この城の年代をどう考えるかという問題は、いつしか「杉山城問題」と呼ばれるようになったが、いまだに決着を見ていない。

いや、正確にいうなら、「新説」の支持者たちは、杉山城の年代については実証済みであり、問題は決着している、と考えている。しかし、「新説」に納得できない研究者が少なからず存在しているのなら、その問題は未解決と考えるべきではないか。

堀や土塁、曲輪《くるわ》や虎口《こぐち》（出入り口）などの遺構がどのように配置されているかといった、城の平面プランのことを、縄張りという。現地を踏査して、城の縄張りを図に描き起こし、その図を用いて城のことを考える方法が、城郭研究の一分野として行われている。これを、縄張り研究と呼ぶ。筆者が主に用いているのも、縄張り研究だ。

「杉山城問題」に関しては、これまでも多くの研究者が発言している。考古学や歴史学（文献史学）の研究者たちも、さまざまに論を立て、自身の見解を述べているが、杉山城の「新説」に納得していないのは、多くは縄張り研究者たちだ。もちろん筆者も、その一人である。では、縄張り研究者とは、突きつけられた証拠を認めずに自分の殻に閉じこもっている、頑迷固陋《がんめいころう》の輩《やから》なのだろうか。

本書は、縄張り研究の立場から、杉山城という一つの城について考え、「杉山城問題」を点検する試みである。問題を繙《ひもと》くに際して、筆者が城や歴史を考えるときにいつも心にとめている大前提、というか原則のようなものを三つ、示しておきたい。

一、歴史学・考古学は、ともに過去における人の営みを考える学問である。

二、歴史学・考古学は科学でなければならない。ただし、それは自然科学ではなく人文科学であるが。

三、城が人の活動の痕跡《こんせき》である以上、城を対象として人の営みを明らかにする方法論は存在するはずである。その方法論が歴史学に属するのか、考古学の範疇《はんちゅう》に含まれるのかは別として、少なくともその方法論は追究されなければならない。

以下、本書では、この三原則を念頭におきつつ考察を進めてゆく。なお、書題の『杉山城の時代』とは、杉山城の構築・使用年代はいつか、という意味ではない。杉山城のような城が必要とされた戦国時代とは、いかなる時代だったのか。城と人とがどのように関わりあう時代だったのかを、杉山城を通して考えてみる、という意味だ。

つまり本書の目的は、人文科学の対象として杉山城を考察すること、いい換えるなら、杉山城という対象をとおして戦国時代における人の営みを考えることである。

比企地方の位置

第一章　城と縄張り――地面に刻まれた築城者の意図

一　杉山城を攻める

杉山城へ

杉山城のある嵐山町は、埼玉県比企郡の中ほどに位置している。電車なら東武東上線の東松山駅から三つめが武蔵《むさし》嵐山駅であるし、自動車を利用するなら関越道の東松山インターを下りて、国道二五四号を西に五キロほど走ると、嵐山町の中心街に出る。ここから県道二九六号を北西方向に二キロほど進むと、右手に杉山城が見えてくる。

この県道二九六号は通称を「菅谷《すがや》寄居《よりい》線」といい、また「鎌倉街道」の伝承を持っている。正確にいうと、中世・戦国期の鎌倉街道をそのままトレースしているわけではなく、場所によっては付け変わっているのだが、通称が示すように菅谷城の近くから杉山城の西を抜けて、鉢形城のある寄居町へと達する道だ。

もう少し補足するなら、現在、県道二九六号となっているのは菅谷―寄居間だが、本来の鎌倉街道は、南へは嵐山の町中を抜けて菅谷城の傍らで槻川《つきかわ》を渡り、笛吹峠を越えて河越《かわごえ》に向かっていた。反対に、寄居から北上すれば上野《こうずけ》に至る。中世から戦国時代にかけては、戦略的にたいへん重要な道だったことがわかる。

さて、その県道の方から眺める杉山城は、なだらかに連なる丘の一画だ。県道から玉ノ岡中学校の方へ右折し、市野川を渡って左手の細い道に入ると、すぐに積善寺《しゃくぜんじ》という小さな寺がある。寺の右手にある墓地の横から坂を上がると、正面に杉山城の土塁が見えてくる。多くの研究者や城マニアを唸《うな》らせてきた「謎の名城」には似つかわしくないほど、あっけない到着ではある。

筆者が初めて杉山城を訪れたのは大学生の時分だから、今から三十年以上も前のことになる。その頃は、杉山城の名を知っているのは、城の研究者とごく一部のマニアくらいのものだった。城跡は一面の篠竹《しのだけ》や灌木《かんぼく》に覆われていたから、研究会で「先日、杉山城へ行きました」というと、先輩から「そう、藪《やぶ》こぎ大変だっただろう？」と、ねぎらわれたものだ。現在、城跡は国史跡に指定されており、城域のほとんどは気軽に散策できる。

杉山城の発掘調査報告書によれば、主郭内部の標高は九五メートル、市野川両岸に広がる水田面の標高は五二・五メートルとある。城郭研究では、山麓《さんろく》から主郭（山上）までの標高差を、慣用的に「比高」という語で表す。杉山城は標高九五メートル、比高約四二メートルというわけだ。

山城と丘城を分ける明確な基準というものは存在しないが、比高四二メートルというのは、

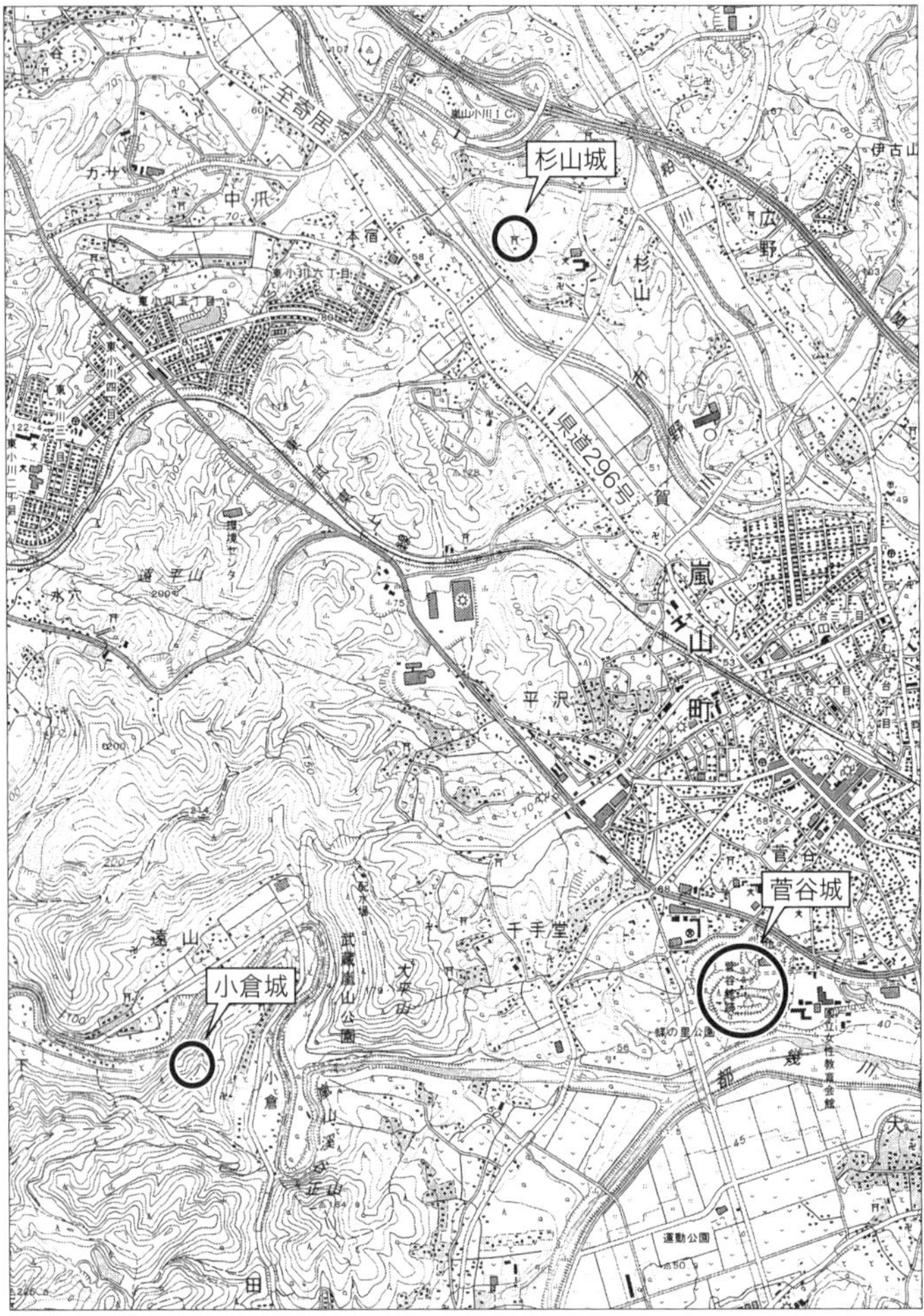

国土地理院発行の 25000 分 1 地形図「武蔵小川」に加筆

南から見た杉山城（著者撮影）

一般的な感覚では丘城の範疇《はんちゅう》に入る。杉山城は、決して峻険《しゅんけん》な山城などではないのだ。

縄張りの概要

城が築かれる地形や、城を築く際の地形の取り方のことを、城郭用語で占地《せんち》という。杉山城は比高の低い、決して峻険とはいえない丘に占地している。ただし、この丘はホットケーキのようにのっぺりとした形ではない。この丘には、なだらかながら尾根と谷がちゃんとある。

縄張り図を見てみよう。主郭①を中心として、北、東、南の三方向に尾根が伸びているのがわかるだろう。正確に表記するなら、北北西、北東、南南東になるのだろうが、方位についての記述が増えてくると煩瑣《はんさ》になるので、本書ではざっくり北、東、南と呼ぶことにしたい。三方向の尾根の間には、当然ながら谷が入っている。三方向に伸びる尾根の上には、曲輪《くるわ》が並んでいる。北の尾根には②と③、東の尾根には④と⑤、南の尾根には⑥⑦⑧⑨の四つの曲輪を置いている。曲輪を囲むような形の堀を横堀というが、杉山城では各曲輪とも横堀によって防御《ぼうぎょ》を固めている。

一方、西側（正確には西南西側）は、地形図で見ると等高線が混んでいて、傾斜が急であることがわかる。こちら側には、防戦の足場となるような大きな曲輪を造り出すスペースがない。ただし、急斜面の直下は水田となっていて市野川が流れているので、攻城軍の主力がこの方面に広く展開して攻め登ってくる事態は想定しにくい。

そこで、高低差の大きい横堀や腰曲輪を配置して、敵の侵入を防ぐようにしている。腰曲輪とは、主要な曲輪から一段下がった場所に、ウェストポーチのように付属する小さなスペースのことだ。

さて、それぞれ空堀で隔てられた九つの曲輪は、ほとんどの場合、土橋によって連絡しており、土橋を渡って曲輪に入る場所が虎口《こぐち》（出入り口）になっている。敵の側面から射撃することを横矢というが、杉山城で特徴的なのは、土橋や虎口に対して徹底的に横矢を掛けていることだ。

横矢を掛けるための工夫（施設）を横矢掛りと呼ぶ。杉山城では塁線を折り曲げたり、虎口に向かう導入路を折り曲げたりした横矢掛りとする場合が多いが、曲輪の位置関係を利用して横矢掛りとしている箇所もある。また、木橋を架けないと曲輪どうしの連絡ができない箇所が

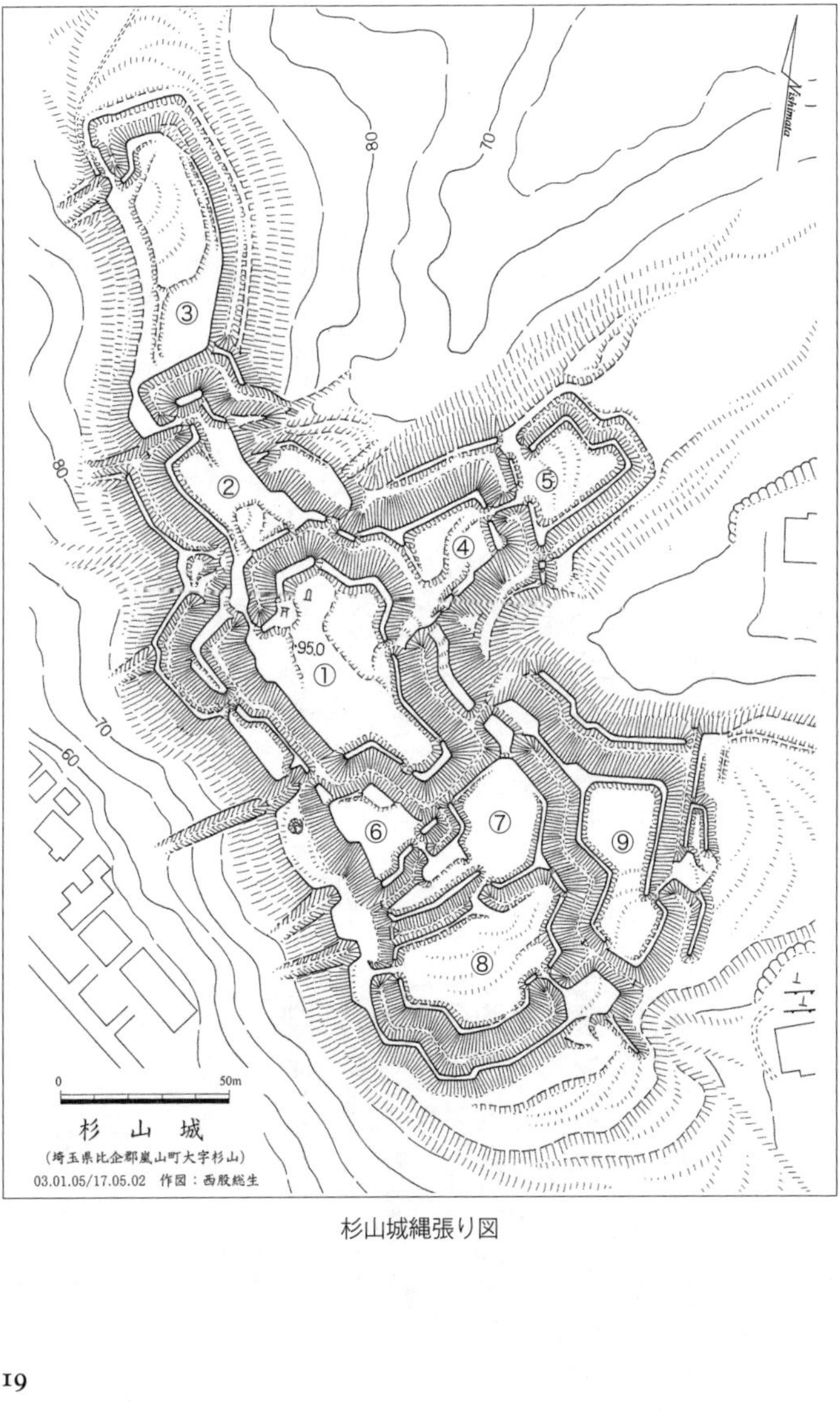
Nishimata
80
70
80
70
60
③
②
⑤
④
①
95.0
⑥
⑦
⑨
⑧
0
50m
杉　山　城
（埼玉県比企郡嵐山町大字杉山）
03.01.05/17.05.02　作図：西股総生

杉山城縄張り図

いくつかあるが、この架橋位置にも横矢がかかるようになっている。

ただ、こうして抽象的な説明を続けるだけではわかりにくいと思う。そこで、縄張りの工夫が具体的にはどのように機能するのか、実際の攻防戦をシミュレートしながら、縄張りの意味するところを探ってみよう。

北から攻める

手はじめに、北側の尾根からの攻略を検討してみよう。曲輪②と③の内部はおおむね平らであるが、③の外側は北東と北西に向かってゆるやかに傾斜する地形となる。つまり、北尾根の最前線を担う曲輪③は、地形が開いて守りにくくなるギリギリ手前の位置までを守備範囲に取り込むように、プランニングされているわけだ。

城外と連絡する虎口は、北西側の一箇所のみである（a）。虎口aには、土橋を渡って入ることになるが、ここに東側（b）から横矢がかかる。

注意したいのは、西側に短い竪堀《たてぼり》を食い込ませて、虎口の直前で通路幅を絞っていることだ。もともとこの虎口は、尾根の西端に寄せて開口しているから、丘陵上を登ってきた攻城軍から見ればボトルネックになっている。さらに、竪堀によって通路幅を絞られるから、虎口に殺到する攻城軍は渋滞を起こす。横矢掛りは、そこを狙っているのである。

一方、曲輪③の北側から東側にかけては横堀が廻《めぐ》っているので、攻城軍が東側に回り込もうと試みても、侵入口は見つからない。しかも、横堀の南東端は竪堀（c）にぶつかって終わっ

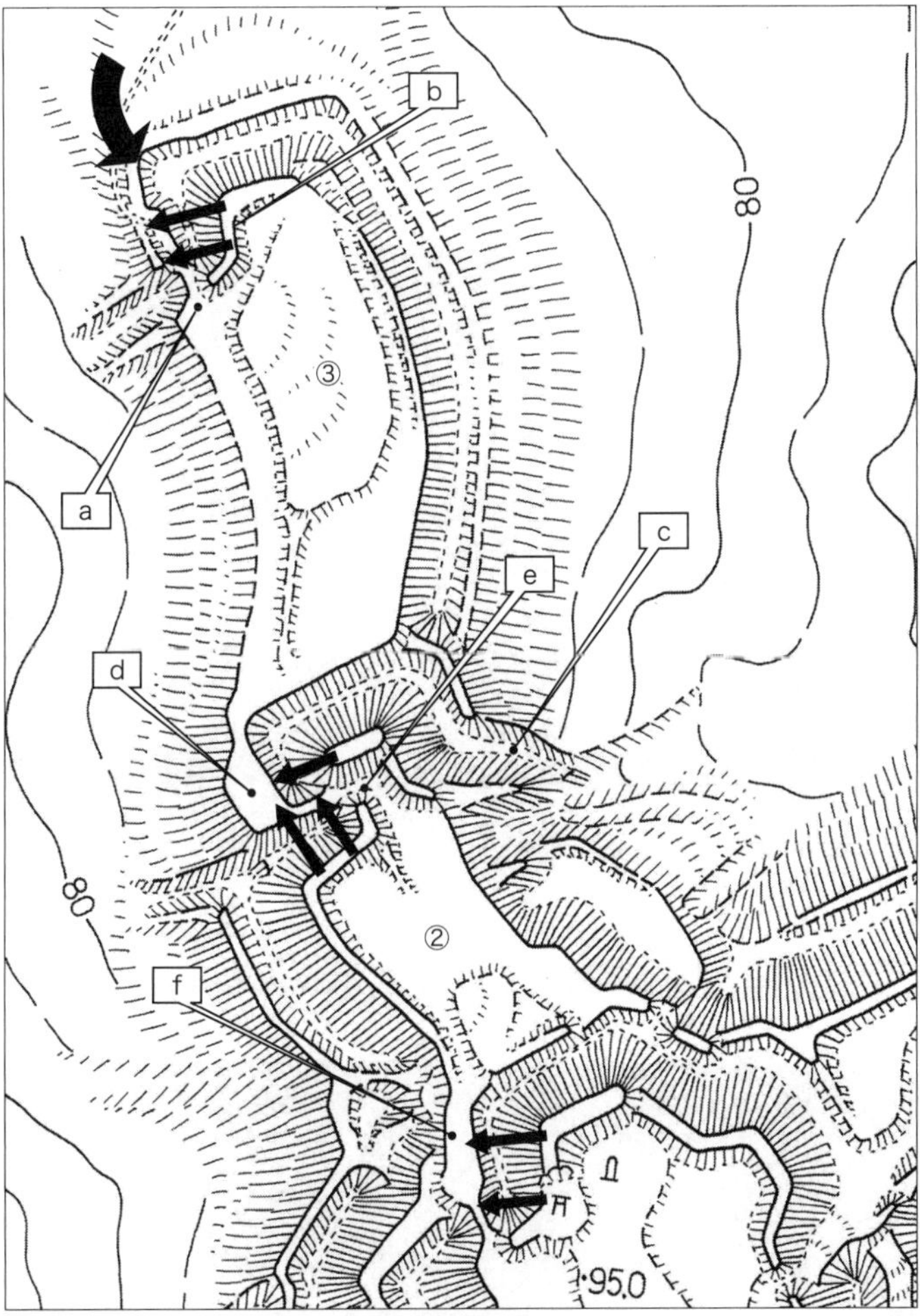

杉山城縄張り図・北側尾根

ているから、迂回を続けても行き止まりになってしまう。

虎口を突破するなり、空堀を強引に越えるなりして、曲輪③に侵入したとしよう。曲輪の中にいる城兵たちを倒して、曲輪②へと進む。曲輪②への導入路は、屈曲しながらまたしても幅を絞られ、九〇度ターンして狭い土橋を渡り、ようやく虎口eに入る。

よく見ると虎口手前のdの所に、ちょっとしたスペースがある。このように、虎口から堀を渡った対岸に設けられた小さなスペースのことを馬出《うまだし》という。馬出は一般に、城兵が逆襲に転ずる際に攻撃の足がかりとなる場所であるが、土橋の外側のスペースを局限することによって、虎口を一気に突破されないという効果も期待できる。この馬出dは、二方向の土塁上からクロスファイアを浴びせられるようになっているから、侵入阻止効果は大きい。

ここを何とか突破して、曲輪②に攻め入ったとしよう。向こうには、主郭①の土塁が一段と高く見えている。そして、侵入者は細く絞られた屈曲する通路fへと導かれ、主郭からの射撃に身をさらさなければならない。

東からの侵入

東側の尾根はどうだろう。こちらにも北の尾根と同様に、二つの曲輪④⑤が直列に並んでいる。尾根の両側には谷が入り込んでいるから、攻城軍はいったん尾根に取りついたら、⑤→④と順に攻略してゆかなければ主郭には到達できないわけだ。

東尾根に対する最前線となる曲輪⑤の虎口は、gのところに開いている。したがって、攻城軍は横堀の外に伸びている狭い通路を通り、九〇度ターンしてこの虎口に向かうことになる。

面白いのは、曲輪⑤の正面の塁壕《るいごう》が屈曲して、横矢掛りとなっていることだ（h）。横矢掛りhが何を狙っているかは、実際に現地に立ってみればたちどころに理解できる。東の尾根から虎口gに向かうためには、前述した狭い通路に入らなければならないから、通路への入口がボトルネックとなる。横矢掛りhは、このボトルネックを狙う位置にあるわけだ。

曲輪⑤から④へは、狭い土橋を渡って入る。そして曲輪④の正面には、主郭の塁壁が高くそそり立っている。主郭①の虎口iへは坂道を上ることになるが、ここにもまた横矢掛り（j）が用意されている。しかも、主郭と曲輪④との高低差が大きいゆえに、j付近の塁上からは曲輪④⑤の様子を手に取るように眺めることができる。

なお、前述したように、城の西側は横堀・腰曲輪（k）によって敵の侵入を防ぐようになっている。よく見ると、これらの横堀や腰曲輪は何本かの竪堀（l）と組み合わさっている。竪堀とは斜面を縦方向に下ってゆく堀のことで、近世の平城や平山城では見かけないので、土の城を歩いたことのない人にはイメージしにくいかもしれないが、戦国時代の山城や丘城では多用されるパーツだ。

竪堀を何本も落としているのは、こちらから攻め登られた場合でも、敵兵の動きを制約して城内からの射撃で仕留めやすくするためだろう。北側や南側から攻め込んできた敵が、主郭の背後（西面）に回り込むのを阻止するためにも、竪堀は効果を発揮する。

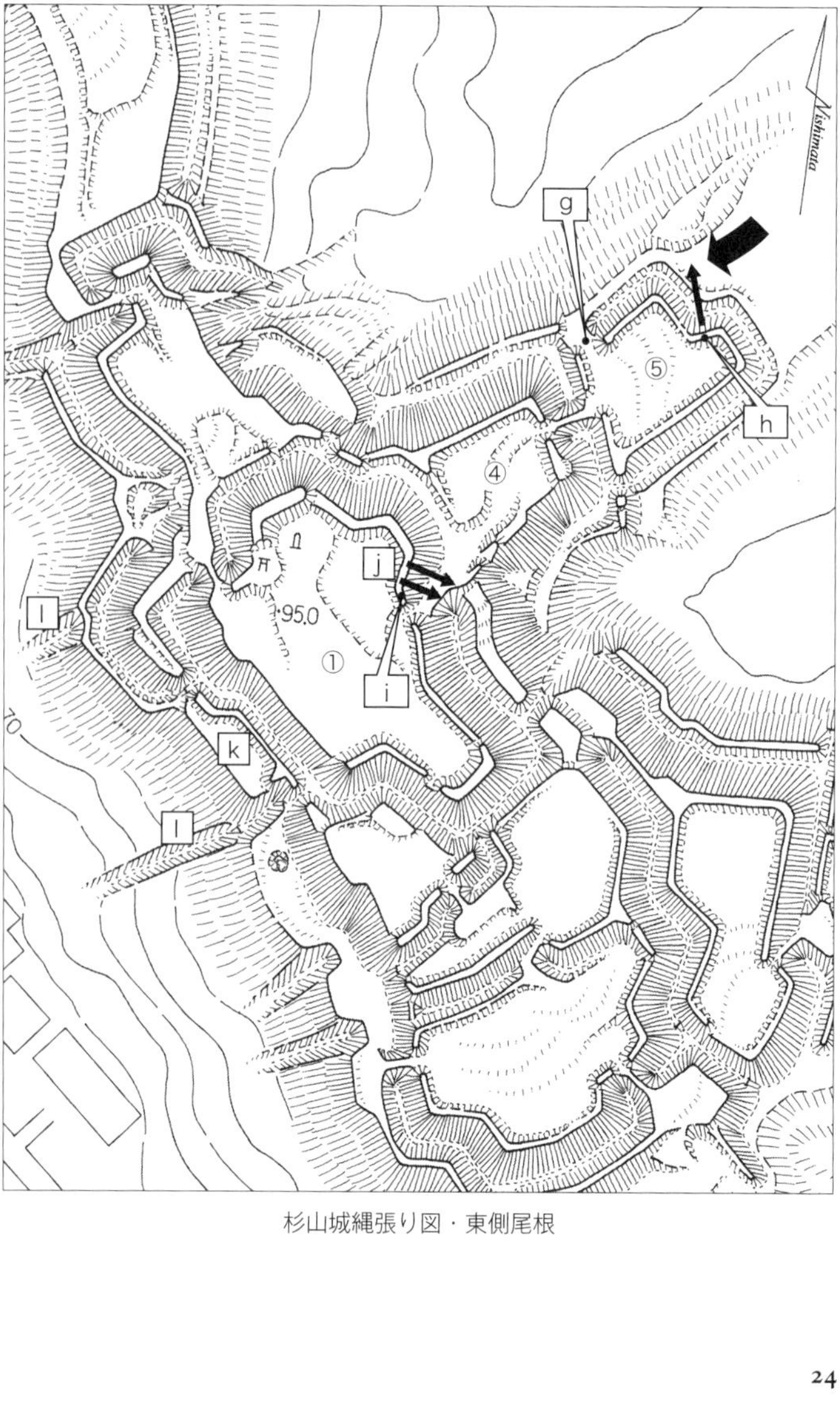

杉山城縄張り図・東側尾根

南からの攻略経路

城域の南側は⑥⑦⑧⑨と四つの曲輪を組み合わせて、さらに複雑な縄張りを見せている。まず、積善寺のある場所が谷になっているので、南側の尾根は東南東方向と南南東方向とに分かれているが、城域は尾根が二股《ふたまた》に分かれる直前までとなっている。これは北側の曲輪③と同じ原理で、地形が広がって守りにくくなる手前で防禦ラインをまとめたもの、と理解できる。

現在使われている積善寺横手からの登城路は、曲輪⑨へと向かう。⑨への入口にあるmは、変則的ではあるが一種の馬出と見なすことができる。馬出mには、oの位置から横矢がかかるので、スペースを絞る効果は大きい。

馬出mを通過した侵入者は、曲輪⑨の切岸《きりぎし》に突き当たって九〇度ターンしてから、虎口nへと向かう。⑨の守備兵たちが、土塁の上から投石を行ったり鑓《やり》を突き出したりすれば、虎口nへの突入を試みる攻城兵は、さぞや難儀をすることだろう。

これをものともせず、曲輪⑨へ突入したとしよう。ここから城の中心部へと向かう経路は、二つある。右に行くと、横堀の対岸に伸びている狭い通路pを進むことになるが、この通路は曲輪⑦から完全に見おろされている。もちろん城兵たちが、黙って眺めているはずはない。もう一つのコースは、左に進んで空堀を木橋で渡り、馬出qをへて曲輪⑧へと向かうものだ。

虎口nの位置からすれば、⑨に侵入した攻城軍の大半は、自然と後者のコースに足が向くのではないか。もちろん、馬出qへの木橋が落とされてしまえば強引に堀を越えるしかないが、

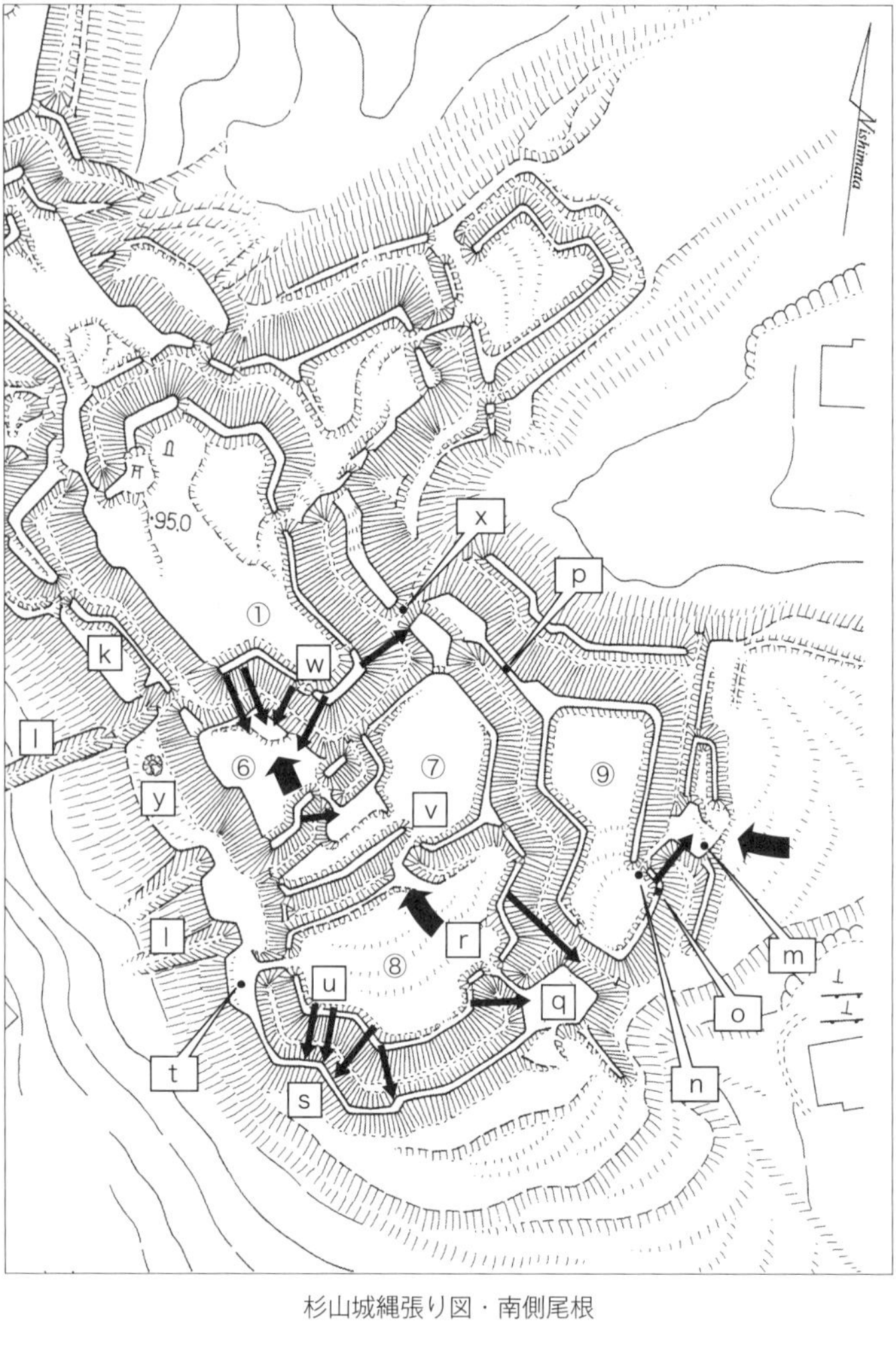

杉山城縄張り図・南側尾根

この堀（ないし木橋）に対しては、曲輪⑧の土塁上から、ちゃんと横矢がかかるようになっている。馬出qから曲輪⑧の虎口rに向かう土橋にも、横矢掛りが用意されている。

さらに、馬出から西に伸びる通路もあるが、このコースは横堀の対岸を延々と歩かされる上、途中で屈曲をくり返して、そのたびに横矢掛りに狙われる。とくにsのあたりは、二方向からクロスファイアを浴びることになるから、突破は至難であろう。このコースの行き着く先は馬出tで、導入路はここで再び九〇度ターンして虎口uに入る。

袋のネズミ

曲輪⑧から⑦への導入路は、土塁に突き当たって右に九〇度折れ、坂を上がる。ちょうど、虎口mへの入り方を左右反転させた形となっている。この虎口vがどのように守られるのかは、もうおわかりであろう。⑦から曲輪⑥に入る土橋にも、小さいながらも横矢掛りが対応していて隙がない。

曲輪⑥を制圧すれば主郭①は目前であるが、この城はそうたやすく攻城軍を迎え入れてはくれない。馬出q→曲輪⑧→⑦→⑥と、われわれは常に土橋を渡って次の曲輪に進入してきた。曲輪⑥へ来てその北東隅に立つと、空堀の向こうに主郭の虎口wが開口しているのが見える。ところが、虎口wへと渡るための土橋がないのだ。

よく見ると、曲輪⑥の北東隅はまわりより少し高くなっていて、虎口の先に見える主郭内部と同じ高さになっているのがわかる。この場所には木橋が架けられていた——木橋を架けるために両岸の高さをそろえてある――とみて間違いない。

そして、主郭の塁線が大きく屈曲しているために、曲輪⑥には主郭の二方向からクロスファイアが降りそそぐようになっている。曲輪⑨→⑧→⑦→⑥と突入をくり返してきた攻城軍の先《せん》鋒《ぽう》は、ここで行き止まりとなり、主郭からの射撃で殲滅《せんめつ》されることだろう。

もう一つ、曲輪⑦から主郭に向かうコースがある。曲輪⑨から伸びてきているpの通路と合流して、横堀対岸の狭い通路を進むコースだ。この通路は、もちろん主郭から完全に見おろされているし、途中のxでいったん切れている。

ここには簡単な木橋か渡し板のようなものが設置されていたのだろうが、城兵がそれを外してしまえば行き止まりとなる。こうして足が止まった瞬間に主郭の土塁上から狙撃《そげき》されれば、ひとたまりもない。

付言すると、曲輪⑥から西に一段下がった腰曲輪には、井戸がある（y）。この城の水の手というわけだ。yへは、馬出tから連絡するのであろう。ただし、tからyに至る腰曲輪には二箇所で竪堀を食い込ませて、通路幅を絞っている。仮に、馬出tに侵入した攻城軍が、虎口uへの突入をあきらめてy方向への迂回を試みたとしても、結局は行き止まりとなってしまうわけだ。

このように、杉山城の縄張りは大変に複雑であるが、それは塁壕や通路をランダムに屈曲させた結果ではない。縄張りを構成する各部分は、敵の侵入を効果的に防ぐという観点から、いずれも合理的な説明が可能であり、城兵が正常に配置され機能したとしたら、攻城軍は容易に

曲輪⑦から主郭を見る（著者撮影）

は主郭に到達できないだろう、と思えるほどだ。杉山城が多くの城郭研究者や城マニアを唸らせてきたのも、その縄張りがあまりに緻密《ちみつ》で論理的であるからだ。

二　縄張りを考える人たち

縄張り図と縄張り研究

このように、実際の戦闘をシミュレーションしながら縄張りの持つ具体的な意味を明らかにしてゆく方法は、縄張り研究の得意とするところである。

では、縄張り研究とはどのような研究方法なのだろうか。「杉山城問題」の実際に踏み込む前に、縄張り研究とは何か、ということを少し整理しておきたい。以下、話が少々理屈っぽくなるが、ご容赦願いたい。

縄張り研究とは、城の現地を踏査して地表面に残されている遺構を観察し、図に描き起こして、その図をもとに城について考察する方法である。縄張り図は、歩測や簡易距離計、巻き尺などを使った略測によって作成するのが普通だ。

したがって、測量機器を用いた実測図にくらべると精度は劣る。ただし、縄張り図は千分の一とか二千分の一の縮尺で作成されることが多く、実際の研究に用いる際にはさらに縮小されて数千分の一程度となるので、寸法上の細かな差異はあまり問題にならない。むしろ、虎口や横矢掛りといった、立体構造物としての遺構の特徴を、的確に捉《とら》えて図化しているかどうかという点が重要になる。そして、遺構の特徴を的確に捉えることができるかどうかは、作図者の認知技能によっている。

認知技能というのは、専門家が対象を識別したり、特徴を認識するような能力のことだ。たとえば、中・近世考古学の専門家なら磁器の破片を一目見ただけで、それが十七世紀前半に明《みん》の景徳鎮窯で焼かれた物か、同じ時期に肥前の有田で焼かれた物か判別できる。しかし、陶磁器に対する認知技能を持たない素人には、自宅前のゴミ置き場に捨てられている茶碗《ちゃわん》のかけらと大差なく見える。

あるいは、歴史学の研究者なら、ミミズがぬたくったような筆跡を文字として判読できよう。戦国時代の書状では「候」や「謹言」のような慣用句は、ほとんど文字としての体をなしていない場合があるが、戦国史の専門家ならちゃんと「候」や「謹言」と判読できる。これが、認知技能だ。

城の場合だと、地面の起伏の中から、城の遺構である可能性の高い、意味のある凹凸《おうとつ》を峻別できるかどうかが問題になる。したがって、城の遺構についての認知技能を持たない技術者や研究者が、いくら高精度の測量機器を使用しても、城の遺構を単純に平面投影しただけでは、資料として有効な図はできない。城の遺構を立体構造物として認知できる技能を持ち合わせていなければ、枡形《ますがた》虎口は地面の窪《くぼ》みとしか、横矢掛りは塁線のうねりとしか認識できないからである。

認知技能と縄張り研究

認知技能を身につけるには、経験を積むしかない。指導教官や先輩の指導を受けながら古文《こもん》書《じょ》を読む、出土遺物を観察し分類する、といった経験を積むことによって、歴史学や考古学の研究者たちはそれぞれの分野で必要とされる認知技能を身につける。

城の遺構に対する認知技能も、現地を踏査して縄張り図を描く経験を積みあげることによって身につく。とくに、経験豊かな先輩にくっついて図を描きに行くという経験は重要だ。研究資料として使える図＝遺構の特徴が的確に捉えられ表現されている図を描くためには、何が必要かを体得できるからである。

実際の縄張り図には、作図者ごとの描き癖のような傾向があって、同じ城でも描き手によって少しずつ違う図ができる。でも、だからといって、縄張り図が研究資料としての客観性に欠ける、ということにはならない。なぜなら、研究者によって対象のとらえ方が少しずつ異なったり、資料としてのスタイルに違いが生じたりするのは、考古学の場合でも歴史学の場合でも同じだからだ。

たとえば考古学の場合、遺物や遺構の実測図の描き方は、大学や研究機関などによって、「流儀」のような違いがある。だから、各地の調査センターや教育委員会によって、それぞれ描き方の標準を定めているのが普通だ。

さらに、土器の実測図における稜線《りょうせん》の切り方や、石器における剥離《はくり》の描き方、遺構調査に際しての分層（土層の分け方）など、かなりの個人差が出る。作図者の練度によって、図の出来ばえが違ってくるのも当然だ。認知技能のレベルが同じではないからだ。でも、そうした現象を指して、考古学で使用する実測図は客観性に欠ける、などと問題視する人がいるだろうか。

歴史学の場合でも、古文書の読み癖の「流派」みたいな現象がある。たとえば「左右」を「そう」と読む人と、「とこう」と読む人がいる。文書中の特定の文字をどう判読するかが、研究者によって分かれ、それが文書の解釈の違いにつながって論争になる、などということも珍しくない。でも、だからといって、歴史学は文書の解釈が主観的すぎるから学問として成り立たない、ということにはならない。

研究における客観性

「まえがき」で述べた、筆者の三原則を思い出してほしい。歴史学も考古学も科学であるのなら、城の研究もまた科学でなければならない。ものごとを科学的に研究するためには、対象を資料化して研究者同士の相互検証や議論を可能にする必要がある。この「資料化」を担保するのが、客観性だ。では、研究における客観性とは何だろうか。

研究における客観性とは、対象の属性を数字や数式によって表すことではない。たしかに、自然科学では数字や数式を重視するが、それは各分野における方法論的手続きの中でもっとも共有しやすい要素が数字だからだろう。歴史学や考古学は人文科学であって、その方法論は自然科学とイコールではないのだ。

もちろん人文科学の中にだって、数値データを用いた方が認識を共有しやすい領域はある。しかし、人の営みのすべてが数値化できるわけではない。というより、自然科学とは違って数字では割り切れないような人間の営みを研究するのが、人文科学ではないのか。

また、誰が見ても（観察・実測しても）同じ結果を生じることが、研究における客観性なのでもない。研究者の属する「流儀」や、各人の価値観、認知技能のレベルなどによって、結果に差異が生じるのは当然だからだ。

一方、研究においては、相互検証や議論を可能とするような方法論的手続きが踏まれているかが重要である。歴史学なら歴史学、考古学なら考古学といった分野ごとに、研究者たちが共通認識として持っている方法論的な手続きというものがある。

研究における客観性とは、同種の認知技能を備えた人たちが、共通する方法論的手続きを踏むことによって相互検証を行い、同じ結論に達することができる状態が担保されていることを指しているのだ。

だとしたら、認知技能を身につけた人とそうでない人が同じ対象を見たときに、同じ結論が得られないのは当然である。縄張り図に枡形虎口として描かれている場所へ行ってみたが、自分には枡形虎口には見えなかった、などというのは、その人が城の遺構に対する認知技能を身につけていないだけの問題であって、要は、十七世紀前半の景徳鎮とゴミ置き場の茶碗が一般人には同じに見える、みたいな話なのである。

縄張り図においても、経験や技量が一定の水準に達している研究者が描けば、遺構の捉え方は八〜九割方は同じになる。杉山城の場合も、これまでに何人かの研究者が公表してきた縄張り図を比較してみると、土塁・堀の折れる角度が少しずつ違っていたり、馬出のサイズが一定していなかったり、ある人が横堀として描いている場所を別な人は腰曲輪のように描いている、といった細かな差異を指摘できる。

しかし、前節で指摘したような、

・曲輪の防禦は横堀を基調としている
・導入路を執拗《しつよう》に折り曲げながら、虎口・土橋には徹底的に横矢を掛けている
・要所に馬出を備えている

などの特徴は、どの図からも読み取ることができる。

したがって、誰かの描いた図が研究会のような「場」に提出されていれば、縄張り研究者たちはその図を材料として議論を交わすことができる。共通の認知技能を身につけているからである。こうして相互検証が可能になるということは、研究における客観性が担保されていること

とを意味する。

三　縄張り研究の流れ

民間学として起こった縄張り研究

ここで、縄張り研究のたどってきた道筋を概観しておこう。もともと縄張り研究には、民間学として発達してきたという経緯がある。日本においては、城郭は歴史学や考古学の研究対象に入ってこなかったからだ。

歴史学では文献史料に登場する城に言及することはあっても、モノとしての城郭を扱うことはなかった。考古学は先史時代を主たる研究対象として発展してきたし、近世城郭は建築史の研究対象であったから、中世・戦国期城郭はそれら分野の隙間に埋没して、学術研究の対象にはなってこなかった、という実態がある。

そうした中、各地の城跡を踏査してせっせと縄張り図を描いてきたのは、公的研究機関に属さない城マニアのような人たちだった。やがて彼らは、地域ごとにサークルのような研究会を作って、お互いの調査の成果を発表しあったり、城についての議論を戦わせたりするようになった。

時をへるにつれ、各地で中世・戦国期城郭を踏査してきた民間人の交流も盛んになり、彼らの活動は段々に研究らしさを帯びるようになっていった。この流れに大きなインパクトを与えたのが、一九七九年の日本史研究会大会における村田修三氏の報告「城跡調査と戦国史研究」だった（翌年『日本史研究』二一一号で活字化された）。

村田氏は当時、気鋭の中世史研究者として歴史学界で擡頭《たいとう》していたが、一方で城跡を踏査して縄張り図を描く作業にも精力的に取り組んでおり、歴史学研究者としての立場から、城郭遺構を歴史学の資料として扱う方法を模索していた。折しも、戦後の日本歴史学をリードしてきたマルクス主義的歴史観の限界が強く認識され、文献史料以外の新しいジャンルを歴史学の資料として利用する必要性が叫ばれていた。

しかも一九七〇年代には、各地で大規模な開発に伴う遺跡の発掘調査が増え、考古学の分野でも中世遺跡が次第に注目されるようになっていた。こうした歴史学・考古学双方の事情を背景に、縄張り図を用いた城郭研究は、ちょっとした脚光を浴びることとなり、一九八〇年代に入ると、全国規模の城郭研究集会のようなものも開かれるようになった。

不可避だった批判

ただし、注目を浴びるということは、批判にさらされることでもある。縄張り図を用いて城のことを考えようとする人たち＝縄張り研究者たちが、それまで仲間同士で楽しんできた議論が、歴史学・考古学の専門家たちの目に客観性に乏しいマニアックなものと映ったのも、致し方のないことだった。

第一節で述べたような戦闘シミュレーション的な分析手法も、趣味的・主観的であるとして、批判の対象となった。当時、歴史考古学の分野で若手の論客として鳴らしていた橋口定志氏は、一九八六年の『考古学ジャーナル』二六三号誌上において、現在の城郭研究は軍事一辺倒に偏っており「敗戦前の要塞《ようさい》研究の枠組みに縛られて」いる、と指弾した。一九八九年に公表した「戦国期城館研究の問題点」の中にある次の一文は、氏の問題意識を鮮明に表したものだ。

敗戦前の城郭研究の基本的潮流が、旧日本陸軍による「要塞」研究にあったことは厳然たる事実であろう。だが敗戦後、その主たる目的を失った「城郭研究」は学問的関心の対象から外され、趣味の分野へと追いやられることとなった。その「城郭」研究を、ふたたび学問の俎上《そじょう》に載せようとする時、わたくしたちは、その研究が決して「侵略」の具として利用されないような問題意識と周到な論理を持って臨む必要があると考える。

橋口氏はまた、縄張り研究の方法論に対し、「現地表面で確認できる城館遺構だけを、発展史的に時間軸の上にならべていたのではないか」との疑義を呈している（「中世居館の再検討」「中世方形館を巡る諸問題」など）。つまり、単純な形態から次第に複雑な形態へという素朴な図式にもとづいて、縄張りの進化を論じることがはたして妥当か、問うたのである。

この時期、橋口氏は同様の批判を含む論考を相当数執筆している。歴史学が文献史料以外の真新しい資料に目を向ける中で、方法論の未熟な縄張り研究の成果が安易に利用されることへの危惧《きぐ》を、筆者はそこに看《み》てとる。歴史考古学について鋭い問題意識を持っていた氏であれば、そうした危惧を抱くのは当然であったろう。

橋口批判のインパクトは強烈であった。ここから城郭研究は、さまざまな模索を重ねてゆくことになる。とくに、大学で歴史学や考古学を学んだ若手の研究者たちは、橋口氏らによる批判を深刻に受け止め、歴史学や考古学と斬り結ぶことができるような論点を見出《みいだ》すことに、研究の活路を求めようとした。

結果として、領主制や大名領国制、城下町や地域の流通経済との関係から城を理解しようとする試みが、城郭研究の主流となっていった。一九七九年の村田報告の中にあった、城郭を「地域史と在地構造分析の資料として活用する」という提言が、彼らの道しるべとなった。このあたりの研究史について整理していると、本書の趣旨から外れてしまうので、関心のある方は松岡進氏の『戦国期城館群の景観』や千田嘉博氏の『織豊系城郭の形成』などを一読されたい（巻末の［参考文献］を参照）。

城郭研究者と縄張り研究者

ここで一つ断っておきたいのだが、「縄張り研究」「縄張り研究者」という言い方が広く使われるようになったのは、比較的最近のことなのである。村田報告や橋口批判の頃には、歴史学・考古学の分野で城を専門に研究している人などほとんどいなかったので、縄張り図を用いて城の議論をしている人が、城郭研究者とほぼ同義だったからだ。

しかし、前述したように、一九八〇年代に入って全国規模の城郭研究集会などが行われるようになると、歴史学や考古学の方面から城に関心を寄せている人や実際に城の発掘調査に携わっている人と、縄張り図を用いて城の議論をしている人たちとの交流や情報交換が盛んになっていった。つまり、さまざまな分野の人たちが集まって城について議論をし、認識を深める「場」が形成されてきたわけだ。筆者は、こうした「場」こそが「城郭研究」であり、その「場」に集う人たちが「城郭研究者」なのだと認識している。

さて、民間学としての城の研究は当初、ざっくり「城郭研究」「城郭史研究」などと呼ばれていた。しかし、「場」としての「城郭研究」が盛んになれば、考古学や歴史学から積極的に城を論じる人たちも城の研究に携わる人＝「城郭研究者」であるには違いない、と認識せざるをえなくなる。そこで、縄張り図を描いて城を論じる方法や、その方法を専門的に用いる人たちを区別して呼ぶ必要が生じる。

「〇〇大学教授」「△△市教育委員会」「××埋蔵文化財センター」などの公的な肩書がついていれば、その人は歴史学、考古学の専門家とわかる。しかし、公的研究機関に属さず、民間学として城の研究をしてきた人たちは、どちらの専門家でもない。だとしたら、彼らをどうくくればよいのか。こうして「縄張り研究」「縄張り研究者」という呼称が、次第に使われるようになっていった。

もう一つ、付言しておきたいことがある。筆者は、縄張り研究は民間学として発達してきた、と理解しており、これまで何度もそう述べてきた。ただし、筆者が「民間学」と言っているのは、研究の方法論が公的教育研究機関（大学・博物館・教育委員会・埋蔵文化財センターなど）の中に存在していない、という意味においてである。

それらの機関の中では教授も研鑽《けんさん》もされないので、教育研究上の公的肩書を持たない民間の人たちが担い手となっている研究、という意味で「民間学」という表現を用いているのであって、別に研究資金の出所が公費か私費かなどという、さもしい話をしているわけではないことをお断りしておく。

沈潜の時代

橋口批判をどう受け止め、縄張り研究・城郭研究をどう構築してゆくか、という課題に答えるための模索が行われることとなった。中井均氏や関口和也氏は、旧軍による要塞研究と戦前から戦後に至る城郭研究の流れを整理している（中井「本邦築城史編纂委員会と『日本城郭史資料』について」・関口「『武蔵野』における敗戦前の城館研究」）。

また八巻孝夫氏も、城郭研究の歩みを丹念に掘りおこしたシリーズを、『中世城郭研究』誌上に十余年にわたって掲載した（「明治から敗戦までの城郭研究の流れについて」ほか）。彼らは、「敗戦前の城郭研究の基本的潮流が、旧日本陸軍による『要塞』研究にあった」という橋口氏の認識が必ずしも事実にもとづいておらず、「要塞研究の枠組み」による呪縛《じゅばく》という批判も、多分に理念先行のきらいがあることを明らかにしている。

したがって、縄張り研究の有効性に対する疑義を論じる際に、中井氏・関口氏・八巻氏らの論考に触れることなく、いまだに橋口批判を踏襲するのだとしたら、それは学術的な批判のあり方としては少々無責任と評さざるをえない。

とはいえ、橋口氏の論考がさまざまな書籍・雑誌・専門誌などに掲載されて、多くの歴史学・考古学研究者の目に留まったのに対し、中井氏・関口氏・八巻氏らによる一連の論考は城郭研究の専門誌に掲載されたために、歴史学・考古学研究者にはほとんど注目されることがなかったのは、残念なことであった。

注目と批判とをともに浴びた一九八〇年代をへて、縄張り研究は一九九〇年代以降、歴史学や考古学と斬り結ぶ論点を求めて、模索を続ける。多くの生真面目な縄張り研究者たちは、それぞれの地域の歴史の中に城を位置づけようと努めた。その潮流は、一言で表すなら「実証への沈潜」だったかもしれない。

こうした中、降って湧いたように持ちあがったのが、「杉山城問題」であった。

第二章　「杉山城問題」とは何か——研究者たちの主張と立場

一　発掘された「謎の名城」

ではその構築主体であるが、既に諸先学が指摘されている通り、後北条氏とみて相違あるまい。その機能した時期も、天文末—永禄《えいろく》初期（一五五〇年頃—一五六〇年代前半）と考えてよいと思われる。

松山城争奪戦の頃

一九八七年に刊行された『図説中世城郭事典 一』において、杉山城の項を執筆した関口和也氏は、築城者と使用年代について、このような見解を示している。「既に諸先学が指摘」とあるように、これが一九八七年時点における縄張り研究者たちの共通理解といってよかった。

天文末〜永禄年間における比企地方の状況を、概観しておこう。天文十五年（一五四六）の河越夜戦で大勝した北条氏康《うじやす》は、松山城を攻略して扇谷上杉氏を滅亡に追い込み、武蔵の大半を版図におさめていった。この結果、松山城は北条軍の最前線となった。

北条軍はさらに上野に侵攻して山内上杉氏を圧迫したため、関東管領《かんれい》の山内憲政《のりまさ》は越後《えちご》に亡命して長尾《ながお》景虎《かげとら》（上杉謙信）を頼ることとなった。永禄三年（一五六〇）、山内憲政を奉じた景虎は大挙して関東に侵攻、小田原城に迫った。以後、景虎あらため謙信は毎年のように関東侵攻（いわゆる越山）をくり返し、北武蔵～上野にかけて上杉軍と北条軍との角逐が続くことになる。

一方、扇谷上杉氏の重臣だった上田朝直《ともなお》と太田資正《すけまさ》（岩付《いわつき》城主）は主家の再興をもくろみ、謙信の関東侵攻に乗じて松山城の奪回に成功する。しかし、謙信が帰国すると北条軍は反転攻勢に出て、上田朝直の守る松山城を攻囲した。

当時の北条氏は甲斐《かい》の武田氏・駿河《するが》の今川氏と、いわゆる三国同盟を結んでおり、武田信玄も謙信への対抗上しばしば関東に出陣していたので、松山城攻囲戦は北条軍と武田軍との共同作戦となった（有名な川中島の合戦も、戦略的には関東での戦いと連動していた）。

永禄六年（一五六三）、太田資正から要請を受けた上杉謙信は、松山城を救援するため大軍を率いて南下する。しかし、松山城の上田朝直は、上杉軍が到着する直前に北条方に降《くだ》ってしまい、これに怒った謙信は北武蔵～下野《しもつけ》を荒らし回った。

ところが、永禄十一年（一五六八）に武田信玄が駿河に侵攻したことによって三国同盟は崩壊した。今川氏真《うじざね》の支援に動いた北条氏康は、信玄に対抗するため一転して謙信との同盟交渉を模索。この越相一和に際しては松山城の帰属が問題となったものの、最終的には北条方に降った上田氏が城主として認められることとなる。

こうして北武蔵の支配は安定するかに見えたのだが、元亀《げんき》二年（一五七一）に北条氏康が死去すると、跡を継いだ氏政《うじまさ》は越相一和の有効性を見限り、これを破棄して再び武田信玄と結ぶこととなった。この結果、謙信の関東侵攻が再開された。上杉軍の侵攻は天正五年（一五七七）まで年中行事のように続くことになるが、主戦場は次第に上野・下野に移っていった。

以上のように、天文十五〜永禄十一年までの二十二年間、松山城と比企地方は北武蔵における戦局の焦点となっていた。わけても永禄三〜十一年にかけての時期には松山城の争奪戦が展開して、比企地方は最前線の位置に置かれていたのである。

『図説中世城郭事典』の登場

ここで一つ、お断りをしておく。現在の比企郡は川島町《かわじま》、吉見町《よしみ》、滑川町《なめがわ》、嵐山町、小川町、ときがわ町、鳩山町からなるほか、東松山市も本来は比企郡域に含まれる。しかし、吉見町はかつては横見郡、中世には吉見郡に属していた。一方、小川町の西に隣接する東秩父村《ひがしちちぶ》は秩父郡に属しているが、地理的にも歴史的にも比企郡との結びつきが強い。そこで本書では、吉見町や東秩父村を含めた範囲を「比企地方」と呼ぶことにする。

その比企地方には、実は杉山城の他にも技巧的な縄張りの城がたくさんある。菅谷城・小倉《おぐら》城・四津山城・青山城・中城・腰越城などだ。横矢掛りや虎口《こぐち》等の技巧に優れた城が、一郡ほ

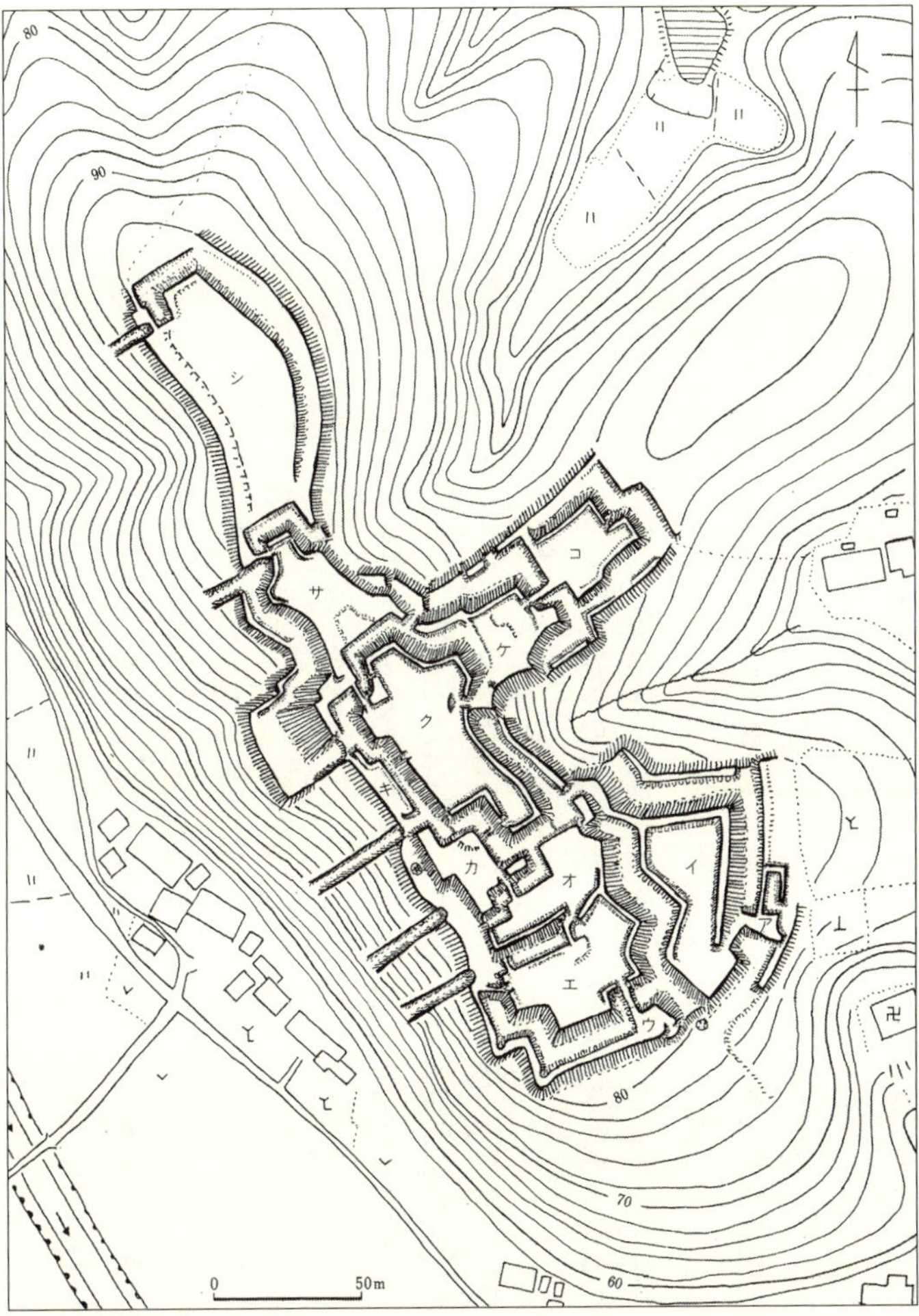

『図説中世城郭事典 一』に掲載された関口和也氏作図の縄張り図
（作図者の了解を得て掲載）

どの範囲にこれほど密集している地域は、全国的に見ても珍しい。

背景には何か特異な事情――たとえば激しい争奪戦のような軍事的緊張状態――があったと想定するのは、ごく自然な考え方だろう。そして、この地方の歴史の中に特異な軍事的緊張状況を求めるとすれば、どうしても天文末~永禄年間の松山城争奪戦に行き当たることになる。

縄張り研究者たちは、このような理由から杉山城をはじめとした比企地方の技巧的な城郭群を、松山城争奪戦に関連した築城、と推測した。『図説中世城郭事典 一』における関口氏の解説文は、こうした背景のもとに書かれていたのだ。

ところで、村田修三氏の監修によって一九八七年に刊行された『図説中世城郭事典』全三巻は、縄張り図によって城の解説を本格的に行った書籍という意味で、画期的な企画であった。今でこそ、城の本に縄張り図が載せられているのは当たり前かもしれない。だが、前章で指摘した研究史の流れを思い出していただきたい。

一九八〇年代というのは、縄張り図というものの存在がようやく歴史学や考古学の分野に知られはじめ、縄張り研究者という存在が認知されはじめた時期である。これ以前に刊行された城の本には、こんにちわれわれが知っているような縄張り図は、ほとんど載っていなかった。実際、一九七〇年代末~八〇年代初頭に刊行された『日本城郭大系』でも、縄張り図が掲載された城は、ごく一部にすぎない。『図説中世城郭事典』は、全国の城を縄張り図によって俯瞰《ふかん》する初の試みであった。

関東にあって民間学としての縄張り研究を牽引《けんいん》してきた中世城郭研究会が、同人研究誌『中世城郭研究』を発刊したのも同じ一九八七年のことである。これは偶然ではない。橋口批判を受けた縄張り研究が模索を続ける中で、各地で地道な調査に打ち込んできた研究者たちの成果が、少しずつ目に見える形で世に出されるようになってきたのだ。

『中世城郭研究』は現在に至るまで毎年、表紙に会員の描いた精緻《せいち》な縄張り図をあしらいつつ、刊行が続いている。そして、その記念すべき第一号の表紙を飾ったのは、本田昇氏の手になる杉山城縄張り図であった。

こうしたうねりがなかったとしたら、杉山城はこんにちのように脚光を浴びることもなく、藪《やぶ》の中で眠り続けていたかもしれない。なにせ、特別壮大な城でもなければ、華々しい合戦譚《たん》や著名な武将とも無縁なのだ。この城の魅力は、ひとえに縄張りの緻密さにあるのであって、写真と紹介文だけで伝わる性質のものではない。杉山城の名は、縄張り図に乗って人口に膾炙《かいしゃ》していったのである。

杉山城の発掘調査

そんな杉山城に、はじめて本格的な発掘調査のメスが入ったのは二〇〇二年のことである。『埼玉県指定史跡　杉山城跡第1・2次発掘調査報告書』（以下『第1・2次報告書』）によれば、嵐山町は一九九一年から、埼玉県の指導のもとで杉山城の保存・管理計画を練っており、二〇〇一年に本格的な環境整備を実施する方針が打ち出された。

翌二〇〇二年には、文化庁記念物課の指導のもとで埼玉県（教育局生涯学習部文化財課・県立歴史資料館）と比企郡市の教育委員会との協力体制が組まれることとなった。『第１・２次報告書』によれば、その目的は、比企地方に所在する中世遺跡の学術的な評価を行い、保存・活用策を調査・検討することであった。

こうした中で杉山城の発掘調査が行われることになるのだが、調査が必要とされた理由について『第１・２次報告書』は次のように記している。

中世山城として技巧に富んだ郭の配置や遺存度の高さから高い評価を得てきた城跡ではあるが文献資料がないため来歴が明確ではなく、城郭史研究による縄張りと歴史的背景から後北条氏による築城とされてきたものの、これらを考古学的に裏付ける学術調査の必要性が求められた。

また、調査の具体的な目的としては、

①年代を明らかにする
②構造・性格・特徴を位置づける
③保存状態を確認する

の三項目が挙がっている。要するに、杉山城はいつ築かれたのか、これまで縄張り研究者たちが推定してきたように、戦国期における北条氏の築城と考えてよいのか、また杉山城はどのような城であったのか、といった疑問点をはっきりさせるために発掘調査が計画されたというわけである。

ちなみに、杉山城をはじめとした比企地方の城郭群は、のちに国史跡に指定されているから、この時点で文化庁が指導に乗り出しているということは、最初から国史跡への指定を視野に入れた学術調査として計画されていたものとわかる。

調査報告書の所見

杉山城の第1次発掘調査は二〇〇二年十二月から翌二〇〇三年の二月にかけて、第2次調査は同年の八月から翌二〇〇四年の三月にかけて実施された。調査対象となったのは主郭で、調査面積は両次あわせて五一〇平方メートル。主郭の中心から南側にかけて、かなりまとまった面積——土塁敷きを除いた主郭内部の半分くらいはめくられた形である。

この調査では、陶磁器、土器、石製品（硯《すずり》・砥石《といし》・石臼《いしうす》など）、銭貨といった遺物が出土し、遺物の中には火災に遭った痕《あと》が確認できるものも少なくなかった。そして、この出土遺物の年代が十五世紀後半〜十六世紀初頭段階におさまる、と判定されたのである。

また、主郭の土塁には十六箇所のトレンチ（溝状の調査坑）が設定されて断面が観察されたが、積み直しの痕跡《こんせき》はまったく認めることができなかった。そればかりか、調査区内のあちこちから火災の痕跡が見つかっているにもかかわらず、柱穴や排水溝を掘り直したり、曲輪内部の整形をやり直した痕跡は一切ないことが判明した。
つまり、杉山城の築城は一度きりで、何らかの事情で火災が起きたあと放棄され（後片づけを行った痕跡はある）、その後の改修等は受けていないということである。この調査結果について、『第1・2次報告書』は「まとめ」の項で次のような所見を述べている。

遺物と遺構とが同時期のものと捉《とら》えることができ、15世紀末に近い後半から16世紀初頭に近い前半のなかに位置づけられ、これまで想定されていた後北条氏段階の城ではなく、扇谷・山内上杉氏による北武蔵での抗争の最前線に位置する城である可能性が強くなった。

発掘調査では、他にもいくつか興味深い事実が判明しているのだが、それは追々紹介してゆくこととしよう。発掘調査の終了が二〇〇四年の三月で、『第1・2次報告書』発行日は奥付では二〇〇五年の三月二十五日となっているから、嵐山町教育委員会では約一年をかけて、出土遺物や調査記録の整理を行い、報告書を作成したことになる。
調査報告書が公刊される直前の二月十九日と二十日には「埼玉の戦国時代　検証 比企の城」と題するシンポジウムが、嵐山町にある国立女性教育会館において行われた（以下「比企シンポ」と略す）。シンポジウムそのものは杉山城にテーマを絞ったものではなく、比企地方における近年の発掘調査と歴史学などとの研究を突きあわせて、問題点を考えようという内容であった。

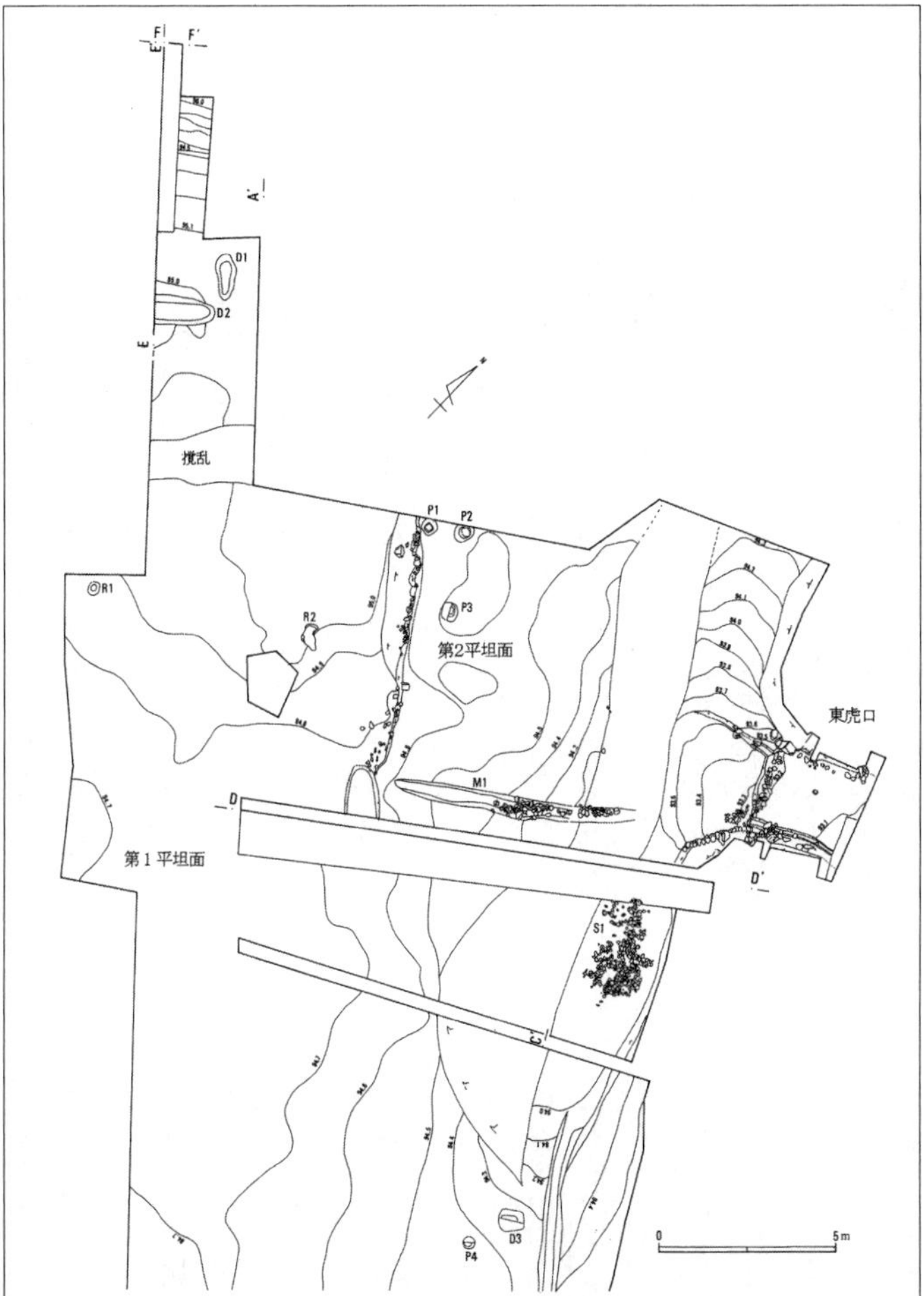

『第1・2次報告書』から　主郭中心部の調査状況

とはいえ、杉山城の調査結果をどう考えるかが最大の焦点だったのは、衆目の一致するところであったろう。比企シンポの結果は、その年の内に『戦国の城』という論集にまとめられて高志書院から刊行されることとなった。

この比企シンポと『戦国の城』において、縄張り研究者が従来主張してきた杉山城の年代と、発掘調査で得られた所見に大きなギャップがあることが問題視されることになった。世にいう「杉山城問題」の始まりである。

二　縄張り研究者たちの反応

長享・永正の乱と比企地方

「杉山城問題」の展開を追う前に、北条氏が北武蔵に進出する以前の「扇谷・山内上杉氏による抗争」について概説しておこう。室町時代の関東地方は、足利《あしかが》将軍家の子弟が鎌倉公方《かまくらくぼう》として治め、これを関東管領の上杉氏が補佐していた。

しかし、この体制（鎌倉府体制）は、享徳《きようとく》三年（一四五四）に起きた享徳の乱によって分裂する。公方の足利成氏《しげうじ》は古河《こが》に本拠を移して古河公方と呼ばれるようになり、利根川《とねがわ》を挟んで関東のおおむね東半分が古河公方の、西半分が管領上杉氏の勢力圏となった。両者は互いに大軍を動員して合戦をくり返したものの、決着がつかずに戦況は膠着《こうちやく》してしまった。

この頃、管領上杉氏の宗家・山内上杉氏は上野と武蔵の守護を兼帯しており、庶家の扇谷上杉氏が相模《さがみ》守護に任じていた。対古河公方「戦線」の南側を受け持つ形となった扇谷上杉氏は、家宰（家臣の筆頭）である太田《おおた》道真《どうしん》・道灌《どうかん》父子の献策によって、武蔵国内の江戸・河越・岩付に戦略拠点となる城を築いて守備に当たることとなった。

ところが道真・道灌父子は、戦争状態を利用してたくみに勢力を扶植したので、江戸城・河越城・岩付城を中心とした武蔵の南部から東部にかけての地域は、次第に扇谷上杉氏の勢力圏に組み込まれていった。さらに、長尾景春《かげはる》の乱や太田道灌の謀殺事件をへて関東の情勢は複雑化し、長享《ちようきよう》元年（一四八七）には今度は山内・扇谷の両上杉氏が戦端を開くにいたる。この両上杉氏の抗争を長享の乱と呼ぶ。

太田道灌が松山城を築いたのも、この頃のこととされており、長享二年には北武蔵の須賀谷《すがや》原《はら》や高見原で、両軍の主力が激突している。須賀谷原は現在の菅谷城のあたりであるから杉山城から二～三キロほど南東、高見原は杉山城の北西四～五キロの一帯にあたる。第一章の冒頭で述べた、杉山城の立地を思い出してほしい。須賀谷原・高見原合戦はいずれも、杉山城の西方を通る鎌倉街道に沿った地点で起きていることがわかる。

長享の乱は延徳二年（一四九〇）に一旦《いつたん》沈静化したものの、明応三年（一四九四）になって再燃し、永正二年（一五〇五）に扇谷上杉氏側が屈する形で両者の和睦《わぼく》が成立するまで続く。

しかし、永正三年（一五〇六）になると、今度は古河公方家の内紛が深刻化し、それが飛び火する形で両上杉氏の抗争が再発する。永正の乱と呼ばれるこの戦いは同十五年（一五一八）まで続き、古河公方・山内上杉氏・扇谷上杉氏の三者の争いは、周囲の国衆たちを巻き込んで泥沼のごとき様相を呈していった。こうした隙を衝《つ》くように勢力を伸ばしてきたのが、伊勢宗《いせそう》瑞《ずい》である。

このの ち、伊勢宗瑞――北条氏綱《うじつな》――氏康の北条氏三代は、扇谷上杉氏の領国を蚕食して武蔵へと進出し、両上杉氏が結束してこれに対抗した結果、生起したのが天文十五年（一五四六）の河越夜戦である。したがって、話はここから四二ページの解説に接続すると考えていただきたい。

浮かび上がった問題点

こうして見てくると、確かに長享・永正の乱に際して、比企地方に築城がなされた可能性は否定できないことがわかる。『第１・２次報告書』が出土遺物の時期と見なした「15世紀末に近い後半から16世紀初頭に近い前半」というスパンは、一四八七年（長享元）～一五一八年（永正十五）という乱の期間に符合する。しかも、発掘調査によれば、杉山城には改修された痕跡が見あたらないのだ。

では、第１・２次の発掘調査をもって、杉山城は北条氏が比企地方に進出する以前の、扇谷・山内上杉氏抗争期の築城であることが確定したのであろうか。あらためて『第１・２次報告書』を読むと、両上杉氏抗争期の築城である「可能性が強まった」と指摘するにとどめ、断定は避けている。また、報告者はこれに続けて以下のようにも述べている。

杉山城跡はこれまでの城郭研究・縄張り研究から典型的な後北条氏の築城技術の城と捉えられてきたが、得られた年代観との50年前後の差、築城技術の発展形態との逆転状況をどのように考えるか。また得られた年代に杉山城のような優れた築城技術を持つ城がどのような理由で、どのような技術的系譜をもとに造られたのかなど新たな疑問点・問題点も浮かび上がってきた。

さらに「後北条氏段階にはこの城は全く見向きもされず使われなかったのか」という疑問を含めて、戦国期の「北武蔵における歴史的背景そのものを再考する必要性が出てきた」ことを指摘している。

要するに、杉山城の築城時期は今回の発掘調査結果だけで簡単に断定できるわけではなく、「築城技術」の系譜や歴史的背景を含めたトータルな検討をへなければ結論は得られない、という見通しを述べているのである。報告書の刊行と時期を合わせて比企シンポが行われたのも、こうした問題点を検討する必要を関係者が感じていたからだろう（時期から考えれば、比企シンポの企画準備は報告書の作成と併行して行われたことになる）。

ちなみに、比企シンポに登壇した報告者八名の内訳を見ると、五名は比企地方の発掘調査担当者（考古学が専門）。歴史学の分野からは藤木久志氏と後述する齋藤慎一氏、それに埼玉県の地域史を長年にわたって研究してきた梅沢太久夫氏といった顔ぶれで、この時点では縄張り研究者は入っていない。

一方、『戦国の城』の執筆者は十八名で、縄張り研究からは松岡進氏と筆者が加わっている。比企シンポや『戦国の城』の企画者が、どのように議論を組み立てれば建設的な成果が得られるのか、模索していた様子が読みとれよう。

想定の範囲内？

筆者が本格的に杉山城の縄張り図を作成するために現地を踏査したのは、調査ノートによれば二〇〇三年の一月五日と十二日となっている。杉山城が調査保存されることになって主郭の周辺がだいぶ苅《か》り払われている、という情報を得て作図を思い立った記憶がある。

『第1・2次報告書』に従うなら、第一次調査は前年の十二月に始まっていたことになるが、筆者はこの踏査時に発掘調査区を見た記憶がない。おそらく、まだ本格的な発掘には着手していなかったか、ないしは部分的には発掘が始まっていたけれど、シートに覆われて見ることができなかったか、どちらかであろう。

それからしばらくして、「杉山城を発掘調査しているのだが、古い時期の遺物ばかり出土して、北条氏時代の物は出てこないらしい」という噂を耳にすることとなった。日時については正確に覚えていないのだけれど、二〇〇三年か二〇〇四年のことだ。中世城郭研究会の例会か、何かの会合の折と記憶している。情報をもたらしたのは、会のメンバーで埼玉県内の文化財の動向に精通している関口和也氏だ。本章の最初で引用した、『図説中世城郭事典』の杉山城の項を執筆した人物である。

そのとき、その場には関口氏と松岡進氏、筆者のほかにも八巻孝夫氏や中世城郭研究会のメンバーが何人か同席していて、いろいろな意見が出た。メンバーの中からは、「発掘調査で年代のわかる遺物が出土したのなら、それはもう決定的だろう。杉山城が北条氏の築城だという、これまでの僕らの考えは、もうダメだな」という感想も出た。しかし、筆者は関口氏や松岡氏と次のような感想を交わしている（これはかなり鮮明に覚えている）。

「ほう、なるほど。そんな調査結果が出ているのか」

「やっぱりね。掘ればそんな結果が出るだろうとは、何となく予想できたけど」

「まあ、いずれにせよ、これからいろいろと議論になってくるだろうね」

三人ともおおむねこんな反応で、少なくとも驚天動地とか、青天の霹靂《へきれき》といったような受け取り方はしていなかった。

百聞は一見に……

その当時、発掘調査員の仕事をしていた筆者は、発掘現場や出土遺物を実際に見るなり、きちんとした報告に接するまでは迂闊《うかつ》に判断できないぞ、と思ったものだ。

遺物がどんな場所からどのような状況で出土したのかを確認しなければ、年代決定の根拠となしうるのかという評価ができないし、発掘現場から持ち帰った出土遺物を整理し、図面やデータを突き合わせてゆく過程で判断が変わることだってある。結果として、発掘調査から正式の報告書が公刊されるまでの間に、遺跡の評価や年代観が変更になることは珍しくない。

この時点で入ってきている情報は噂のレベルにとどまっているし、噂の元になっているのは調査関係者の個人的コメントでしかないはずだ。それに、戦国時代の城を発掘調査してみたものの、遺物などの生活の痕跡がほとんど見つからないとか、史実として知られている年代と食い違うといったような話は、時おり耳にしていた。だとしたら、噂レベルの不確定な情報をもとに研究上の判断を下したり、研究の方向性を論じたりするべきではない、と考えたのだ。

そののち筆者は（これも時期を正確に思い出せないのだけれど）、杉山城の調査担当者である村上伸二氏のご好意によって、発掘調査現場と出土遺物を実見する機会を得た。そして、杉山城の築城は一度きりで、火災が起きたあと放棄されたまま改修等を受けていない、という村上氏の所見が正しいことを確認できた。また、出土遺物の中心をなす陶磁器類には小さく割れた細片が多く、村上氏がていねいな調査を心がけたことも実感できた。

とはいえ、出土遺物から築城時期を「15世紀末に近い後半から16世紀初頭に近い前半」と特定することについては、やはり疑問を感じた。なぜなら、出土した遺物全体の量から見た時に、時期を特定できる遺物の数が少ないからだった。また、一点だけではあるが、遺物の中に鉄炮《てっぽう》玉《だま》が含まれている事実も気になった（遺物の件については次章以降で詳述する）。

発掘現場と出土遺物を見たうえで、筆者は次のように考えた——杉山城が戦国初期、つまり北条氏以前の築城だということが、きちんと実証されるならば、それでよい。でも、現時点では納得できるだけの材料が揃っていない。だとしたら、杉山城北条氏築城説が成り立ちうるか否か、縄張り研究の立場から検証し直してみる必要はある——この考え方は、今に至るまで基本的には変わっていない。

割れていた評価

一般の歴史ファンは、ともすると考古学に対して、何か画期的な新発見によって歴史が塗り替わるような、ドラマチックな成果を期待するかもしれない。しかし、考古学とは本来、データと検証の積みかさねによって過去における人の営みを解明してゆく学問だ。いかにインパクトのあるものだろうと、たった一つの発見、一つの調査によって歴史が塗り替わるわけではない。慎重に断定を避けつつ可能性と問題点とを確認した村上伸二氏の姿勢は、考古学的に評価されるべきだろう。

もう一つ、比企シンポにおいて座長的役割を果たした藤木久志氏の指摘にも留意しておきたい。藤木氏は戦国史研究の第一人者として知られ、重要な研究をいくつも世に問うてきている。代表作となった『雑兵《ぞうひょう》たちの戦場』は、まったく新しい戦場論として研究界に大きなインパクトを与えた名著なので、お読みになった方も少なくないだろう。

また、あまり知られていないけれども、藤木氏は城郭研究にも深い関心を寄せてきた。中世城郭研究会の中心メンバーとして活躍してきた八巻孝夫氏とも昵懇《じっこん》の仲で、酒席では「僕は中城研の私設応援団だから」などといって、筆者らのような若輩者にも気さくに声をかけてくれたものだ。

その藤木氏は、比企シンポの成果を基にした論集『戦国の城』の冒頭に、「戦国比企の城と村」と題する総論を寄せている。氏はこの中で、東国では十五世紀後半以降に社会のさまざまな領域で大きな変動が起きたことを論じ、「十五世紀後半画期論」と名付けている。

この総論を読むかぎり、藤木氏は杉山城の発掘調査成果を十五世紀後半の社会変動に引き付けて理解しようとしている（比企シンポの当日も、筆者は藤木氏の発言からそうした印象を受けた）。つまり、発掘調査の成果をめぐって、比企シンポや『戦国の城』の時点では、研究者の立場や考え方によって評価は割れていたのである。

それゆえであろう。藤木氏は縄張り研究と考古学研究を対比させながら、この総論を次のようにしめくくっている。

> 二つの対象《（ママ）》的な城郭論の方法は、それぞれに成熟を遂げて、いまようやく本格的に丁寧な対話と協業の時を迎えようとしている、というのが私の強い実感である。中世城郭にはそれぞれに意志と個性と文化がある（西股総生《原文》、本書参照《ママ》）という。その城の意志と個性と文化の解明に向かって、二つの方法の真摯《しんし》で豊かな対話の深まりを期待したい。

歴史学であれ考古学であれ縄張り研究であれ、研究の方法論にはそれぞれに長所と短所がある。藤木氏はそのことをよく理解したうえで、一つの方法論による調査・研究の成果は、他の方法論に対する審判《ジャッジ》になりえないことを指摘しているのである。

三　杉山城問題の展開

継続された調査

比企シンポを間に挟む二〇〇四年五月～二〇〇七年にかけて、第3～5次の発掘調査が断続的に実施され、その結果は二〇〇八年三月に『杉山城跡第3～5次発掘調査報告書』（以下『第3～5次報告書』）として公刊された。今回の発掘調査では、主郭の南側に展開する三つの曲輪、一九ページ掲載図の表記に従うなら⑦⑧⑨に調査区が設定されている。調査の目的について、『第3～5次報告書』は次のように述べている。

1・2次調査の成果が調査前に想定されていた年代観と異なり、城郭史研究の成果と相容《あいい》れない結果となったことで「杉山城問題」と命名されるほど注目されたことから、国指定史跡申請のためのより明確な学術的裏付けを得ることが求められたため、本郭以外での郭において本郭での成果との整合性の確認と複数の遺構面・時期差の有無を確認する目的で実施した。

発掘調査報告書の中でも、調査に至る経緯や目的を述べた箇所は行政文書調の書き方になるので、少々意味が取りにくいかもしれない。要するに、北条氏による築城という当初の想定とは矛盾する結果が出たので、調査範囲を広げることによって、杉山城の存続時期をはっきりさせたい、ということである。主郭以外の曲輪から、改修の痕跡や十六世紀後半の遺物が見つかれば、長享・永正の乱に際して築かれた城が、北条氏によって改修されて今の姿になった、という解釈も成り立つからだ。

ここで注意しておきたいのは、「国指定史跡申請のためのより明確な学術的裏付け」という文言である。杉山城の発掘が企画された時点から、文化庁が調査指導機関として名を連ねていたことを、思い出していただきたい。

一般に文化庁は、どこの馬の骨とも知れぬ武将が、いつ築いたのかわからないような城を、国の史跡に指定してはくれない。日本の歴史を考えるうえで重要な意義を持つ史跡について保存管理を図ってゆく、という国指定史跡の趣旨から考えれば、これは当然かもしれない。いかに城郭研究者が唸《うな》ろうと、城マニアが言葉を失うほど感動しようと、縄張りが優れているというだけの理由では、国指定史跡にはならないのだ。

つまり、杉山城を国指定史跡として申請するためには、北条氏の築城であるという裏付けが必要だったから発掘調査が計画されたのだが、実際に掘ってみると北条氏時代以前の古い遺物しか出てこない。そこで、北条氏時代の城なのか、両上杉氏抗争期の城なのか、白黒をつける必要が生じたために第3～5次の発掘調査が計画された、というわけだ。

ちなみに、『第1・2次報告書』では正式な書名に「埼玉県指定史跡 杉山城」とあったが、『第3～5次報告書』では「県指定史跡」の文言がはずれている。このことからも、第3～5

次の発掘調査が国指定史跡への申請を念頭においた事業だったことがわかる。

第3~5次発掘調査の成果

第3~5次の発掘調査では三つの曲輪に調査区が設定され、合計で四一四平方メートルが発掘された。出土した遺物はごく少量であったが、その年代観は第1・2次調査と変わるところがなかった。また、どの曲輪においても遺構面は一面のみで、改造の痕跡はやはり確認できなかった。

『第3~5次報告書』は「まとめ」の項で、「結論を先に言えば、本郭での調査成果をより補強する結果が得られた」と述べたうえで、「この城が1時期で存続期間が短かったことは間違いない」ことを指摘し、出土遺物の年代は「15世紀末に近い後半から16世紀初頭に近い前半の中に含まれる」と報告している。その上で、報文を次のようにしめくくっている。

上杉氏段階以降に後北条氏がこの城を遺物を遺さないような状態で使用したとしても現在見ることのできる縄張りは上杉氏段階で既に造られていることを示し、（中略）いずれにしても竹井・齋藤両氏によって文献史料から導き出された年代観と発掘調査から得られた年代観がほぼ一致したことは、両者の年代観を互いに補うこととなったといえ、改めて戦国時代の城の年代について考古学の成果を一定のエリアで修正したうえで再検討・再構築を検討することが求められるであろう。

つまり、これまでの発掘調査成果と、文献史料に立脚した「竹井・齋藤両氏」の指摘（次項で説明する）によって、杉山城が上杉氏段階の築城であることはほぼ動かしがたいものとなった。ただし、城の年代については周辺地域の事例と比較検討を重ねたうえで、再考する必要がある、というわけである。

「後北条氏がこの城を遺物を遺さないような状態で使用した云々」は、比企シンポの際に筆者が、「戦国期城郭の中には遺物を残さないような形で使用されている例もあるので、遺物と遺構の関係については慎重に検討する必要があるのではないか」という趣旨の発言をしたことを受けているのであろう。

裏付け史料の登場

杉山城の発掘調査結果に歴史学の立場からすばやく反応したのが、『第3～5次報告書』が触れていた竹井英文氏と齋藤慎一氏であった。竹井英文氏は、歴史学の分野から城郭に関心を寄せる新進気鋭の若手研究者であった。一方の齋藤慎一氏は、筆者と同世代の歴史学研究者だが、縄張り図もたいへん達者で考古学にも理解が深く、オールマイティの中世史研究者といってもよい。

両氏が注目したのは、年不詳九月五日付けの「足利高基《たかもと》書状写」で、武蔵の国衆である毛呂《もろ》土佐守《とさのかみ》（顕繁《あきしげ》）という人物に宛てられたものだ。『戦国遺文・古河公方編』という史料集に収

められた本文を読み下すと、

椙山之陣《すぎやまのじん》以来、憲房《のりふさ》を相守りて進退の条、神妙に候。恐々謹言。

となる。古河公方の足利高基が毛呂土佐守に対して、椙山の陣よりこのかた山内憲房をよく支えて行動してくれた、と賞している内容だ。

この文書が出された時代背景、というか足利高基と山内憲房との関係を簡単に説明しておこう。長尾景春の乱や長享の乱に対処してきた関東管領の山内顕定《あきさだ》には実子がなかった。そこで、上杉氏一族出身の憲房と、古河公方家出身の顕実《あきざね》の二人を養子としていたものの、公方家との関係を重視した顕定は顕実を継嗣に定めていた。

ところが、永正七年（一五一〇）に顕定が越後で戦死すると、憲房は顕実が家督を継ぐことを承伏せず、顕実と戦ってついには彼を滅ぼしてしまう。先に、古河公方家の内紛が飛び火する形で上杉氏内部の抗争も再燃したと書いたのは、このような複雑な事情があるからで、足利高基が毛呂氏に「山内憲房をよく支えてくれた」と感謝するのも、こうした事情ゆえとわかる。

そして齋藤慎一氏は、足利高基と山内憲房との関係を整理したうえで、大永四年（一五二四）には毛呂氏が北条方に寝返っていることと併せて、くだんの「足利高基書状写」が出された時期を、永正九年（一五一二）から大永三年（一五二三）までの十一年間に絞り込んだ。

「椙山之陣」は杉山城か

竹井英文氏がこの書状に着目して「戦国前期東国の戦争と城郭――『杉山城問題』によせて」と題する論考を発表したのが二〇〇七年。この件に関する齋藤慎一氏の論考「戦国大名北条家と城館」を載せた論集が発刊されたのは二〇〇八年だ。

一方、『第3～5次報告書』によれば、齋藤氏はすでに二〇〇六年の十二月に杉山城の発掘調査を指導する「比企地域中世遺跡検討委員会」において「足利高基書状写」の存在を指摘している。二〇〇七年七月に文化庁に提出された「比企城館群史跡指定申請書」の中でも、これに基づいて杉山城の年代を論じたとのことである。

『第3～5次報告書』に記録されている調査期間と照らし合わせるなら、齋藤氏はちょうど第4次調査から第5次調査にかかるくらいの時期に、この史料の存在に気付いて、杉山城の築城が長享・永正の乱の時期であることが文献史料からも裏付けられると主張したことになる。そして、それを知った竹井氏は独自に文書を調査して『戦国遺文・古河公方編』の翻刻に際しての誤りを指摘し、独自に論を立てたわけだ。

なお、竹井氏は文書を実見して「神妙に候」ではなく「神妙の至りに候」が正しいとしている。大意は変わるところがないが、真摯な研究姿勢に好感が持てる（竹井氏は花押の箇所に「足利高基ノ由」という注記があることも指摘している）。

発掘調査の結果から導き出した「15世紀末に近い後半から16世紀初頭に近い前半」という年

代に、文献史料による裏付けがなされた——杉山城の調査関係者たちが、そう判断したのは無理もなかったかもしれない。こうして調査関係者たちは、杉山城を十六世紀第1四半期における、山内上杉氏の築城と見なすことになった。

ただ、ここで注意しておきたいのは、肝心の「椙山之陣」という文言の理解をめぐって、両氏の見解が必ずしも一致しなかったことだ。すなわち、齋藤氏は文書に登場する「椙山之陣」こそ杉山城だと考えたのに対し、竹井氏は当時の陣のあり方から見て杉山城の構造は陣にふさわしくないと指摘し、「椙山之陣」とは杉山城を攻略するために別の場所に築いた臨時の城砦《じょうさい》であろう、と考えたのである。

「足利高基書状写」は、一見すると「杉山城問題」を決着させる物的証拠になりそうに思える。けれども実際は、「椙山之陣」の実体が何を指すかという解釈・評価の部分では、研究者の見解はやはり分かれてしまうことに注意しておきたい。

調査の進行と研究の深化

ここまで論点ごとにまとめながら書いてきたので、話が多少前後してしまった。そこで、読者の混乱を避けるために、これまで述べてきた杉山城問題の展開を時系列に沿ってもう一度、整理しておきたい。

二〇〇二年十二月～二〇〇四年三月　第1・2次調査。その情報が城郭研究者たちへ伝わる。

二〇〇四年五月～二〇〇五年三月　第3次調査。

二〇〇五年二月　比企シンポ開催。

二〇〇五年三月『第1・2次報告書』刊行。

二〇〇五年十二月～二〇〇六年三月　第4次調査。

二〇〇五年十二月　高志書院から『戦国の城』刊行。縄張り研究者としては松岡進氏と筆者が寄稿（後述）。

二〇〇六年八月～二〇〇七年三月　第5次調査。

二〇〇六年十二月　齋藤慎一氏が「足利高基書状写」の存在を指摘。

二〇〇七年十一月　竹井英文氏が「足利高基書状写」に関する論考を発表。

二〇〇八年三月『第3～5次報告書』刊行。

二〇〇八年五月「足利高基書状写」に関する論考を含む齋藤氏の論集が刊行。


あらためて整理してみると、調査が進むにつれ、各分野の研究者たちがそれぞれの立場から反応して、研究と議論を深めていった様子が見てとれる。

帝京シンポと『戦国時代の城』

こうして「杉山城問題」が深まりを見せる中、二〇〇八年の十月に、今度は帝京大学山梨文化財研究所において「戦国の城と年代観――縄張研究と考古学の方法論」と題するシンポジウムが行われた（以下「帝京シンポ」）。「帝京シンポ」でパネラーとなったのは、考古学では中世遺物の年代に精通している藤澤良祐氏・森島康雄氏・鈴木正貴氏、考古学から城郭を研究する立場として中井均氏、縄張り研究では松岡進氏と筆者であった。

六人のうち、藤澤良祐氏は杉山城の出土遺物を実見して助言を行っているし、松岡氏と筆者も比企シンポなどで一定の発言はしている。けれども、このメンバーはいずれも杉山城発掘調査の直接的な当事者ではない。「杉山城問題」によって脚光を浴びることとなった戦国の城の年代観について、杉山城調査の直接的当事者でない研究者によって議論を深めよう、というのが帝京シンポの趣旨だったことが理解できる。シンポの内容は、やはり高志書院から『戦国時代の城』としてまとめられ、翌年の五月に刊行される。

論集の編者となっているのは萩原三雄氏と峰岸純夫氏で、帝京シンポの企画を主導するとともに、論集の冒頭に総論を寄せている。萩原氏は帝京大学山梨文化財研究所に勤める一方で、多くのシンポジウムや論集をプロデュースしてきており、学際的研究の最前線をよく理解する研究者だ。片や峰岸氏は中世史研究の第一人者として知られるとともに、考古学や城郭研究にも深い関心を寄せてきたことは、藤木久志氏と同様である。

この帝京シンポと『戦国時代の城』において中井均氏から、杉山城は天正十八年（一五九〇）の小田原の役に際して、豊臣軍が築いた城ではないか、という新説が提起されることになる。この中井氏の新説（杉山城織豊城郭説）も大変興味深い内容を含んでいるのだが、その前に考えておきたいことがある。「杉山城問題」とはそもそも何だったのか、ということだ。

何が問題だったのか

発掘調査が行われる以前、大方の城郭研究者（とくに縄張り研究者）は杉山城を、天文末～永禄初年（一五五〇年頃～一五六〇年代前半）に北条氏が築いた、と見なしてきた。仮にこれを北条氏築城説としておきたい。

一方、発掘調査がきっかけとなって、十六世紀第1四半期における両上杉氏の抗争の中で山内上杉氏が築いたとする考え方が唱えられ、「足利高基書状写」の登場と相まって、調査関係者を中心に支持を得ることとなった。これを山内上杉氏築城説と呼んでおく。

発掘調査の結果と「足利高基書状写」とは、一見すると山内上杉氏築城説を証明する決定的な物証のように思える。けれども、これで「杉山城問題」は一件落着、北条氏築城説は一部縄張り研究者の思い込みでした、と大方の研究者が考えたのだとしたら、そもそも帝京シンポを企画する必要はなかったはずだ。

萩原氏は「戦国期城郭の年代観」と題した総論の中で、「杉山城問題」が取り沙汰《ざた》されるようになる以前から戦国期の城については、

文献史料などによる年代観と考古資料との間に、若干の齟齬《そご》がある、と指摘されてきた

と述べている。

そして萩原氏も峰岸氏（「戦国城郭の出現と展開」）も、歴史学・考古学・縄張り研究には、それぞれに課題や限界があることを指摘し、今回のシンポジウムで城の年代をめぐる問題が一挙に解決されるわけではなく、今後も議論を深めてゆくことが必要であると展望しているのだ。歴史学・考古学・縄張り研究がそれぞれに抱えている弱点や課題を洗い出し、「相互批判を積極的に行うこと（峰岸）」が必要だと認識されたからこそ、帝京シンポは企画されたのである。

では、北条氏築城説とはいったい何だったのか。また、山内上杉氏築城説のどこに検討の余地が残っていたのだろうか。次章では、帝京シンポで提起・討論された問題を念頭におきつつ、「杉山城問題」について検証してみたい。

第三章　「杉山城問題」を検証する——北条氏築城説と山内上杉氏築城説

一　北条氏築城説とは何だったのか

なぜ「杉山城問題」か

一つ白状をしておくと、「杉山城問題」という語を案出したのは松岡進氏と筆者である。何かの折りに杉山城の話をしていて、どちらともなく「杉山城問題」という言葉を出したところ、「あ、それいいね」という話になって、そこから急に議論がスムーズになった。

いままでモヤモヤとしていた事象に具体的な名前が付いたことによって、対象として扱いやすくなったためだ。その後、松岡氏が積極的にこの言葉を使ってくれて、何せ彼は縄張り研究における理論派の旗頭的存在として一目も二目もおかれていたから、たちまち普及することとなった。

読者の中には、なぜ「杉山城論争」といわずに「杉山城問題」というのか、訝《いぶか》しんでいる人もあるかもしれない。でも、この言葉はもともと、従来の縄張り研究がイメージしてきた杉山城の年代観と、発掘調査の所見とが食い違っている問題をどう考えたらよいか、という意味で使った言葉だ。そこには、縄張り研究者としてこの問題をどう受け止めるべきか、という含意もある。ゆえに松岡氏や筆者にとっては、論争とする以前にまずもって「問題」だったわけだ。

この章では、「杉山城問題」においては何が「問題」なのかを考える。まずは手はじめに、北条氏築城説とは何だったのかを検証してみよう。

杉山城は北条氏の築城ではないかとの推定をはじめて明文化したのは、伊禮《いれい》正雄氏である。『関東合戦記』などの著作を残し、民間学としての城郭研究を温かく育《はぐく》んだ伊禮氏は、一九六九年に『埼玉史談』に「一つの謎・杉山城址考《じょうしこう》」と題する一文を寄稿した。その中で、縄張りの特徴から杉山城を十六世紀後半と推定し、比企地方の戦国史に照らし合わせたうえで、天文末～永禄《えいろく》初年における北条氏の築城であろう、との見解を示したのである。

ただし、なぜ十六世紀後半の縄張りと判断しうるのか、ではそれ以前の縄張りとはどう違うのかといった点は、伊禮氏は必ずしも明示していなかった。横矢掛りなどの技巧が多用されていて優れた縄張りだから戦国時代後半の城だろう、という程度の論なのであるが、縄張り研究がいまだ揺籃《ようらん》期にあった一九六九年時点の考察であれば、致し方なかろう。伊禮氏は、このの ち出版された『関東合戦記』においても、杉山城の歴史については史料がなく不明だが、縄張りの特徴から北条氏の城だとの見解をくり返している。

北条氏築城説の実態

実は、杉山城北条氏築城説を明確に論じているのは、ほとんどこの伊禮正雄氏の研究のみ、といってよい。一九七九年に刊行された『日本城郭大系第5巻　埼玉・東京』では、当時埼玉県立歴史資料館に勤務していた梅沢太久夫氏が杉山城の項を執筆しているが、伊禮氏の論を引いて天文～永禄年間における北条氏の城だろうと推定している。

一九八七年の『中世城郭研究』創刊号は、本田昇氏の手になる杉山城縄張り図が表紙を飾ったが、見返し（表紙の裏）に付けられた解説文で本田氏は、次のように述べている。

杉山城は虎口《こぐち》の作り方などから判断して、後北条氏の築城になることは明らかである。（中略）この城は滝山城（東京都八王子市）、栗橋城（茨城県猿島《さしま》郡五霞《ごか》村）などと似た部分があり、北条氏照《うじてる》系統の築城と考えられる。（中略）年代的には後北条氏がこの付近で関東管領《かんれい》上杉氏と争った永禄年間とするのが妥当であり（後略）

そして実は、北条氏築城説の論拠といえるものは、ほとんどこれがすべてなのである。第二章の冒頭に引用した関口和也氏による『図説中世城郭事典』の解説文も、これらの見解をくり返しているにすぎない。

通説としてひろく知られている論の元をたどってゆくと、意外なほど根拠があいまいであったり、いつ誰がそう論じたのかがはっきりしないということが、世の中にはしばしばある。杉山城の発掘調査がなされるまで、通説として信じられてきた北条氏築城説も、かくのごとし。

齋藤慎一氏は「戦国大名北条家と城館」――「足利高基書状写」を挙げた論考――の中でこの点に触れ、明確な根拠を持たない伊禮氏の「年代観が一人歩き」して、杉山城が「いつしか北条氏の典型的な城館と捉《とら》えられるに至っていた」と、研究状況を批判している。

通説は虚妄だったのか

ここで一つ指摘しておきたいのは、ここまで挙げてきた伊禮正雄氏・梅沢太久夫氏・本田昇氏・関口和也氏の文章は、いずれも杉山城について論じたものではないということだ。『日本城郭大系』、『中世城郭研究』、『図説中世城郭事典』とも、掲載された文章は基本的には紹介文や図に付随する解説文といった性格のものであって、調査報告書や論考ではない。

とくに『中世城郭研究』や『図説中世城郭事典』は紙幅の制約が明白で、執筆者の考えを反映することはできても、主体的に論証することは不可能だ。『日本城郭大系』の場合も書籍としての性質上、伝承や通説を整理して紹介する書き方が基本である。

『埼玉史談』に寄せた伊禮氏の一文にしても、杉山城という来歴不明だが縄張りの優れた城が存在することを、埼玉の歴史に興味を持つ人たちにひろく知らしめたい、という趣旨のものだ。『関東合戦記』の場合も、松山城攻防戦についての叙述の後に、いわばオマケのようにして、松山城の近くにこういう興味深い城がありますよ、と紹介しているにすぎない。

ここでもう一度、本田氏の解説文を注意深く読み直してみると、いくつかの重要なポイントを読み取ることができる。まず、杉山城を北条氏の築城と判断する根拠については、北条氏の城として確実な他のいくつかの例と、縄張り上の技巧において類似性が見られること。また、年代を推定した根拠は縄張り上の特色よりむしろ、北条氏がこの地域に築城する契機として永禄年間が妥当である、ということだ。また、掲載された縄張り図を作図したのは一九七三年とある。

北条氏築城説の「成立過程」を整理してみよう。縄張り研究がいまだ揺籃期にあった一九六〇年代後半から七〇年代前半にかけて、何人かの縄張り研究者たちが、杉山城という来歴不明の城に注目した。彼らは、その縄張りの緻密《ちみつ》さに瞠目《どうもく》して、機会を見つけては紹介に努めた。その際、彼らは縄張り上の特徴と当該地域の歴史的背景から、天文末～永禄初年頃の北条氏の城と推測した。

当時の研究状況の中で、これは相応の説得力を持って他の縄張り研究者たちに受け止められ、そのまま継承された。要するに、他に対案もないのなら、取りあえず杉山城はそこに置いておこう、というだけの話だったのである。

そののちも、杉山城について積極的に論じる研究者は現れなかった。なぜなら、論じる材料がそれ以上見あたらなかったからだ。そののちも八巻孝夫氏や松岡進氏、筆者らが何度か杉山城に言及してはいる。とはいえ、事例の一つとして扱っているだけで、杉山城の築城者や時期について積極的に論じてきたわけではなかった。

齋藤氏の冷静な指摘

比企シンポをもとに編まれた『戦国の城』には、松岡進氏と筆者が縄張り研究の立場から「杉山城問題」について論じている。齋藤慎一氏は前掲論考の中でこれに触れ、次のように書いている。

しかし西股・松岡とも縄張り論で杉山城が北条氏に関連する城館であると明確に論じていない。この点は両人に限らず従前の研究においても同様であり、杉山城が北条氏に関連する城館であるとする縄張り論的な根拠は明示されていない。したがって、残念ながら論点を明示した論争には至っていないのが現状である。

齋藤氏のご指摘のとおりなのである。あるいは、比企シンポに際して縄張り研究者たちが、「永禄年間の北条氏の縄張りは△△なものであって、戦国初期における管領上杉氏の築城とは○○な点で違うのだ」などと、声高に反論することを期待した人たちが、どこかにいたのかもしれない。でも、われわれは別に、秘蔵の「北条氏縄張り編年案」を出し惜しみしていたわけではないのだ。

というより逆に、「これまで杉山城を北条氏の築城と論じてきた、その根拠を示して見よ！」などと詰め寄られたら、困ってしまっただろう。論じてもいないことを論じてきたかのように非難されても、答えようがないからだ。

筆者が「杉山城問題」に最初に直面した時に、「杉山城が戦国初期＝北条氏以前の築城だということが、きちんと実証されるならば、それでよい」という感想を持ったのも、こうした状況認識がベースにあったからだ（この点に関しては二〇一三年の拙著『「城取り」の軍事学』第八章にも述べているので、ご参照いただけると幸いである）。

北条氏築城説は論としての実体を備えていなかったことが、明らかになった。とはいえ、縄張り研究者をもって任ずる身としては、北条氏築城説が成り立ちうるのか否か、この機会に検討してみる必要はある、というのが筆者の考えだ。それゆえに、この案件を自分たちの問題として「杉山城問題」と呼んだのである。

では、山内上杉氏築城説はどうだろう。前章でも触れたように、筆者は発掘調査の報に接した時から、調査結果を慎重に見きわめる必要があると感じ、比企シンポをへて『第１・２次報告書』を読んだのちも、「現時点では納得できるだけの材料が揃っていない」と感じていた。どこに違和感を覚えたのかを説明しよう。

二　出土遺物はどの時期を指しているか

遺跡の年代はどのように決めるか

山内上杉氏築城説は、もともとは発掘調査によって得られた年代観に発している。そして、齋藤慎一氏・竹井英文氏らが「足利高基書状写」を提示したことによって、歴史学的にも裏付けられたかっこうとなっている。したがって、山内上杉氏築城説は考古学的資料と、文献史料との二つの方向から別々に検証する必要がある。本書では文献史料からの検討は後回しにして、まずは発掘調査から得られた情報のうち、出土遺物に関する問題から点検してみよう。

第1・2次調査で出土した遺物は二一一点、第3～5次調査では六七点、合計で二七八点となる。ただし、ここでいう点数は採取された破片数なので、そのまま個体数を表しているわけではない。これらの遺物の中で、年代決定の中心となるのは陶磁器類であるが、最初に、なぜ出土遺物によって年代を判定できるのか、という原理を簡単に説明しておきたい。

考古学で遺跡の年代を決めるというと、放射性同位体元素である^{14}Cを使うような理化学的な年代測定法をイメージする人も多いと思う。だが、^{14}C法は数十年単位で測定誤差が出る。したがって、縄文時代の遺跡などでは非常に有効なのだが、歴史時代の遺跡では使いにくい。他にも火山灰分析など、いくつかの方法はあるのだが、地域や時代によっては適当な指標となる火山灰が特定されていないなどの事情があって、戦国時代の遺跡に対しては必ずしも理化学的測定法が決定打となるわけではないのだ。

しかも、理化学分析は費用がかさむうえに、分析の目的と方法とが噛《か》み合っていないと、思うような成果が得られない。サンプルを片っ端から採集して分析に回せば、何かしらデータが出てきて年代がわかるだろうと期待するのは素人考えで、実際はそんなことをしても、無駄な費用ばかりかかって有効なデータは出てこない。

出土遺物の年代

そこで実際の発掘調査では、出土遺物をもとに遺跡の年代を判断する場合がほとんどである。杉山城の場合、報告書に記載されている出土遺物一覧表で数えてみると、陶磁器は全部で一七〇点。そのうち、年代の根拠となる型式が記載されている遺物は、計三十三点。陶磁器全体の二割弱という数字になる。

では、出土遺物でどうして年代がわかるかというと、「編年」という物差しがあるからだ。ここで、編年の原理を説明しておこう。遺跡から見つかった遺物や遺構を型式分類しながら、その前後関係を決めてゆく方法を「型式学」という。また、遺物や遺構の新旧関係を見つかった層位から決めてゆく方法を「層位学」という。

この型式学と層位学の二つの方法を縦糸と横糸のように組み合わせてゆくと、遺物や遺構の形を年表のように並べて、年代を測る物差しとして使うことができるようになる。これが編年で、考古学においてはとても大切な方法論となる。

戦国時代の遺跡で年代決定の基準になる遺物の代表として、瀬戸・美濃《みの》地方で焼かれた陶器類がある。もともと中世には、尾張《おわり》の瀬戸窯でさかんに陶器の生産が行われて、東日本一円に流通していたが、次第に木曾川《きそがわ》の対岸である美濃地方（今の美濃市や多治見市のあたり）でも同じような製品が作られるようになった。そこで、「瀬戸・美濃」というくくり方をしている。

この地方では窖窯《あながま》といって、斜面をトンネル式にくりぬいて造った窯で陶器を焼いていた。

ところが十五世紀の終わり頃になると、大窯《おおがま》といって瓶子《へいし》をつぶしたような形の大きな窯を地上に造るようになって、生産効率が向上した。

さらに、十七世紀初め頃に連房式登窯《のぼりがま》という巨大なイモムシのような形をした地上式の窯が出現して、近世的な陶器生産体制へと移り変わってゆく。つまり、瀬戸・美濃の陶磁器生産から見ると、戦国時代というのはちょうど窖窯の末期から大窯の時期にあたっているわけだ。

戦国の遺跡を測る物差し

これまで地道な調査研究が積み重ねられてきた結果、瀬戸・美濃の窖窯や大窯については編年ができあがっていて、現在では大窯は四つの段階に分ける考え方が主流となっている。したがって大窯編年は、戦国時代の城の年代を考えるうえで、もっとも基本的な物差しになるというわけだ。

現在使われている窖窯・大窯製品の編年は、瀬戸窯の研究に長年携わってきた藤澤良祐氏によって完成されたものだ。それによれば、第一段階はおおむね一四八〇年代～一五三〇年代、第二段階は一五三〇年代～一五六〇年代、第三段階は一五六〇年代～一五九〇年代、第四段階は一五九〇年代～一六一〇年代となる。

もちろん遺跡からは、瀬戸・美濃以外で生産された製品も出土する。たとえば、尾張の知多半島にある常滑《とこなめ》で作られた日用品類だ。瀬戸・美濃地方の窯が、碗《わん》・皿といった食器類や擂鉢《すりばち》を主な製品としていたのに対し、常滑製品の主力は壺《つぼ》・甕《かめ》や捏鉢《こねばち》である。これには、常滑の方が胎土《たいど》（焼き物の生地となる粘土）の質が壺・甕に向いているという事情もあるが、産地の共存を図るために器種のバッティングを避ける、という事情もあるようだ。

東日本であれば常滑産の壺・甕類は、ほぼどこの中世遺跡からも出てくる。ただし、しじゅう持って歩いたり洗ったりする碗や皿にくらべて、据え置いて使うことの多い壺や甕は、製品としての寿命が長い。

おまけに、年代による形の変化がはっきり見てとれるのは口縁部分（口の部分）で、胴体部分の破片だけでは年代を特定しにくい。実際は、認知技能に優れた専門家が見れば、胴部の破片でも何となく鎌倉時代っぽいとか、まあ室町時代だろうといった判別は付くのだが、編年表の第○型式のように特定するのは難しいので、年代決定の直接的な証拠としては弱い。

他には貿易陶磁といって、中国などから輸入された製品があって、細かな型式分類とともに、どのタイプの製品が瀬戸・美濃のどの型式といっしょに出土しているか、といった研究が行われていて、年代決定の基準となっている。

編年表が意味するもの

杉山城の場合、瀬戸・美濃製品は窖窯最末期の型式が多く、これに大窯第一段階のものが混じっている。常滑製品や貿易陶磁類も、これと同時期のものである。調査報告書が「15世紀末に近い後半から16世紀初頭に近い前半」と書いているのは、こういう意味なのである。

以上のように述べてくると、これだけ精緻な陶磁器の編年ができあがっている以上、出土遺

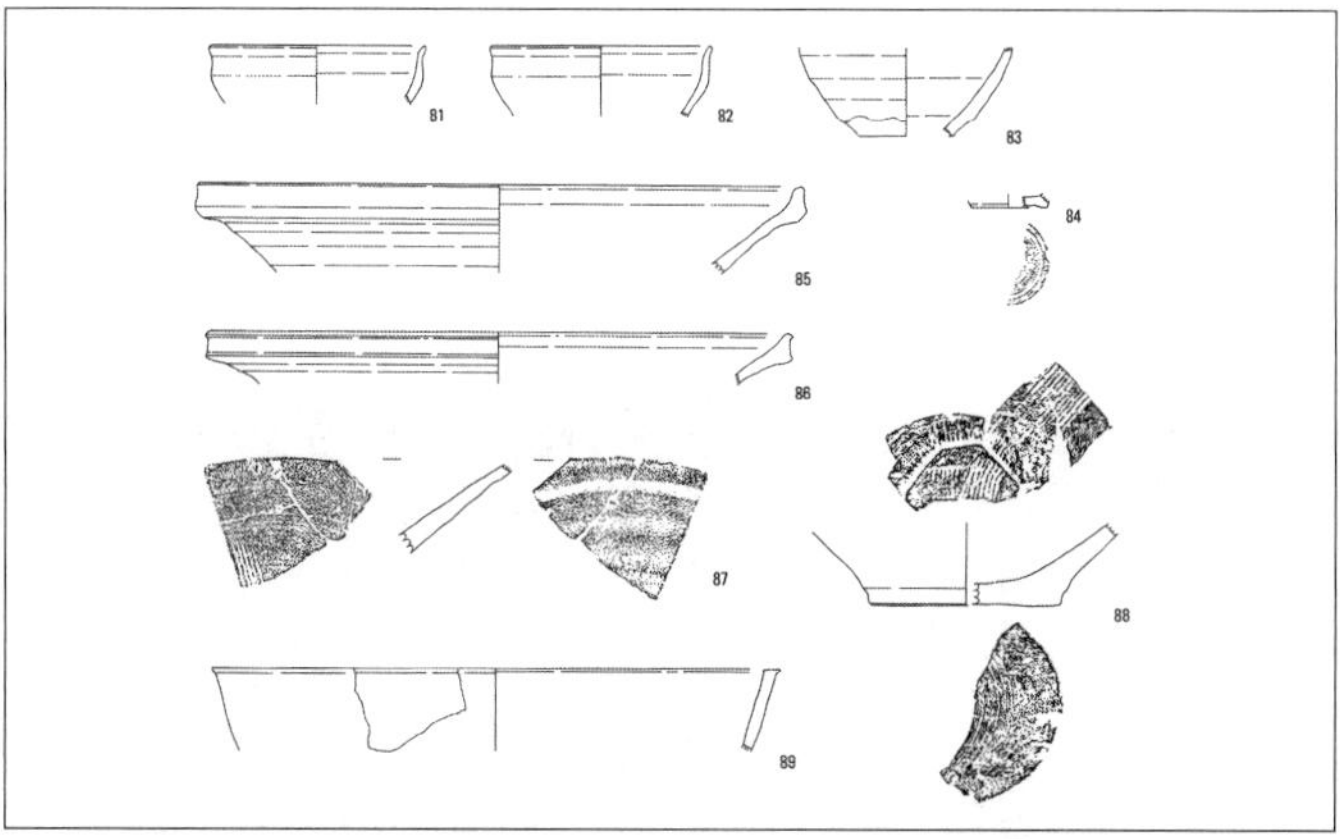

『第１・２次報告書』に掲載された杉山城出土遺物

物によって城の年代は疑いなく確定できるように思えてくる。けれども、ことはそう単純ではないのだ。

瀬戸・美濃大窯のような陶磁器の編年表を見ると、各段階（型式）を区切るための線が引いてあって、年表のようにそこに年代が書いてある。たとえば、第一段階と第二段階の境目の線は一五三〇年のところに引いてあるのだが、だからといって一五三〇年（享禄《きょうろく》三）の正月元日をもって、生産ラインが一新されたことを意味しているわけではない。あくまで、一五三〇年代のある時期に、瀬戸・美濃地域で操業しているたくさんの窯が、新しい形の製品へと転換していったという意味なのである。

もちろん、考古学研究者たちも、遺物から年代を判定するにあたって、そうした問題が伴うことは重々承知している。そこで彼らは、遺物がどのような割合で出土しているかに注目する。杉山城の場合であれば、どちらかというと窖窯末期（おおむね一四八〇年代以前の製品）が多く、大窯第一段階と確定できる製品の方が少ない。

杉山城にいた人たちは窖窯製品を使っていて、そこに大窯第一段階が新製品として入り始めた頃に城を去ったのだろう。もし、杉山城を築いたのが一五三〇年代（おおむね天文年間）より後だとしたら、最新式の大窯第二段階製品には手が届いていないにしても、彼らはもっとたくさんの第一段階製品を使っていたはずだ、というわけである。

絶対年代と相対年代

これはなかなかありそうな話ではあるけれど、ひとつ、考えなくてはならない問題がある。編年における絶対年代と相対年代の問題だ。絶対年代とは、一五三〇年（享禄三）のように、特定の決まった時間のことである。対して相対年代とは、BはAより新しくCより古い、といった前後関係によって相対的に決まる年代のことである。

考古学で用いる編年は、本来は「A型式よりB型式の方が新しい」という前後関係の検証を積み重ねることによって得られる相対年代であり、歴史学のように資料に「何年何月」と記されているわけではない。ごく稀《まれ》に年代の書かれた資料が見つかったり、歴史的に廃絶年代のはっきりしている遺跡から出土した資料を突き合わせることによって、絶対年代を特定ないしは推定することができるだけなのだ。

したがって、編年表の一五三〇年代のところに線が引いてあったとしても、それはあくまで便宜的な目安でしかない。こうしたあたりが、人文科学である考古学が、数字でピタッと割り切れないところであり、面白いところでもある。

大窯第一段階の製品が最後に焼かれたのは、享禄三年（一五三〇）かもしれないが、もしかしたら天文七年（一五三八）かもしれない——藤澤良祐氏はそこまで下るとは考えていないようだが、原理的にありえない話ではないので、ここではたとえ話として天文七年という年次を出しておく。

この八年間の差は、考古学的には「ふれ幅」の範囲内かもしれないが、その製品が搬入されたのが享禄三年か天文七年か、となると杉山城にとっては大問題となる。享禄三年であれば、扇谷朝興《ともおき》が積極的な反攻に出て北条氏綱が苦戦している時期だが、天文七年なら朝興はすでにこの世の人ではない。氏綱はすでに河越城を手中に収めているのだ。

そして、大窯第一段階の製品が最後に出荷されたのが一五三〇年代のいつか、という絶対年代を考古学的に断定するのは至難なのである。

戦国の商品流通

実は、比企シンポの結果を受けて出された『戦国の城』において、松岡進氏がこの問題を突いていた（「『杉山城問題』によせて」）。藤澤良祐氏の大窯編年によれば、天文元年（一五三二）に焼失した京都の山科《やましな》本願寺や、同四年に洪水で廃絶したとされる美濃の枝弘館《えだひろやかた》（土岐氏の守護所）から、第二段階の製品が出土しないことをもって、第一段階から第二段階への転換期を一五三〇年代と規定している。

しかしそれは、絶対年代を確定する根拠として充分なのであろうか。編年の前後関係（＝相対年代）が正しいとしても、それを絶対年代に当てはめるにはより慎重な手続きが必要なのではないか、と松岡氏は指摘していたのだ。

松岡氏はまた、先行研究を引用しながら、明応七年（一四九八）の大地震と大津波が引き金となって、戦国初期の東国では物流の大きな変動が起きていた可能性に注意を促している。そのような状況下にあって、遠い地域で生産された商品が杉山城のような内陸部の城まで、はたして順調に流通していったのだろうか、という疑問を呈しているのだ。

平和な時代であれば、瀬戸・美濃のような大産地で生産された商品は、東日本一円に同じように流通してゆくであろう。しかし、何といっても、時は戦国乱世なのだ。地域の物流が戦闘のために滞ったり、物資の集散地となる町場や港湾などが戦火に見舞われて荒廃する、ということだって充分に起こりうる。

大窯編年の基準となっている京都や美濃では新製品が滞りなく流通しているとしても、関東内陸部の交戦地域にも同じように新製品は浸透していたのだろうか。戦国時代には、地域によって流通に偏りが生じる現象が起きやすかったのではあるまいか。

茶碗の中のタイムラグ

卑近な話で恐縮だが、筆者が自宅で使っている「ご飯茶碗」は、家内と結婚する時に購入したものだから、もう三十年近く愛用していることになる。また、皿の中には筆者が独身時代に近所のスーパーで買ったものもあって、わが家の食卓では「使いべりしないわねえ」と、ネタになることしばしばだ。

なぜ、三十年も前に買ったお碗や皿をいまだに使っているのかというと、気に入っている、丈夫で使いやすいという理由もあるにはあるが、やはり西股家の財政状況が芳《かんば》しくない、という事情が影響しているようだ。もし、筆者の書く本がすべて何万部というベストセラーになっていたら、家内は何かの節目に「ご飯茶碗」を買い替えていた可能性が高い。少なくとも、独身時代に買った安物の皿にいまだに目玉焼きが載っている、などという情景は見られなかったはずである。

もう、お察しのことと思う。一五三〇年代に瀬戸・美濃の大窯で生産された碗や皿が、一五六〇年代（永禄年間）に関東のどこかの城で使われていた可能性は、大いにあるということだ。そして、消費者の実入りの良し悪しは製品の消費サイクルに少なからぬ影響を与える。戦国時代は強度の格差社会だから、貧富の格差によって製品の消費に偏りが生じる現象が顕著に生じていた可能性は大いにある。

陶磁器のような商品は、生産されてから各地に流通し、誰かが購入して使用し、廃棄されるまでの間に相応のタイムラグを生じる。そして、遺跡から出土する遺物は、すべてゴミとして廃棄されたものだ（ごく稀に廃棄されないものは伝世品・骨董《こっとう》品と呼ばれて、美術館や骨董屋に鎮座している）。

では、遺物となる製品が生産されてから城などで消費されるまでに、どの程度のタイムラグを見込めばよいのだろうか。この問題を解決するためには、製品が遺跡の中でどのように使われ、廃棄されたかを考えなくてはならない。つまり、その遺跡がどのような場所だったのかを知る必要があるわけだ。

三　遺構が物語ること

見つからなかったという発見

考古学では、人の営みの痕跡《こんせき》がある場所のことを「遺跡」という。その遺跡から見つかるもののうち、持ち運びのできるもの――つまり動産物件を「遺物」といい、持ち運びのできないもの――つまり不動産物件を「遺構」という。遺構は、その遺跡がどのような場であったのかを知る大切な手がかりだ。

前節では、杉山城から出土した遺物について検討してきたので、この節では遺構について考えてみたい。遺構には、建物や門の跡、いろいろな溝や井戸、石積みなどがある。ここまで、話の筋道をクリアにするためにあえて触れてこなかったのだが、実は杉山城の発掘調査では遺構についてもいろいろと面白い発見があったのだ。

と、このように書くと、どんなすばらしい遺構が見つかったのか、と期待される読者もあるかもしれないが、そうではない。遺構らしい遺構がほとんど見つからなかったのだ。そして、この「ほとんど見つからなかった」という点こそが、「面白い発見」なのである。具体的に説明してゆこう。

東国の場合、城や集落跡で見つかる建物は、地面に穴を掘って柱を直接埋め込む形の掘立柱《ほったてばしら》式建物がほとんどだ。有力大名の御殿か大きな寺院でもないかぎり、礎石式の建物跡は出てこない。掘立柱式建物の場合、建物が廃絶して柱穴《ちゆうけつ》が埋まる際に、まわりの地面とは違う性質の土が入るから、発掘調査をすれば穴の跡を見つけることができる。

ただ、掘立柱式は材木を地面に直接埋め込むわけだから、根元がだんだん腐ってくる。柱の根元を火で炙《あぶ》って腐りにくくするのが普通ではあるが、それでも耐用年数は平均すると二十年くらいといわれる。武家の屋敷などであれば、子供が一人前になって家を継ぐ頃には建て替えが必要になってくる計算だ。

だから、中世の屋敷や集落のような遺跡を発掘すると、柱穴の跡がたくさん見つかる。調査担当者は、穴どうしの間隔を測ったり、穴の大きさや深さ、入り込んでいる土の質の違いなどを調べて、どの穴とどの穴とが対応しているのかを割り出し、建物の平面形を復元してゆく。

ところが、杉山城では建物の柱の跡がほとんど見つからなかったのだ。

倉庫と田舎のバス停

いや、正確にいうと、建物の痕跡が皆無だったわけではない。まず主郭では、中ほどに地面を整地して石を四角く並べた跡があって、その周囲から焼けた壁土が出てきた。これは、掘立柱を使わない土壁式の倉庫と見てよい。わかりやすくいうと、材木をマッチ棒パズルのように組んだところに木舞《こまい》をあてがって土壁を塗ってゆき、草葺《くさぶ》きの簡単な屋根を架けたような構造なのだろう。

主郭ではもう一箇所、南側の土塁に沿って柱穴がいくつか並んでいるところがあった。筆者は、片流れ式の屋根を土塁に差し掛けるような、ごく簡単な構造の小屋だろうと推測している。わかりやすくいうなら、田舎のバス停にあるような雨除《あまよ》けだけの小屋である。

主郭は、第1・2次調査によって中央から南側一帯が発掘されたにもかかわらず、見つかった建物跡はこれだけだった。この分ではおそらく、主郭の北半分を発掘しても、大した建物跡は出てこないだろう。第3〜5次調査では、主郭の南に連なる三つの曲輪《くるわ》が発掘対象となったが、建物跡は一棟も見つからなかった。

建物跡が見つからないという現象については、論理的には三通りの説明が可能だ。

①城内に建物そのものが存在していなかった。
②何らかの建物は存在していたが、地面に痕跡を残さないような簡易的・仮設的な構造だった。
③建物は存在していたが、城が廃絶した跡に曲輪の内部に手が加わったために遺構が失われてしまった。

③は、たとえば曲輪の内部を畑として耕作したために土がすき返されてしまっている、といった状況だ。ただし、杉山城の場合は曲輪の内部が後世に改変された痕跡は、ほとんど見つかっていない。したがって、③の可能性は考慮外となり、①か②のどちらかということになる。

城門と木橋

建物以外の遺構についても見てゆこう。まず主郭では、東側と南側の虎口が発掘調査範囲に含まれていた。二四・二六ページ図のｉとｗにあたる場所だが、ここでも柱穴が見つかっていない。つまり、虎口は開いていても城門が建っていなかったということになる。

いくら何でもスカスカのままでは具合が悪いから、地面に痕跡が残らないような応急の仮設物で塞《ふさ》いでいたのかもしれない。工事現場や発掘現場では、フェンスやバリケードの一部を針金などでうまく工夫して、応急の出入り口を作ることがあるが、戦国の城でも同じような造作をしていたのだろうか。想像をたくましくするなら、土塁の上に丸太を差し渡してバリケードのようなものを吊《つ》っておき、縄を引いて上げ下げするような仮設物だったかもしれない。

ただ、曲輪⑦（報告書は「南二の郭」とする）で行われた第４次調査では、虎口ｖの内側から柱痕らしい穴が二つ見つかっている。ここには城門が建っていた可能性がある。とはいえ、主郭の虎口に固定的な城門が存在していないことや、曲輪の内部からほとんど建物跡が見つかっていないことを考慮するなら、杉山城にたくさんある虎口のほとんどにはやはり城門は建っていなかった、と見てよいだろう。

第3次調査では、曲輪⑥（報告書は「井戸曲輪」）の北東隅で、やはり柱痕らしい穴が二つ見つかっている。位置関係で見ると、主郭虎口wのちょうど対岸にあたる場所なので、筆者は木橋に関する遺構だと推定している。

築城に必要な用材

ところで、「木橋」というと、絵巻物に登場するような、欄干や橋桁《はしげた》のついた立派な橋をイメージする読者もいるだろう。だが、戦国時代の城ではもっと簡単な、渡し板のような仮設物が多用されていたはずだ。山道を歩いているとよく、丸太を筏《いかだ》のように組んで小川を渡れるようにした仮設物にお目にかかるが、筆者が戦国時代の城で多用されたと考えているのは、そうした「筏状の渡し板」である。

なぜ、そんな仮設物を想定するのかというと、中世では板という部材が高級品だったからだ。機械式の丸ノコが普及した現在では、丸太から板を製材するのは造作もないが、機械が存在しない時代には、板を製材するのは大変に手間のかかる作業だったのだ。

丸太を縦に割って、槍鉋《やりがんな》という文字どおり槍のような形をした道具で少しずつ削って形を整えてゆくしかない。室町時代に大鋸《おが》という二人で向かい合って引く工具が登場し、製材はだいぶ効率化されたものの、槍鉋で削って形を整える手間は変わりようがなかったから、やはり板は高級品であった。現存している江戸時代の農家建築を見ても、竹製の簀《す》の子のようなもので床を作っている例がけっこうある。江戸時代に至っても、板材は高級品だったのだ。

「真如堂縁起」（真正極楽寺蔵）足軽の乱妨狼藉の場面

『真如堂縁起』という絵巻物には、応仁の乱で乱妨狼藉《ろうぜき》を働く足軽の様子が描かれていて、教科書や歴史の本で見たことのある方も多いと思う。しかし、よく見るとこのシーンの足軽たちは金銀財宝のたぐいを略奪しているわけではない。みな、建物の床板や建具などをはずして持ち去ろうとしている。さらに、遠景では足軽たちが砦《とりで》のようなものを造っている。つまり、彼らは築城用の板材を調達するために、寺社や屋敷に押し入っているのだ。

少し寄り道が長くなったが、話を杉山城に戻そう。杉山城の曲輪⑥と主郭南側の虎口wとは、木橋で連絡していた。そして、一般論からすると、その木橋は欄干や橋桁を備えた本格的なものではなく、「筏状の渡し板」だった可能性が高い。「筏状の渡し板」なら、敵が迫った場合でも簡単に外してしまえるから守りやすいし、何より第一章でシミュレートしたような曲輪⑥の守り方に適している。

筆者は、曲輪⑥の発掘調査で確認された一対の柱穴らしい遺構は、「筏状の渡し板」の一方を仮止めするための杭か何かの跡ではないか、と推測している。

整地されなかった曲輪

発掘調査では、他にも面白いことがわかっている。発掘された曲輪の内部は、ほとんど平らに整地されていない——つまり城を築く以前の自然地形のデコボコを、随所に残したままだったのだ。

こうした様子は、発掘調査が行われる以前からわかっていた。筆者が描いた縄張り図を見ていただくと、曲輪の中に点々のような短いケバが描いてあるのがわかると思う（マンガの無精《ぶしょう》髭《ひげ》のような描き方をしている所）。これは、不規則な緩斜面の様子をケバで表現したもので、地表面観察でもかなりわかるが、発掘調査によってよりはっきりしたわけだ。

このように、内部が平坦《へいたん》化されていない曲輪を見ると、未完成の城ではないかとか、普請途中ではないか、と考える人が出てくる。取りあえず堀や土塁は造ったものの、曲輪の内部を整地して建物を建てる前に何らかの事情で城が不要になってしまい、未完成のまま廃城になった、という考え方だ。

しかし、筆者は未完成説には賛成しない。なぜなら、先に外回りの堀や土塁を造ってしまってから曲輪の中を平らに削ったり整地したりすると、位置や高低の関係が狂って防禦《ぼうぎょ》施設として機能しない箇所が出てきてしまうからだ。曲輪を平坦化する作業に伴って大量に発生する土砂を、狭い虎口や橋をつたって運び出す、というのも効率の悪い作業だ。城を築くのであれば、曲輪を平らに造成する作業と堀や土塁の位置決めをする作業は、少なくとも同時並行で行うはずである。

それに、杉山城の縄張りを見て、土塁や堀があちこち未完成だと評価するのは難しいだろう。つまり、この城を築いた人物は、曲輪の内部を平らに整地することより、虎口に横矢を掛けたり通路を折り曲げたり、馬出《うまだし》を造ったりする方を優先していたのである。

では、曲輪の内部が平らに整地されていないと、何が都合悪いのかというと、住み心地が宜《よろ》しくない。地面がデコボコだと、まともな建物を建てることができないからだ。おわかりだろうか。曲輪の内部が平らに整地されていないことと、曲輪の内部から建物の跡がほとんど見つからないこととは、セットで理解すべき現象なのである。

もう少し掘り下げて考えてみよう。少し前の所（九〇〜九一ページ）で建物の跡が見つからない現象について、最初から建物が存在していなかったか、地面に痕跡を残さないような簡易的・仮設的な建物だったか、可能性としては二通り考えられると書いた。

筆者はかつて発掘調査員の仕事をしていたが、発掘現場ではベテランの作業員たちが、余ったフェンスやブルーシート、ベニヤ板、鉄パイプ、伐採した竹といったありあわせの材料を使って、物置小屋や雨除けの休憩所などをたちどころに拵《こしら》えてしまう。このような簡易式の小屋なら遺構として地面に痕跡も残らないだろうが、当座の雨風ならしのぐことができる。

杉山城の場合も、城兵たちはそのような簡易式の小屋を作っていたのかもしれない。極端な話、立木に縄を渡してムシロなどでテントかツェルトのようなものを作っても、当座の雨露くらいならしのげるのだ。

戦国の城は丸裸か？

ところで、いま筆者は立木と書いたが、では城内に立木は存在したのだろうか。戦国時代の城の内部やその周囲は、木がすべて伐採されて丸裸だというイメージを持っている人も多いようなのだが、実際はどうなのだろう。

築城工事に伐採は付き物である。少なくとも、堀や土塁を築いたり曲輪を平らに整地する予定の範囲は、伐採しなければ工事にならない。しかし一方で、これも発掘調査員としての実体験からいうのだが、伐採と抜根は大変に労力を要する作業でもある。とくに、都市で生活していると忘れがちなのだが、抜根という作業は根気も体力も消耗する。だとしたら、伐採・抜根を省略できる範囲があれば、築城工事を効率よく進められる。曲輪の中を平らに整地しなくてよいのなら、伐採も抜根もかなり省略できるのだ。

詳しくは『戦国の軍隊』という拙著を参照していただきたいのだが、天正十八年（一五九〇）の小田原攻めのときに、豊臣秀吉軍の大名に属して山中城を攻略した渡辺勘兵衛という武士がいる。彼が書き残した『渡辺水庵覚書《すいあんおぼえがき》』という手記を読むと、二ノ丸に侵入したところで本丸の場所を確認するために立木に登って眺めてみた、という記述が出てくる。そして、大きな杉の木が何本も立っている小高い場所で、しきりに鉄炮《てっぽう》の発射煙が上がっているので、そのあたりが城の中心だと判断した、と書いている。

戦国時代の城が丸裸でなかったのは明らかだ。城によって程度の違いはあっただろうが、曲輪の中には適度に木が残っていたはずである。周囲まで含めて樹木を皆伐してしまうと、城地が保水力を失って雨で崩れやすくなるし、立木は城兵たちに日陰や雨宿りの場所を提供してくれる。復元イラストなどでは丸裸のように描いてあることも多いが、それは遺構を見せやすくするための表現上の工夫と考えた方がよい。

とくに、杉山城のように曲輪の内部が平らに整地されていない城では、相応に立木があって、テントやツェルトを吊ることも可能だったのではないか。あるいは、城兵たちは切り株を腰掛けやテーブル代わりに利用していたかもしれない。

居心地のよくない城

発掘調査で判明した事実をもとに考察を加えることで、杉山城の様子がだいぶイメージできるようになってきた。杉山城は、堀や土塁は見事に造ってあったが、曲輪の内部は整地していない場所も多く、随所に立木や切り株も残っていたようだ。

主郭の真ん中には土壁の倉庫が一棟建っていたが、他には田舎のバス停みたいな小屋があるくらいで、城兵たちは必要に応じてテントのようなものを作って雨露をしのいでいた。虎口には城門は建っておらず、主郭への空堀は丸太を筏のように組んだもので渡っていた。

がっかりされただろうか。何だかみすぼらしい情景ではある。ただ、ここでみすぼらしさにガッカリするばかりではなく、そうした情景が意味するところを掘り下げて考えてみよう。

杉山城は、決して暮らし心地のよい城ではなかった。少なくとも、城主が妻子とともに住み、それを取り巻くように家臣たちも屋敷を構えているような、そんな場所ではなかった。この城に何人くらいの将兵が居たのかはわからないが、彼らは半ば野営のような駐屯生活を送っていたようだ。仮に指揮をとる武将がいたとしても、下級の兵士たちと大差ない過ごし方をしていただろう。

そして、さきほど書き並べた城内の構造物は、いずれもごく簡単な構造のものばかりだ。言い換えるなら、番匠（大工）のような専門職人の手を煩わせなくても、足軽・雑兵《ぞうひょう》や、陣夫《じんぷ》として徴発した農民たちの手で拵えられる構造物ばかりなのである。木橋のくだりで、筆者がわざわざ長めの脱線をして板材について説明したのも、この原理を飲み込んでいただきたかったからだ。

虎口にしても、しっかりした門を建てるためには正確に製材した門柱と、門扉に用いる板材、それに肘壺《ひじつぼ》・肘金《ひじがね》などの金具類が必要になる。曲輪⑦の虎口には門が建っていた可能性もあるが、揚げ木戸といって、門柱の上に横木を渡して網代《あじろ》か簀の子のような門扉を縄で吊るタイプの構造物も、文書や絵画史料には登場する。それなら、やはり下級兵士や農民でも造作できる。

それから、発掘調査では主郭の虎口の周囲や土塁内側の裾《すそ》から、石積みの遺構が見つかっている。一部の研究者はこの石積みを見て、城主の権威を示すための装飾だと評価していたようだ。とはいえ、人頭大の石をせいぜい数段積んだ程度で、筆者には素人が造った花壇の縁取りと大差ないように見えた。

この石積みの評価については、石垣に詳しい中井均氏がのちにシンポジウム（帝京シンポ）で「このくらいなら、僕でも積めますわ」と、やや揶揄《やゆ》的に発言したことによって、沙汰《さた》止みとなった。専門の石工《いしく》を連れてこなければ造れないような石積みではないのだ。それに、そもそも城主の権威を示すために必要な格式張った門も、豪壮な殿舎も存在していないのである。杉山城の遺構を、示威や身分表象で理解しようと試みるのは無理がある。

専門職人をほとんど使わずに、兵士と農民だけで築ける城。なかば野営のような、城内での生活。要するに杉山城は、野戦陣地のような戦闘本位の城だったのだ。

遺跡としての城・遺構・遺物

杉山城という遺跡がどのような場所であったのか、だいぶイメージがつかめてきた。そこで、前節の最後に示した遺物との関係——遺物となる製品が遺跡の中でどのように使われ、廃棄されたのかを考えてみよう。

杉山城から出土した瀬戸・美濃製品は窖窯末期から大窯第一段階に属するもので編年上は十五世紀の後半から一五三〇年代、という時期に相当している。調査報告書はここから、杉山城の築城・使用年代を「15世紀末に近い後半から16世紀初頭に近い前半」と判断していたわけだ。

杉山城が、城主とその妻子たちが暮らし、家臣たちも周囲に屋敷を構えているような城だったとしたら、筆者もこの年代観で納得したかもしれない。彼らは、瀬戸・美濃の窖窯製品を使って暮らしており、大窯第一段階の新製品が入り始めた頃に城を去った、と考えることができるからだ。

しかし杉山城は、城主たちが日用品を何度も買い替えながら消費生活を楽しむような場所ではなかった。兵士たちが半ば野営のような状態で駐屯する前線基地だったのだ。そんな城に赴く兵士たちが、はたして店で新品の生活用品一式を買いそろえて持っていっただろうか。

壊れても無くしても惜しくないようなありあわせの品を、そこいらで調達して持ち込んだ——そう考えた方がよいのではなかろうか。城内での生活はかなり質素なものだっただろうし、貧相な消費生活は持ち込まれた製品の消費サイクルを長くする。

しかも、築城工事は一回きりで改修はなされていない。城内に製品が持ち込まれたのも、大枠でいえば単一の時期である。彼らが持ち込んだ生活用品の中に、相当年季の入った食器が含まれていても、何の不思議もない。つまり、製品が生産されてから遺跡に持ち込まれ廃棄されるまでのタイムラグは、杉山城の場合かなり大きめに見積もる必要がある、ということだ。

そして、持ち込まれたのが一つの時期に属する遺物のグループから遺跡の年代を判断する場合、グループの中で一番新しい遺物を基準とするのが、考古学のセオリーである。これは、前述したタイムラグを正しく見積もるための手続きだ。

だとしたら、出土遺物から判断するかぎり、杉山城が築かれ使用された時期は、一五三〇年代以降である可能性も排除できない、というのが論理的帰結となるはずではないか。

鉄炮玉の出どころ

主郭から一点だけ見つかっている鉄炮玉の問題が、ここに加わる。この鉄炮玉について、『第1・2次報告書』は次のように報告している。

1点のみ東虎口前から北西に上っていく斜面途中の表土下面から出土した。この鉄砲玉を周囲の遺構と直接的に結びつけられるかどうか杉山城跡の年代を考えるうえで非常に微妙な点だが、わずか1点のみという出土量と表土下面という出土位置や鉄砲伝来以降の時期の遺物が本郭の調査区内からは一切検出されていないことから、本郭の遺構と検出されている遺物とは直接的に結びつけることはできないと思われる。

調査担当者が、出土遺物全体の指し示していそうな年代と、一点だけ見つかった鉄炮玉との間に矛盾を感じ、どう考えれば論理的に整合するのか悩んだ様子が読みとれる報文である。

鉄炮玉の出土層位を「表土下面」とする報告書の記載だけを読むと、後の時代に混入した遺物のようにも思える。ただし、中世の遺跡では、先史時代のような分厚い遺物包含層は存在しない。城の改修や後世の耕作に伴って大量の土砂が持ち込まれないかぎり、曲輪の内部に顕著な堆積《たいせき》層が形成されることはないのだ。礎石建ちの建物では礎石がいまでも地面に露出しているくらいで、現在の地表面から一皮むくとすぐに戦国時代の遺構面が現れるのが普通である。

杉山城の主郭も同様で、しかも鉄炮玉が出土したのは傾斜面――つまり、遺物が移動しやすい場所ということだ。筆者の中・近世遺跡の調査経験に照らして考えるかぎり、この条件で遺物が後世の混入であるかどうか、出土層位から判定するのは少々無理がある。

問題は、他の出土遺物との年代的な整合性だが、「グループの中で一番新しい遺物を基準とする」という考古学のセオリーに従うなら、杉山城の構築・使用年代が一五三〇年代以降である可能性も排除できない、という論理となら、鉄炮玉は矛盾なく共存できる。

カワラケをどう見るか

もう一つ、カワラケの問題についても触れておかなければなるまい。カワラケとは、釉薬《ゆうやく》を用いずに低火度で焼いた素焼きの皿である。当然、廉価な食器であるが、中世や近世には儀礼的な宴会で盛んに用いられていた。

使い捨ての食器であるゆえに、人の手や口が触れていない清浄な器、と考えられたからだ。そこで、領主の屋敷や大名の御殿などからは、カワラケが大量に出土する。カワラケが大量に出土する遺跡は、そこに住む者が裕福だったことを示しているのだ。

とはいえ、カワラケの全部が宴会で消費されていたわけではない。カワラケには灯火具としての用途もある。皿に紐《ひも》などの灯芯《とうしん》を渡し、油（中世なら荏胡麻《えごま》油）を注いで灯を点《とも》すわけだ。釉薬をかけた陶磁器は熱に弱く割れやすいので、素焼きのカワラケの方が都合がよいのだ。漆の容器や、戦国時代なら鉛を溶かして鉄炮玉を鋳るための坩堝《るつぼ》として使われる場合もあった。要するに、格安の器として雑用に供されていたわけである。

杉山城でも、かなりの数のカワラケが出土している。とはいえ、城内の様子を考えるなら、宴会で消費したと見なすのは難しい。われわれの感覚からたとえるなら、紙コップか百円ショップの食器のように、壊れてもいいような日用品として使ったと考えた方がよさそうだ。

カワラケについては、比企シンポの報告者の一人でもある田中信氏（川越市教育委員会）が、山内上杉系カワラケと扇谷上杉系カワラケという説を提起している。埼玉県内の城跡から出土するカワラケを概観すると、形態や技術的特徴から二系統に分けられるが、その出土する地域が山内上杉氏と扇谷上杉氏の勢力圏に、ちょうど重なる。両上杉氏は、それぞれに独自スタイルのカワラケを使用していたのではないか、という説だ。

杉山城から出土したカワラケは、山内上杉系の特徴を備えている。そこで、調査報告書では、杉山城の築城者を山内上杉氏と判断する根拠の一つとして、山内上杉系カワラケを挙げているのだ。

地場産業としてのカワラケ

山内上杉系カワラケと扇谷上杉系カワラケの対比というのは、たしかに面白い考え方だとは思う。ただ、一般論からいうなら、瀬戸・美濃や常滑のような陶磁器の産地は、全国規模の流通圏を持つ「大手メーカー」であるのに対し、カワラケを生産する窯は操業規模の小さい「町工場」のようなものだ。

中世遺跡から出土するカワラケを見ていると、形態的特徴が共通するのは郡からせいぜい県くらいの範囲になるのが普通だから、流通圏もごく狭かったことがわかる。今でいうなら、地域密着の「地場産業」のような感じだ。

だとしたら、山内上杉氏や扇谷上杉氏があえて生産管理のような施策を行わなくても、もともと武蔵の北部と南部ではカワラケの形がちがっていて、それがたまたま両氏の勢力圏に重なったということは、ありうるのではないか。杉山城のように安価な雑器として持ち込まれるのであれば、たまたま調達できたカワラケが武蔵北部タイプだった、と考えた方がよいのではなかろうか。

『第1・2次報告書』では、杉山城から出土したカワラケの技法的な特徴が、「山内上杉氏の陣所と関連する遺跡で15世紀後半から16世紀初頭の年代観で捉えられ」る出土例と共通していることを指摘している。ただし、「15世紀後半から16世紀初頭」という年代観そのものが窖窯・大窯編年などから導き出されたものだとしたら、それを杉山城の年代判定に適用するのは循環論法になってしまうのではないか。

筆者は、埼玉県下出土のカワラケについては専門外なので、今の時点ではこの程度の所見を述べることしかできない。山内上杉系・扇谷上杉系カワラケという型式設定が妥当かということを含め、今後の研究の進展に注目したい。

考古学で判断できる杉山城の年代

発掘調査で判明した事実にもとづいて考古学的に検討するかぎり、杉山城の年代は「15世紀末に近い後半から16世紀初頭に近い前半」である可能性もあるが、一五三〇年代以降である可能性も排除できない、というのが筆者の判断である。そして、この判断を比企地方の歴史の中に位置づけようとすると、大窯第一段階の終末である「一五三〇年代」が、非常に微妙な時期になってくる。

一五三〇年代というのは、北条氏の勢力伸長に対抗するために両上杉氏が協調していた時期だからだ。大永四年（一五二四）には両家の盟約を固める祝賀の宴が催されたが、そのために扇谷朝興が留守にした隙を衝《つ》いて北条氏綱は江戸城を奪取した。

扇谷上杉氏の本拠は河越まで後退したが、その河越城も天文六年（一五三七）には氏綱によって攻略されてしまう。その氏綱が天文十年（一五四一）に死去すると、山内憲政と扇谷朝《とも》定《さだ》は河越城奪回のために共同作戦を取るようになり、これが同十五年（一五四六）の河越夜戦へとつながってゆくのだ。

したがって、一五二〇年代の半ば以降に両上杉氏の対立によって杉山城が築かれる、という事態は想定しにくい。杉山城が山内上杉氏によって築かれたのであれば、大永三年（一五二三）以前でなければならない。

つまり、杉山城の年代が考古学的には一五三〇年代以降である可能性を排除できないのであれば、北条氏築城説は考古学的には否定できなくなるはずなのである。

杉山城を科学する

「15世紀末に近い後半から16世紀初頭に近い前半」とか、「一五三〇年代」、あるいは「大窯第一段階」といった具体的な数字を挙げられると、人はしばしば何かが実証されたような印象を受けてしまう。しかし、そうした数字はあくまで調査で得られたデータであって、史実でも真実でもない。

「はじめに」で前置きしたように、考古学も歴史学も科学でなくてはならないが、科学においてもっとも大切なことは、事実が数字で示されることでも数値データを信じることでもない。科学的精神の根幹は、合理性を尊ぶことだ。つまり、いくら数字や物証が示されたとしても、それによって誰もが納得のできる理にかなった説明が成立しないのなら、実証にはならないのである。

「杉山城問題」に関して筆者は幾度か、「発掘調査によって物証が得られ、年代が示されたのに、縄張り研究者はどうして信じようとしないのですか?」といった問いを投げかけられた。でも、筆者はそうした問いに研究者として答える必要性を感じない。なぜなら、物証や数字を信じるかどうかというのは信心の問題であって、信心の強要は科学的精神とはかけ離れたところにある姿勢だからだ。

さて、本章では「足利高基書状写」の問題はひとまず横に置いて、主に考古学的な観点から杉山城問題を検証してきた。その結果、北条氏築城説と山内上杉氏築城説は、考古学的には両方とも成り立ちうることがわかった。

そこで次章では、「杉山城問題」に対して縄張り研究者たちがどのような論点を示したのかを整理するとともに、考古学研究者の一人でもある中井均氏によって提起された織豊系城郭説を紹介し、検討を加えてみたい。

第四章　縄張りから考える杉山城——杉山城は織豊系城郭たりうるか

一　「杉山城問題」と縄張り研究

復元イラストは大間違い？

学研グループが刊行している『歴史群像』という雑誌に、「戦国の城」と題するシリーズ記事がある。毎号、戦国時代の城をとりあげて、香川元太郎氏の手になる精細な復元イラストをもとに紹介する企画で、一線級の研究者が執筆していることが多い。

筆者が、このコーナーに「武蔵杉山城」を執筆したのは、二〇〇三年の十月号においてのことだ。この年の正月に作成した縄張り図をもとにイラストの監修を行って、記事を書いたわけだが、手元の記録によると実際の執筆は七月となっている。ちょうど杉山城の第2次発掘調査が始まった頃で、杉山城を掘っているらしいという噂は小耳に挟んでいたかもしれないが、どのような遺物や遺構が出ているかという情報までは入っていなかった。

当然、筆者は北条氏築城説にしたがって執筆したわけで、北条氏が北武蔵で作戦してゆく中で、この城が必要になったのだろう、という推論にもとづいて記事を書いている。そこで、のちに何人かの方から「『歴史群像』に書いた内容が間違いになってしまって、お困りでしょう」と慰められる（?）ことになったのだが、筆者は別に困りはしなかった。前章で述べてきたように、発掘調査によって山内上杉氏築城説が確定したとは考えていなかったからということもあるが、理由は他にもある。

イラストの監修にあたって筆者は、建物のおおよその位置や形、城兵たちの配置や動作といった細かな情景を具体的に指定してゆくのが常なのだが、杉山城では城内の建物を思いきり簡素に、数も最低限としたのだ。番小屋のような建物が各曲輪《くるわ》に一棟くらいずつ建つのみで、城内はおよそ生活感に乏しく、空堀には筏《いかだ》状の渡し板が架かっているという情景である。

杉山城が純然たる戦闘用の城であることは地表面観察からでも推察できたので、そうしたイメージから監修を行ったのであるが、城内の建物がここまで質素な城の情景がイラスト化されたことは、それまでに例がなかったと思う。その意味で杉山城のイラストは、画期的だったのである。

発掘調査で見つかった建物の場所や形は、さすがに筆者の想定とは違っていたけれど、調査で判明した城の様子は、筆者がイメージしたものにかなり近かった——むしろ筆者の想像以上に城内は質素だった——のである。また、築城が永禄《えいろく》年間であれば、関東でも鉄炮《てっぽう》が広まり始めていると考えて、城外で鉄炮を試射している情景を描き入れてもらっていた。だから、発掘調査の成果を知った時には、内心「してやったり」とほくそ笑んだくらいなのである。

突破口としての杉山城

実は、「戦国の城」のコーナーで杉山城をとりあげるのは、そう簡単なことではなかったのだ。今でこそ、お城ファンに広く知られて、日本城郭協会の「続・日本100名城」にも選定されている杉山城ではあるが、二〇〇三年当時はまだまだ無名であった。

ゆえに、この企画に対して当時の編集長は、「そんな歴史的なこともよくわからない無名な城では記事にならない」として難色を示していた。そんな編集長を、駆け出しのライターが「縄張りの面白さだけで記事になるから」と説得するのは、ちょっとした苦労だったのだ。

最近の『歴史群像』は、さまざまなタイプの城をとりあげて、軍事的観点から興味深い考察を加えているが、それまでは大名や有名武将の居城クラスの城、攻防戦などで歴史的に著名な城しかとりあげていなかった。だから筆者には、多様な城に目を向けさせる突破口を、杉山城によって開いたという自負がある。

『図説中世城郭事典』や、本田昇氏の縄張り図を表紙にいただいた『中世城郭研究』が刊行されてから十六年をへて、杉山城は一般向けの歴史雑誌にとりあげられる一方、発掘調査が行われて多くの研究者から注目を集めるようになった。歴史的にはまったく無名の城が、その縄張りの面白さによって評価される時代が来たのだ。

とはいえ、記事が世に出た直後に「杉山城問題」が持ち上がったために、筆者は北条氏築城説の主唱者であるかのような立場に置かれることとなった。むろん商業誌に書く紹介記事は、論考や研究報告とは性質の違うものではあるが、自分なりの考察にもとづいて活字にしてしまった以上、相応の責任は免れえない。

杉山城が、戦国初期＝北条氏以前の築城だということが、きちんと実証されるならば、それでよいが、まだ納得できるだけの材料が揃っていないというのが、発掘調査の情報に接した筆者の考え方であったし、杉山城の築城者や時期について積極的に論じてきたわけでもなかった。

とはいえ、北条氏築城説を前提として記事を書いた実績（？）がある以上、知らぬフリをしたまま見過ごすわけにもゆかない。こうして筆者は、関東における理論派の旗頭だった松岡進氏とともに、いつのまにか「杉山城問題」において縄張り研究者側を代表するような立場で発言することとなってしまった。

参考までに付言しておくと、筆者が香川氏のイラストとともに『歴史群像』に発表してきた城郭記事の一部は、二〇一六年に訳あって河出書房新社から『「東国の城」の進化と歴史』として出版することになった。この中に杉山城も収録されているが、「杉山城問題」を念頭において新稿に近いくらいに原稿を書きあらためている。興味のある方は、雑誌の記事とどのように変わっているか、読みくらべてみると面白いだろう。

比企の城をグルーピングする

さて、「杉山城問題」に対する縄張り研究側からの最初の具体的反応としては、『戦国の城』（比企シンポの結果を受けた本）に寄稿した松岡進氏の「『杉山城問題』によせて」と、拙稿「比企地方における城郭の個性」がある。ここではまず、拙稿の内容から紹介してゆきたい。
筆者が考えたのは、次のようなことだ。杉山城の縄張りを単体でいくら突きつめていっても、築城主体や時期を割り出すことはできない。縄張りから築城主体や時期を考えるためには、周辺の他の城との比較検討が必要だ。杉山城に関していうなら、縄張り研究者たちが北条氏築城説を妥当と認めてきたのは、松山城争奪戦に関連付けた時に杉山城の位置づけが理解しやすい、と考えたからであろう。
そこで、縄張りに着目して比企地方の城を概観し、大まかに次のようなグルーピングを試みることにした。

比企Ⅰ群　他とはっきり区別できるような広大な城域を有する城。該当するのは松山城、菅《すが》谷《や》城、青鳥《おおどり》城の三城のみである。

比企Ⅱ群　杉山城のように、横矢掛りや虎口《こぐち》などの技法が目立つ中小規模の山城ないし丘城。小《お》倉《ぐら》城、腰越《こしごえ》城、四《よ》津《つ》山《やま》城、大築《おおづく》城、青山城、中《なか》城、高坂《たかさか》城の八城が該当する。

比企Ⅲ群　中小規模で粗放な縄張りを有する、臨時築城と考えてよい城。高谷砦《こうやとりで》、安戸《やすど》城、山田城、山崎城、谷《やつ》城、三《み》門《かど》・泉福寺《せんぷくじ》塁、越畑《おっぱた》城の七例。

他にも塁壕《るいごう》によって方形に区画される平地の城がいくつかあるが（論考では比企Ⅳ群とした）、このときの考察では論点を整理するために検討対象から除外している。というのも、平地に塁

菅谷城主郭の土塁と空堀（著者撮影）

壕を方形に廻《めぐ》らせる遺構は、それまで方形館《ほうけいかん》＝在地領主の居館と見なされてきたが、筆者や松岡氏はこの「方形館」という概念の妥当性について、大きな疑問を持っていたからだ（比企Ⅳ群を「方形館」と認めてよいかどうか検討してゆくと、議論が本筋と違うところに入り込んでしまう）。

こうして見てくると、比企地方には技巧的な縄張りを持つ中小規模の城と臨時築城然とした城とが密集していて、他の地域でごく普通に見られるような、中小規模で単純な縄張りの山城・丘城が存在していないことがわかる。中小規模で単純な縄張りの城とは、たとえば尾根上を堀切で刻んでいくつかの曲輪を連鎖させ、横矢掛りや馬出《うまだし》などの技巧は用いないようなタイプの城だ。

比企地方に隣接する秩父地方や入間《いるま》地方、あるいは東京都の多摩地方には、中小規模で単純な縄張りの城が普通に分布している。それにくらべれば、比企地方における分布はかなり特異なのである。

「比企型虎口」について

もう一つ、筆者が注目したのはⅡ群の城で見られる虎口の形だ。杉山城には、土塁で囲んだ曲輪の端を突き出させて、その正面ではなく側面に開口するタイプの虎口がある。第一章二〇・二六ページの図でいうなら、主郭南側の虎口wや曲輪②の虎口eだ。

この形の虎口では、侵入者は正面の堀や土塁に行く手をはばまれるので、側面に迂回《うかい》してから九〇度ターンして虎口に入らなければならない。そっくりな形の虎口が、腰越城や小倉城にもあるし、四津山城の主郭北側の虎口もよく似ている。そこで筆者は、このタイプの虎口を仮に「比企型虎口」と名付けてみた。

これは、比企地方で典型的に見つかったタイプの虎口という意味だから、別に他の地方に存在していてもおかしくない。文京区の弥生《やよい》という場所で見つかったから弥生式土器と呼ぶのと、同じ原理だ。実際、「比企型虎口」はいろいろな地方で確認できるし、一二三ページの図をよく見ると、玄蕃尾《げんばお》城にも使われていることがわかる。おそらく、城の縄張りが発達してゆくある段階で、通路を効率よく防禦《ぼうぎょ》する工夫として、自然に編みだされる形なのであろう。

ただ、杉山城・腰越城・小倉城というように、比企Ⅱ群の城に集中して現れるということは、

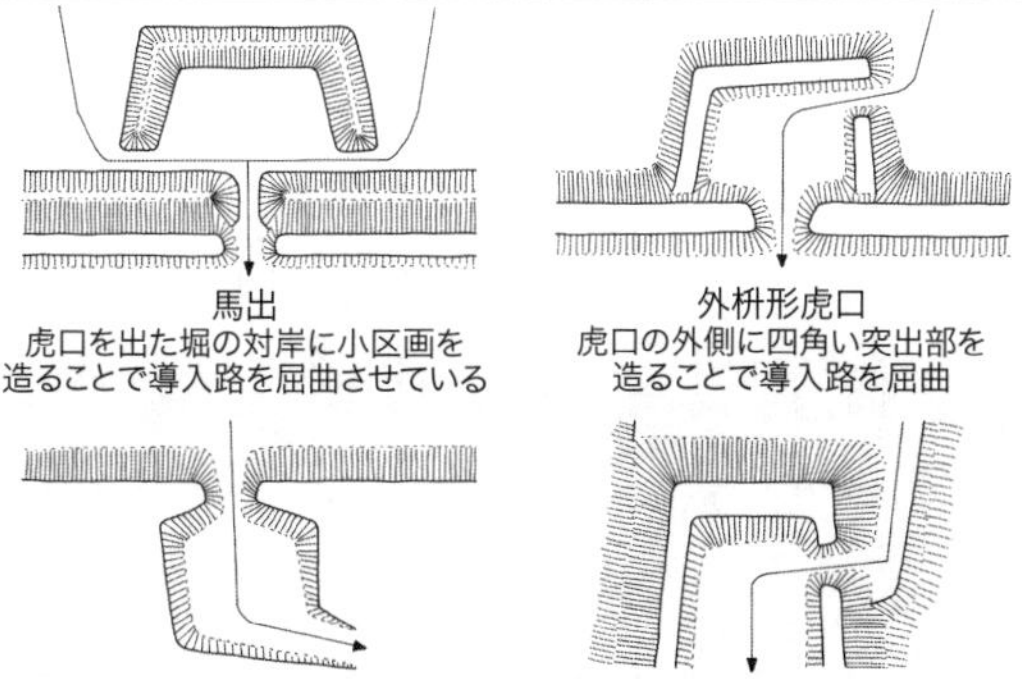
内枡形虎口
虎口の内側に四角い空間を
造ることで導入路を屈曲
比企型虎口
突出させた曲輪の側面に開口する
ことで導入路を屈曲

比企型虎口の模式図

これらの城がそう遠くない時期に築かれた可能性を示唆しているのではなかろうか。前述したような分布の特徴と併せて考えるなら、比企地方がある時期、強い軍事的緊張状況に置かれて築城がくり返された、という状況を想定できるのではなかろうか。

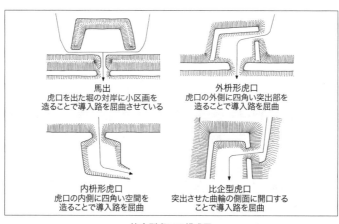

だとしたら、杉山城以下の比企諸城が松山城争奪戦に関連して築かれた、という縄張り研究者たちの考え方にも一定の合理性があったことになる。そして、発掘調査によって明らかになったのは、杉山城が純然たる戦闘用の城として築かれた、ということだ。

実は、前述した杉山城の推定復元イラストでは、城の周囲を戦乱で荒廃した農村の情景として描いてもらっている。これも、杉山城以前には例のなかった表現だと思う。縄張りの優れた城が集中的に築かれるという現象は、その地域が強い軍事的緊張状況下にあったことを意味しているし、杉山城そのものも戦闘施設に他ならない。

ゆえに筆者は、縄張りの優れた城が存在していることの意味を、地域社会との関係の中で視覚化するにあたって、領主が地域を支配する本拠としての姿を城に投影したくはなかったのである。

単発か重層的か

話を『戦国の城』論集に戻そう。松岡進氏はどのような論点を示したのであろうか。松岡氏はまず、関東地方における城の縄張りを概観したうえで、塁線中央に突出する櫓台《やぐらだい》、横矢掛りのための塁線の張り出しや折れ、障子堀、二重堀、馬出といった技巧が、十五世紀後半から十六世紀初頭には出現していた可能性が高いことを指摘した。

ただし、十五世紀後半から十六世紀初頭段階の城では、これらの技巧が単発で用いられているのに対し、杉山城の場合は技巧を重層的に組み合わせて用いており、論理的には後出の段階と考えるべきだ、と論じた。また、出土した陶磁器の年代を、そのまま城の構築・使用年代と見なすことへの疑問については、第三章第二節で述べたとおりだ。

技巧を単発ではなく重層的に組み合わせて用いている、という松岡氏の指摘はうなずける。かつて橋口定志氏は縄張り研究の方法論を批判する際に、単純な形態から次第に複雑な形態へ、という素朴な図式で進化を論じることの妥当性に疑義を呈していた。わかりやすくいうと、通路が直進して入る虎口と、通路が一回折れる虎口、二回折れる虎口があったときに「直進→一折れ→二折れ」と発展したように考えてしまうのが本当に正しいのか、ということだ。

杉山城に当てはめて考えるなら、横矢掛りや馬出といった技巧を用いているから、という理由だけで戦国時代後半の城だと判断しても、根拠がないことになる。そこで松岡氏は、単にどの技巧が見られるということではなく、重層的に組み合わせて用いていることに意義を見出《みいだ》そうとしたわけだ。そして、技巧を重層的に組み合わせているという特徴において、杉山城にはむしろ滝山城や鉢形城との近似性を見出せるとしている。この時点では杉山城の山内上杉氏築城説は支持できない、というのが松岡氏の結論だ。

拙稿も松岡氏の論考も、杉山城の北条氏築城説を証明したり、山内上杉氏築城説を覆したりしたわけではない。これは齋藤慎一氏が「西股・松岡とも縄張り論で杉山城が北条氏に関連する城館であると明確に論じていない」と冷静に指摘したとおりである。ただ、縄張り研究（遺構論）の観点から北条氏築城説の妥当性について、検証してみる価値があることは認識できた。

突きつけられた課題

松岡氏は、その論考の最後に、「杉山城問題」がさまざまな論点を提起したことによって研究は新しい段階へと進むことになる、との見通しを述べている。そして、縄張り研究者が縄張りと軍事を、考古学研究者が遺物と遺構から日常生活を考察して、お互いに棲《す》み分けるのではなく、歴史学の研究者も含めて、「それぞれが自己の分野での蓄積を生かして越境し、より高次の認識に向かって進むことが求められている」と、しめくくっている。

また、「比企地方における城郭の個性」で、筆者は次のように書いている。

無論、縄張研究サイドとしても考えなければならない問題は多い。たとえば、地表面観察では城郭の最終形態しか知り得ないという、縄張研究が宿命的に内包する方法論上の限界性に対する批判を、技巧的な城郭遺構をすべて十六世紀後半の戦国大名系築城として理解する根拠にすり替えてはいなかったか。（中略）十六世紀後半の大名系築城がそれ以前の城郭とどのように異なるのかを、論理的に検証してゆかなければならない。

この問題認識も、かつての橋口批判を意識したものだ。橋口氏は、縄張り調査は地表面観察によっているので、城の最終形態だけしか研究対象にできないことを指摘していた。この批判は論理的にはまったく正しい。そこで縄張り研究者たちは、城の年代を考える際に安全圏を取って、戦国末期まで使われた可能性を常に保留するようになった。極端な話、南関東にある城については「北条氏の支城として戦国末期まで使われたのであろう」と呪文《じゅもん》のように唱えておけば、保険になるわけである。

しかし「杉山城問題」によって、戦国前期の城と戦国後期の城がどう違うのか、あるいは同じなのかを、あらためて考える必要性が突きつけられることとなった。松岡氏の論考は、その点を明確にした。と同時に、氏は重要な課題をも指摘している。

杉山城のように、技巧を重層的に組み合わせて用いた縄張りは、

プランがどのように練られたのかという築城過程の問題や、どういう質をもった兵員が想定されたかという軍事力配置の問題

と抱き合わせで考える必要がある、と説いているのだ。

松岡氏や筆者が、こうした課題を認識し、次のステップを模索している中で登場したのが、中井均氏による杉山城織豊系城郭説だった。

二　杉山城と玄蕃尾城

縄張り研究者の目を持つ考古学研究者

ほぼ同じ時期に結成された中世城郭研究会と城郭談話会は、関東と関西をそれぞれに代表する研究グループとして、長年にわたって民間学たる縄張り研究をリードしてきた。この二つの会は毎年一回、合同で合宿形式の踏査会を行っている。

ふだんは違う地域の城を研究している人たちと同じ城を歩き、めいめいの描いた縄張り図を見せ合いながら議論にふけったり、お酒を酌み交わしたりするのは、何とも楽しい。同種の認知技能を備えた人たちが共通する方法論的手続きを踏み、相互検証を可能たらしめることをもって研究上の客観性が担保されるのだとしたら、こうした踏査会こそが縄張り研究の客観性

を育《はぐく》んできた、といってよいかもしれない。

最近ではお互いに多忙になってしまい、なかなか思うように参加できなくなってしまったが、中井均氏も筆者も以前はこの合同踏査会の常連であった。大学で考古学を学び、卒業後も埋蔵文化財関係の仕事に就いた中井氏は、考古学から城を探究する道を選んだ。城郭研究を確立するためにそのスタイルを貫いている中井氏を、筆者はずっと尊敬してきたし、それができる才能に羨望《せんぼう》の念も抱いている。一言で表すなら中井均氏とは、縄張り研究者の目を持つ考古学研究者なのだ。

ごく直近の仕事を拾ってみても、中井氏の立ち位置がよくわかる。たとえば、『季刊考古学』第一三九号の特集「戦国城郭の考古学」（二〇一七）は中井氏の編になるもので、もちろんご自身も「戦国城郭を考古学から読み解く」と題した総論を執筆している。加藤理文氏との共編になる『近世城郭の考古学入門』（二〇一七）や、齋藤慎一氏との共著『歴史家の城歩き』（二〇一六）もある。まさに、日本を代表する城郭研究者であり、わけても考古学から城郭を研究する分野においては自他共に認める第一人者であろう。

その中井氏が、二〇〇八年の十月に行われた帝京シンポで提起したのが、杉山城織豊系城郭説であった（個人的見解としてはそれ以前から発言していたが、正式に説として提起したのはこの時が最初だったものと記憶している）。

中井氏の問題提起

このシンポにおける中井報告は、杉山城の年代観に限定された内容ではなかった。中井氏はまず「城郭の本質は『軍事施設』である」との前提に立って、縄張り研究・考古学からの城郭研究史と現状を概観し、「城郭を城郭たらしめる極めて特徴的な施設」である防御施設の出現について整理している。

そのうえで、城郭研究においては何が人工的な防御施設であるのかを正しく見きわめる必要があり、発掘調査によって現れた遺構を縄張り研究的な観点から評価することが重要だ、と説く（「検出遺構よりみた城郭構造の年代観」）。「縄張り研究者の目を持つ考古学研究者」である中井氏は、「杉山城問題」がともすれば「考古学 vs.縄張り研究」のような図式で捉《とら》えられがちな現状に問題を感じ、城郭遺構を論ずるためにはどのような方法論が必要か、研究者たちにあらためて問うたのである。

杉山城織豊系城郭説は、こうした問題意識から提起されたものであった。中井説の要旨をまとめてみよう。中井氏はまず、遺構論と遺物論とは本来対等であるべきで、これまで考えられてきた年代より古い遺物が出土したからといって、遺構の年代を直ちに遡《さかのぼ》らせるのは適切ではない、と指摘している。考古学の方法論からするならば、まことに正論といえよう。また、全国の城郭を数かぎりなく見てきた経験から、杉山城の構造は「十六世紀後半の発達した縄張」を示す、との所見を述べている。

そして、天正十一年（一五八三）の賤ヶ岳《しずがたけ》合戦に際して柴田《しばた》軍が築いた玄蕃尾城（滋賀県長浜市余呉町）と、杉山城の縄張りとを比較して、いくつかの重要な類似点があることを指摘したのだ。また、豊臣秀吉の北条攻めに際して上野から武蔵に侵攻した前田軍が、比企郡の「石橋村」に陣を構えたことが前田利家《としいえ》の書状から判明することを指摘している。北武蔵に侵攻した前田軍が、鉢形城から松山城方面に前進するにあたって築いた陣城《じんじろ》が杉山城ではないか、というのが中井氏の推論である。

玄蕃尾城と杉山城の類似点として中井氏が挙げているのは、次の四つの要素だ。

a　土橋にかかる横矢
b　曲輪をめぐる横堀
c　馬出
d　急峻《きゅうしゅん》な切岸《きりぎし》（塁壁）

中井氏の盟友ともいえる加藤理文氏など何人かの研究者が、この説に賛意を示すこととなった。

それぞれの疑問

この杉山城織豊系城郭説に反論を試みたのは、松岡進氏である。松岡氏は二〇一五年三月に刊行された著書『中世城郭の縄張と空間』の第Ⅴ章において中井氏の主張を検証し、杉山城と玄蕃尾城の縄張りは類似しておらず、杉山城を織豊系城郭と考えることはできない、と論じている。

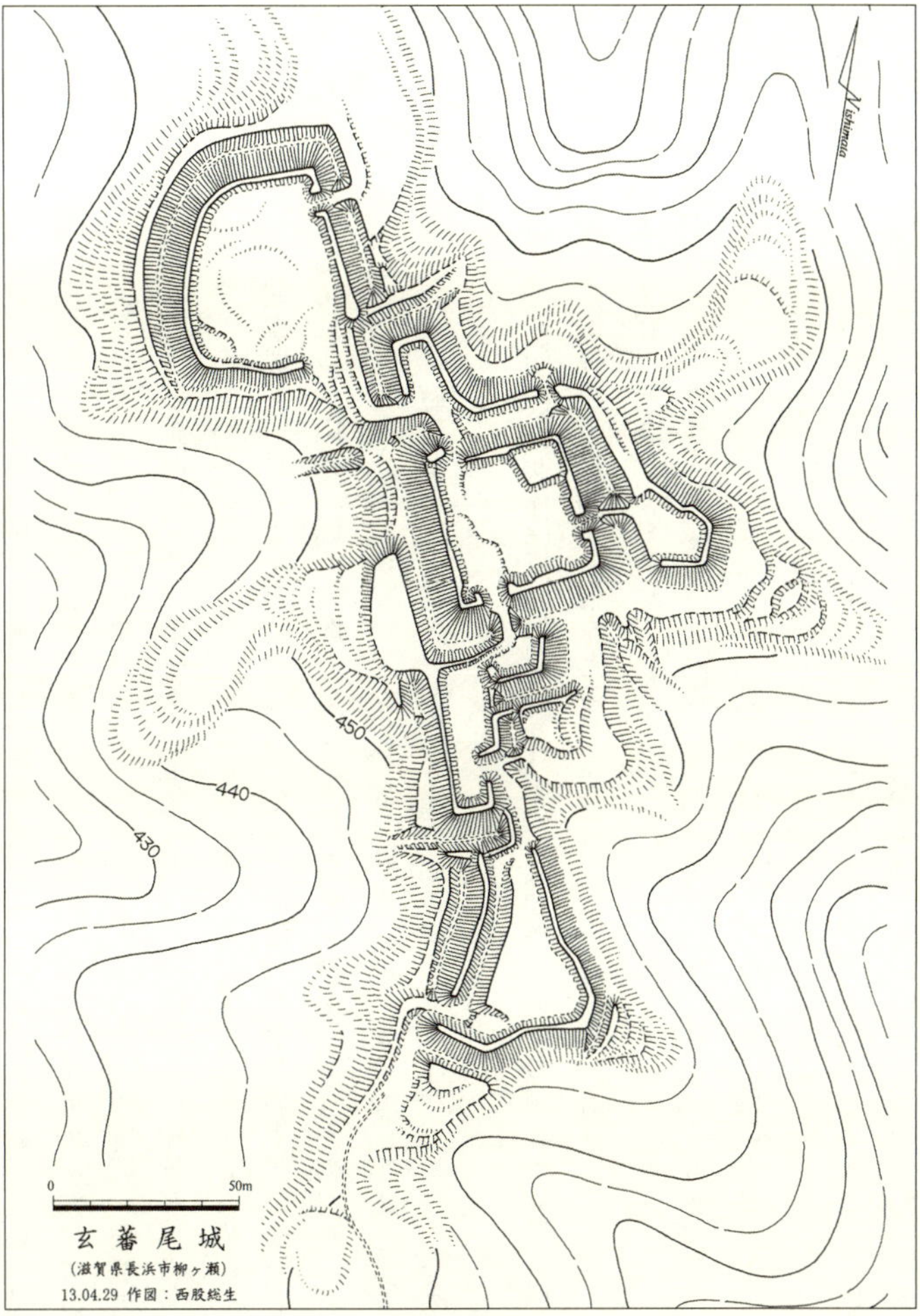

玄蕃尾城縄張り図

実は、ちょうど同じ頃、筆者も中井説を批判する筆を起こしていた。その一文は、城郭談話会編による『織豊系城郭とは何か』と題する論集に寄稿したもので、手元の記録によれば二〇一五年の一月から二月にかけて執筆したことになっている。ところが、一線級の研究者七十人以上に執筆を依頼したこの企画は、原稿の確保と編集に大いに手間取って刊行が二〇一七年四月にずれ込んでしまった（編集の実務に当たった関係者の尽力には本当に頭が下がるのだが）。

杉山城と玄蕃尾城が似ていないとする論点に関しては、松岡氏と筆者の主張はかなり重なっている。それまでにも「杉山城問題」に関してたびたび意見交換をしてきたのだから、論点が似通ってくるのは当然だったかもしれない。ただ、同じ時期に同じような内容の論考を準備していたにもかかわらず、結果として松岡氏に二年も先を越された形となってしまったのは、筆者としては複雑な心境である。

そこで、本書では松岡氏の著作にいちいち触れずに、拙論（「東国の城郭と織豊系城郭」）によって杉山城織豊系城郭説を批判する形をとる。ただし、松岡氏の著書も非常に優れた内容なので、興味のある方はぜひ併読されたい。

さて、筆者が中井均氏の杉山城織豊系城郭説に違和感を抱いたのは、杉山城を玄蕃尾城とストレートに比較している点だ。つまり、比企地方をはじめとした関東の戦国期城郭とくらべた時に、杉山城の縄張りが突出しており、それが玄蕃尾城と類似しているのだったら、中井氏の主張はうなずける。けれども、関東の事例を顧みることなく織豊系城郭といきなり比較するのは少々乱暴ではないか、ということである。中井氏が挙げた四つの要素について、一つ一つ点検してみよう。

中井説を点検する

まずa「土橋にかかる横矢」であるが、比企地方で土橋に横矢を掛けている例としては、菅谷城・青山城・高谷砦がある。埼玉県下に視野を広げれば、滝ノ城（所沢市）・柏原城（狭山《さやま》市）・下原《しもはら》城（秩父市）・鉢形城（大里郡寄居町）・金尾要害山城（同）を挙げることができる。これに、木橋の架橋位置や虎口に横矢を掛ける形態を含めると事例数はさらに膨れあがるし、南関東一円ともなれば枚挙に遑《いとま》がないほどだ。

次に、bの「曲輪をめぐる横堀」。比企および秩父地方の純然たる山城にかぎってみても、曲輪に横堀を廻らせている事例は青山城・腰越城・花園城・花園御嶽《みたけ》城・天神山城・千馬山《せんばやま》城・金尾要害山城・熊倉城などがあり、決して珍しくない。杉山城のような丘陵城郭を含めれば、横堀の事例は同地方だけでも相当な数に上る。

これらの中には、横矢掛りや馬出のような縄張り上の技巧に乏しい城も含まれる。だが、逆にいうならば、北武蔵では技巧的な縄張りを持たない城でも当然のように横堀を廻らせている、という現象が浮かび上がることになる。

では、cの「馬出」はどうであろう。伊豆《いず》および関東地方には角《かく》馬出を用いた城が、管見の及ぶ限りで五十例近く確認でき、その大半は北条氏の勢力圏内に分布している。こうした分布を見るかぎり関東地方においては、馬出は縄張り上の技法とし突出したものではなく、とくに北条氏が角馬出の有力な使い手であった可能性は高いといえる（拙著『「城取り」の軍事学』）。

最後にdの「急峻な切岸」だが、上述した城はいずれも急峻に削り立たせた切岸を擁している。ここに例として挙げた城——横矢掛りや馬出といった縄張り上の技法を駆使している城は、いずれも防禦施設が合理的に整然と配置されている。つまり、縄張りがそもそも計画的に練られているので、城内に間延びした空間が乏しい。そうした城は必然的に、急峻な塁壁を備えることとなるわけだ。

このように見てくると、中井氏が挙げた四要素はいずれも、北武蔵を中心とした関東地方では普遍的に見られる特徴であることがわかる。したがって、この四要素をもって杉山城を織豊系城郭と見なすことはできない、という結論を導き出すことができる。

両城の相違点

では次に、杉山城と玄蕃尾城の相違点について考えてみよう。筆者は、自分で描いた両城の縄張り図を穴の開くほど見くらべて、以下のような相違点があることに気付いた。

まず第一に、杉山城では塁線を小刻みに折ることによって虎口や土橋、導入路に横矢を掛けているが、玄蕃尾城には塁線を折っている箇所が見あたらない。

第二に、杉山城では敵の侵入を防ぐ障碍《しょうがい》（遮断線）の主体を徹底して横堀に求めている。杉山城のように尾根と谷がはっきりしている地形に城を築く場合、尾根上に並べた曲輪と曲輪の間や城域の端にあたる場所などは、堀切で遮断するのが中世城郭の一般的なセオリーだ。しかし、杉山城はそうした場所にも一切、堀切を使用しておらず、すべて横堀で処理している。一方、玄蕃尾城では主要な曲輪を横堀で囲みながらも、尾根続きに対しては堀切を併用している。

第三として、杉山城では曲輪と曲輪の間をバイパスするルートとして、横堀の対岸を利用しているという特徴がある。たとえば、第一章を参照していただきたいのだが、南の尾根から城内へ入ってゆくと、曲輪⑨から⑧→⑦→⑥と順に通過して主郭に至る。これと同時に、⑨から横堀対岸のp→xを経由して主郭の虎口iへバイパスするルートがある。馬出mからsを経由してuへ至るルートも、二つの馬出をバイパスしている。対して玄蕃尾城は、曲輪を直列に連結する縄張りが基本となっていて、バイパスルートはごく限定的にしか用いていない。

第四は、中井氏の挙げた馬出についてだが、玄蕃尾城の馬出は主郭の三方にあって土塁を伴っている。したがって、馬出は下位の曲輪に対する堡塁《ほうるい》として機能することになる。これとくらべると、杉山城の馬出は城域の外周部にあって土塁を伴っていないので、下位の曲輪に対する堡塁という機能は想定できない。

第五として、縄張りと建物との関係がある。玄蕃尾城では、主郭の一隅に天守台と認めてよいほど大きな櫓台が存在している。また、虎口の両側で土塁がふくらんでいて、城門に対応しているように見える。一方、杉山城には櫓台は一箇所も存在していない。

また、杉山城では土塁も単に遮蔽《しゃへい》や制高（敵に対して高さで優位を得る）の機能を果たしているのみで、虎口には城門も建っていなかった。要するに、玄蕃尾城は特定の形状の建物を建てることを前提として縄張りを施しているが、杉山城は土塁や堀が櫓や城門とセットで防禦施設としての機能を果たすことを、最初から想定していないのである。

二枚の縄張り図を見くらべるだけで、これだけの相違点を見つけることができた。とはいえ、松岡氏が『中世城郭の縄張と空間』の中で指摘しているように、外見上が似ているか、似ていないかに言及しただけでは不充分だ。杉山城を織豊系城郭と見なしうるかどうかを論じなければ、中井氏の所説を批判したことにはならないからだ。そこで、ここに示した五つの相違点がそれぞれ何を意味しているのか、掘り下げてみよう。

横矢掛り・横堀・バイパスルート

まず第一点目。塁線を小刻みに折って導入路に横矢を掛ける技法は、関東地方ではひろく見られるものだ。比企地方の丘城であれば、小川町の中城（二一六ページ参照）が好例である。

これに対し玄蕃尾城の場合は、曲輪の位置関係によって導入路に横矢を掛けている。関東地方に目を移すと、天正年間に北条氏が築いたことが確認できる三崎城などにおいて、同様の技法を認めることができる（拙稿「相州三崎城の縄張りについて」）。関東であると織豊系城郭であるとを問わず、ある時期以降に普及してくる縄張り上の技法なのかもしれない。

付言しておくと、賤ヶ岳合戦関係の築城群の中では堂木山砦や大岩山砦（中川清秀《きよひで》陣）などで、塁線を折った横矢掛りが見られる。ただし、これらは塁線に対する側防とはなっていても、虎口や導入路に対する横矢掛りとはなっていない。

第二点目の、障碍の主体を横堀に求めるか、堀切と横堀を併用するかについて。関東地方の事例で見てゆくと、複数の尾根を城域内に取り込んでいるにもかかわらず、堀切で遮断せずに徹底して横堀を回してゆく城の典型として、北条氏照の居城として名高い滝山城（東京都八王子市）や、小田原攻めの前哨戦《ぜんしょうせん》で落城した山中城（静岡県三島市）がある。北条氏末期の縄張りであることが確実な八王子城や津久井城（神奈川県相模原市）も、多くの尾根を城域内に抱え込んでいる割には堀切の使用が限定的で、ラインによって障碍を形成する縄張りとなっている（拙稿「八王子城伝太鼓曲輪の機能」）。

第三点目、横堀の対岸を利用したバイパスルートであるが、玄蕃尾城の場合は尾根を切断する堀切と横堀とを併用しているのであるから、横堀対岸のバイパスルートを城域の全体に設定することができないのは、当然の帰結となる。

だとすると、先に挙げた滝山城や山中城においてバイパスルートが極度に発達しているのは、曲輪の周囲に横堀を廻らせた結果だと考えることができよう。これらの城が、堀切による尾根の切断を避けていることを考え併せるなら、むしろ横堀対岸のバイパスルートを活用するために横堀に執着した、と理解した方がよいのかもしれない。

関東の横堀主義

このように考えてくると、第一点目から第三点目までは互いに密接に関連していることがわかる。つまり、関東の城では障碍の主体を横堀に求めた結果として、横堀の対岸を利用したバイパスルートが発達する。そして、これによって形成される複雑な導入路を効率よく守備するために、塁線を小刻みに折って虎口や導入路に横矢を掛ける技法が発達する。

これに対して玄蕃尾城のように、そもそも横堀対岸のバイパスルートが発達していない城では、横矢掛りのあり方も異なってくるのは当然だ。そして、こうした両者の違いは、そのまま第四点目の馬出の問題にもつながってゆく。

筆者はかつて、関東地方における角馬出が、横堀の対岸を通路として利用する中から発生し、当初は堡塁としての機能は稀薄《きはく》だったと指摘したことがある（拙稿「後北条氏の築城技術における虎口形質の獲得過程」）。

北条氏領国でも、山中城のように戦国末期の構築と確定できる角馬出では、土塁を伴っていて堡塁的性格が強いが、天正九～十年（一五八一～八二）の大改修によって縄張りが成立したと考えられる滝山城においては、横堀対岸のバイパスルートと連動する馬出と、堡塁的性格の強い馬出との両方が併存している（『東京都の中世城館（主要城館編）』）。

つまり、関東地方においては、馬出は横堀の対岸を通路として利用する中から発生し――ゆえに必然的に角馬出になるわけだが――、次第に土塁を伴って堡塁としての機能を強めてゆく、という流れがあるらしい。杉山城を山内上杉氏と見るにせよ、北条氏と見るにせよ、馬出については この流れの中でうまく説明できそうだ。

これに対し、織豊系城郭の虎口においては外枡形《そとますがた》虎口の発達が重要な流れであることが、早くから村田修三氏（「城の発達」）や千田嘉博氏（『織豊系城郭の形成』）によって指摘されてきた。しっかりした土塁を伴って堡塁としての性格を強く感じさせる玄蕃尾城の馬出は、むしろ外枡形虎口との関係で評価した方がよいのではなかろうか。

発想の異なる城

第五点目の縄張りと建物との関係については、玄蕃尾城の方がより長期的な使用を前提とした築城であり、杉山城は臨時築城の要素が強いために塁線と建物との関係が稀薄なのだ、と説明することもできそうだ。この場合は、杉山城織豊系城郭説を斥《しりぞ》ける根拠にはならない。

ただ、よく見ると、玄蕃尾城は外周部の普請を途中で止めたような箇所がある。単に曲輪の内部を整形していないのではなく、切岸や堀といった障碍の造作が中途半端なのである。その一方で天守のような大櫓や城門の存在が想定できるということは、中心部については最初から土木と建築が一体のものとして設計されている、ということだ。対する杉山城は、城域がはっきりしていて、外周部の普請を途中で止めたような箇所がないにもかかわらず、最初から建物の存在を想定せずに設計がなされている。

また、両城をくらべてみると、実は玄蕃尾城より杉山城の方がワンサイズ大きい。玄蕃尾城の城域は、長軸二六〇メートル×短軸一七〇メートルであるが、杉山城は長軸三五〇メートル×短軸一八〇メートルほどもある。感覚的にわかりやすく説明すると、縄張り図を千分の一スケールで用意する際、玄蕃尾城はB4サイズに周辺地形も含めて余裕で収まるが、杉山城はB4ではカツカツになる、と思えばよい。

また、中井氏も指摘しているように、杉山城はとくに主郭周辺において塁壁が急峻に切り立っており、塁壕のサイズも一般的な織豊系城郭の陣城よりは大きい。つまり、玄蕃尾城より明らかに大きな土木量を投下しながら、櫓も城門も作る予定がなかったのである。だとするなら、杉山城と玄蕃尾城は最初から異なる発想で築かれた城と考えるべきだろう。

縄張り上の技巧が凝集されたような杉山城は、一見すると突出した城のように思える。けれども、他の事例と比較検討を重ねてゆくなら、関東地方における城郭の「進化」過程の中に無理なく位置づけられるのである。以上の考察から筆者は、杉山城織豊系城郭説は支持できないと考える。

三　考古学と縄張り研究

考古学とはいかなる学問か

「縄張り研究者の目を持つ考古学研究者」という立場から、杉山城を十六世紀前半まで溯らせることはできないと主張しようとした、中井氏の意図は汲《く》むことができるし、それを看破した直感力にも率直な共感を覚える。しかしながら、玄蕃尾城との比較から杉山城を織豊系城郭と推断したのは、少々早計だったようだ。

とはいえ、帝京シンポ（および『戦国時代の城』の論考）において、中井氏が提起した論点自体は、「杉山城問題」を考えてゆくうえで非常に重要だと考える。すなわち、考古学において遺構論と遺物論とは本来対等であり、遺物論から遺構論を一方的にジャッジするのは不当であること。また、城郭の本質をなす防御施設を理解するためには、発掘調査によって現れた遺構を縄張り研究的な観点から評価する必要があること。中井氏は、「考古学vs.縄張り研究」のような対立的構図で問題を考えようとすることが、そもそもおかしいと注意を促しているのだ。この指摘は、考古学の根幹にも関わるものといえる。

考古学とは、過去における人の営みを物質文化によって考究する学問である。そして、ここでいう「過去」とは時代を限定しない。この定理に異議を唱える考古学研究者はいないはずだ。つまり、考古学の対象は本来、中世までとか、近世までなどと規定できるものではない。実際、東京のような都市部で発掘調査を行うと、古代から中世――近世――近代――現代と、さまざまな時代の人の営みが層をなして堆積《たいせき》している状況が実感できる。

ただし、現実問題としては、土中から出てくる昭和五十年代の建物跡や生活用品などまで調査対象にしているとキリがなくなるので、文化財行政上は特段の重要性を認めないかぎり、近代以降の遺構・遺物はいちいち調査しなくてもよいでしょう、というコンセンサスができている。実際の発掘調査では、近代以降の遺構・遺物をどの程度調査対象に含めるかは、調査の期間や予算に応じて調査担当者が個別に判断する場合が多い（自治体ごとにガイドラインを決めている例もある）。

遺跡とは何か

考古学でいう「遺跡」とは、人の営みの痕跡《こんせき》が残っている場所を指す。したがって、原理原則論からいうなら、うち捨てられた生活用品の転がっている廃屋なども、考古学の対象になる（実際、廃屋を調査した研究例もある）。つまりは、発掘調査によって出土した遺物・遺構だけが考古学の対象ではない、ということだ。

考えてみればこれは当たり前のことで、たとえば古墳の研究者たちは野山を歩き回って古墳を見つけだし、現況を観察して方墳か円墳か、はたまた前方後円墳かを判定して、その分布を地図に記録してゆく。重要な古墳となれば予算措置を講じて測量調査を行い、その結果、円墳だと思っていたものが前方後円墳と判明したりする。これは、まぎれもなく考古学的な研究だ。

中世・戦国時代の城跡だって同様である。実際、それぞれの自治体では、城跡だと言い伝えのある場所を現地踏査して土塁や堀の存在を確認し、自治体ごとの遺跡地図や遺跡台帳に登録している。つまり、発掘調査の及んでいない土塁や空堀だって、原理からいうなら考古学の研究対象なのである。

ところが、現実はそうなっていない。野山にある城跡を調べるのは縄張り研究の領域、発掘調査された城郭遺跡について研究するのは考古学、というように棲み分けができている。なぜ、そうなっているのかというと、理由は三つ挙げられる。

ニッチとしての縄張り研究

第一に、第一章第三節でも述べたように、日本の考古学は戦後、先史時代の研究が主流となって発展してきた。そのため、中世・戦国時代の城は研究対象となりにくかった。一九七〇年代までは、遺跡の発掘調査で瀬戸・美濃の大窯製品のような中世の陶磁器が出土したとしても、考古学者たちは「光モノ」と呼んで遺物扱いしなかった。そんな時代に、中世城郭を研究したいと思う考古学専攻生が現れたとしても、大学には指導できる教授などいなかっただろう。

第二に、高度経済成長期以降、開発や再開発によって破壊される遺跡が急増したため、破壊される遺跡を事前調査して記録を作成することが考古学の喫緊の課題となった、という事情がある。破壊される遺跡の発掘調査で手一杯となった考古学研究者たちには、野山を歩いて城跡を研究する余裕などなかったのだ。

しかも、そうした調査が激増すれば、出土する資料の量は膨大なものとなるから、研究対象には事欠かない。一九七〇年代以降は、中世考古学を研究する気運も少しずつ高まっていったが、膨大な量の陶磁器や発掘データを前にした研究者たちの関心が、野山に眠っている土塁や堀の方に向かなかったのは、致し方のないことであった。

このように考古学の関心が城跡に及ばない中で、考古学を専攻していない民間人たちが独自に城を調査して、縄張り研究の方法を少しずつ積みあげていった。これが第三の理由となる。しかも、縄張り研究の方法が確立してゆく過程において、村田修三氏や松岡進氏・関口和也氏など、歴史学の研究者が理論面をリードするうえで少なからぬ役割を果たしていったのだ。

一九八〇年代以降、縄張り研究は歴史学の方面から注目され（第一章第三節参照）、藤木久志氏や峰岸純夫氏らの応援を受けながら成長してゆく中で、考古学でも歴史学でもない場所に、隙間産業のような独自のポジションを得るようになった。こうした事情があるゆえに、ともすると「考古学vs.縄張り研究」のような図式で見られがちになってしまうのだ。

堀や土塁の考古学

先述した中井均氏の提言も、こうした認識にもとづいて読み直すことで、真価が理解できる。城郭という「遺跡」を現地調査して土塁や堀などの「遺構」を図に描き起こし、それを資料として構造上の特徴や分布について考えるというのは、本来は考古学的な方法論に他ならない。けれども、現実には縄張り研究がニッチとしてのポジションを得ている状況で、「方法論が考古学的なのだから、縄張り研究は考古学に包摂されるべきだ」というような原理論を振りかざしてみたところで、建設的な議論にはならない。「それをいうなら、どうして考古学は今の今まで未発掘の城を研究対象としてこなかったのだ」という原則論の応酬になってしまうのがオチだろう。

今の考古学は、土塁や堀を防禦施設として正しく評価し、遺構論を組み立ててゆく方法論を持ち合わせていない。どう見積もっても、この分野では縄張り研究に大きく後れをとっている。研究を前進させるには、縄張り研究者たちが積みあげてきた成果や主張を、「遺構論」として考古学の中に反映してゆく方向をさぐるのが現実的ではないか、というのが中井提言の根幹であろう。

少なくとも、「出土遺物によって城の年代が特定されているのに、それを受けいれない縄張り研究者たちの主張は信用できない」式の言説は成り立たない。本来、遺物論と遺構論とは対等であるべきなのに、充分な遺構論を持たない側が、遺物論によって遺構論をジャッジしていることになるからだ。これは、考古学の原理に照らしたときにおかしい。

「杉山城問題」では、「定説」とされてきた北条氏築城説に、さしたる根拠のないことが明らかとなった。縄張り研究の脆《もろ》さ、というか脇の甘さが露呈したといってもよい。ただし、考古学が城についての遺構論を等閑視してきたことも明らかとなったのだ。筆者が第三章でこまごまと述べたような、城郭遺構との関係において遺物の消費・廃棄のされ方を検証する、という手続きが不充分なのも、結局は遺構論の不在という問題に行き着く。

「縄張り研究側にはいろいろな考えがあるでしょうが、発掘調査の結果はこうです」と、調査担当者が主張するのは当然である。しかしだからといって、「発掘調査の結果に従えば、考古学的にはこうなります」と主張するのは――しばしば耳にする言説なのだが――、筆者はおかしいと考えている。考古学＝発掘調査ではないからだ。

すでに松岡進氏が指摘していたとおり、研究を前進させるためには発掘調査結果と縄張り研究とのギャップを埋めてゆく努力が必要なのだ。その努力は、縄張り研究者に対して求めるべきものだが、考古学的な努力でもある。

次章では、「杉山城問題」に直面した筆者らが、発掘調査結果と縄張り研究とのギャップを埋めてゆくためにどのような模索を行ったのかを述べることとしよう。

第五章　戦国前期の城を求めて――「杉山城問題」からの模索

一　戦国初期の城と戦いを考える

陣から城へ

戦国史研究会は、戦国時代を専門とする研究者の集まりである。この会は、高度な専門性を持つ研究者たちの緻密《ちみつ》な研究成果が発表され、議論が行われる場でもあるが、一方で、真摯《しんし》な姿勢を持つ者であれば、肩書によらず参加や入会を認める柔軟さというか、敷居の低さも持ち合わせている。

おかげで筆者も、形ばかり会員の末席に名を連ねさせていただいている。実は先年、大河ドラマ『真田丸』で「戦国軍事考証」などという役目を引き受けることとなったのも、会の事務局（当時）を務めていた丸島和洋さんが声を掛けてくださったからだ。

その戦国史研究会が年二回出している『戦国史研究』という研究誌の第五十号に、松岡進氏が「戦国初期東国における陣と城館」と題する論考を掲載したのは、二〇〇五年八月のことである。この論考で松岡氏は、戦国時代のある時期に陣を主体とした戦いから、城を利用した戦いへという転換が起きたことを論じていた。

すなわち、戦国の初期までは交通・流通路の結節点に、軍勢の集結・駐屯地としての陣が営まれていた。それらは、「自律的な参陣者の累積によって成立し、一定のエリア内にいくつかの凝集核を形成」するような形の施設であった。ここでいう「自律的な参陣者」とは、古河公《こがく》方《ぼう》や関東管領《かんれい》の呼びかけによって集まってくる国衆などである。そうした軍団が一定エリア内にめいめいに陣を構え、全体が軍団のベースキャンプとして機能するわけである。

ところが、戦国時代を通じて、軍勢は次第に城に拠《よ》って戦うようになってゆく。そうした陣から城への転換は、単に軍事施設の形が変わってゆくだけの現象ではない。松岡氏は次のように指摘する。

　各構成単位の自律性を内包したまま広域に疎集したルーズな大軍隊から、統一的な指揮に従って小規模な施設に凝集し、その上で中枢施設と連携するタイトな分節化した軍隊への展開を意味する。

公方や管領によって関東一円から動員されていた戦国初期の軍勢と、北条氏のような大名によって組織化された戦国後期の軍勢は、質の異なる軍事組織である。そうした軍事力構造や戦い方の変化と「陣から城へ」の転換とは同時進行で起きていた、というわけだ。竹井英文氏が

「足利高基書状写」に登場する「椙山之陣《すぎやまのじん》」を、構造からみて杉山城とイコールではないだろうと推定したのも、松岡氏の所論を前提としていたからだった。

まずは文献史料から

この論考の中で松岡氏は、「杉山城問題」に直接言及してはいない。しかし、『戦国史研究』への掲載が論集『戦国の城』発刊の四ヶ月前であることを考えるなら、「杉山城問題」を念頭において、戦国初期と戦国後期の城の違いを歴史学的に考えようとしていたことは間違いない。

実は、松岡氏は二〇〇二年(「杉山城問題」が起きる直前)に発表した『戦国期城館群の景観』という個人論集の中で、城の研究では外面的な形の変化ばかりを追いかけていても意味がないことを指摘していた。城の背後には、生きて活動している人間の集団=軍隊が常に存在しているわけだから、軍隊と戦いと城との関わり方を考えなければならない、というわけだ。

二〇〇二年に松岡氏が示した考え方は、当時の城郭研究にそれほど大きなインパクトを与えなかったように記憶している。理論派の城郭研究者たちは、歴史学や考古学の研究成果と直接、斬り結ぶことができるような論点を求めていたからだ。その頃の歴史学や考古学は、ほとんど戦争を正面から取り扱っていなかったので、軍隊や戦いとの関わりから城を論じても、歴史学・考古学の研究者たちからは「軍事オタクの趣味的研究」と見なされかねなかったのだ。

ただ、軍事的研究を悪びれずに深める必要性を感じていた筆者は、松岡氏の考えに触発されていた。そして、この論考から『戦国の城』を挟んだ一年後の二〇〇六年七月、今度は筆者が

『中世城郭研究』の二十号に、「『太田道灌状』に見る城郭戦」を発表することになった。

この論考は、筆者としては珍しく一枚の縄張り図も用いずに、文献史料のみによって考察を行ったものだ。つまり、「杉山城問題」に直面して戦国初期と戦国後期の城がどう違っているのか、いないのかを具体的に考える必要を感じた松岡氏や筆者は、まず文献史料を読み解くところから糸口をさがそうとしたのである。

筆者が素材として注目したのは、「太田道灌状」と呼ばれる史料だ（以下「道灌状」）。「道灌状」は、太田道灌が山内家奉行の高瀬民部という人物に宛てた書状で、長尾景春の乱（一四七六～八〇）の前夜から乱が終息するまでの状況が記されており、とくに道灌本人が関わった戦いに関しては、克明に記述されている。

長尾景春の反乱と太田道灌の書状

ここで、長尾景春の乱について簡単に説明しておこう。長尾氏は関東管領の山内上杉氏に仕える家宰（家臣の筆頭）で、享徳《きょうとく》の乱において家宰として管領家を支えてきた長尾景信《かげのぶ》の嫡男が景春であった。ところが、乱の最中に景信が死去すると、管領の山内顕定はなぜか景春ではなく、景信の弟（景春から見れば叔父）の忠景《ただかげ》に家宰を継がせてしまった。

顕定の方針に納得しない景春は文明八年（一四七六）、武蔵の鉢形城で叛旗《はんき》を翻した。今川家の内紛を調停するために、太田道灌が駿河に滞在している隙を衝《つ》いての挙兵である。そして、管領軍が古河公方軍と戦ってゆくうえでベースキャンプとしていた五十子《いかっこ》陣の背後を攪乱《かくらん》して、補給線を寸断してしまったのだ。

　山内顕定と扇谷定正《さだまさ》は、駿河から江戸城に帰った道灌に対し、ただちに兵を率いて合流するよう催促したが、道灌は言を左右にしてなかなか腰を上げようとしなかった。享徳の乱を利用して扇谷家の勢力伸長を目論《もくろ》んできた道灌は、扇谷家の本拠である相模の糟屋《かすや》と江戸城・河越城を結ぶ弧状の回廊を維持することで、扇谷軍の戦略的持久体制を固めようとしていたのだ。

　翌年、五十子陣を維持できなくなった管領軍は上野へと後退し、景春は「敵の敵は味方」というロジックから、なんと古河公方の足利成氏と結んで管領軍を追い込んでいった。その一方で景春は、もっとも恐るべき敵である道灌を江戸城で釘付《くぎづ》けにするため、与同勢力を相模・武蔵の各所で同時多発的に蜂起《ほうき》させた。また併行して、鉢形から二つの別働隊を南下させ、江戸城と河越城を牽制《けんせい》させたのである。

　窮地に陥った道灌は迅速果断な用兵で景春の与同勢力を打ち破り、上野の管領軍にようやく合流して、管領軍と景春軍のせめぎ合いがしばらく続く。そして、管領方は公方成氏と幕府との和睦《わぼく》を斡旋《あっせん》することによって景春と成氏の連携を断ち、次第に勢力を盛りかえしていった。劣勢に立った景春は、秩父の山中に籠《こ》もってゲリラ的な出撃をくり返し、なおしばらく管領軍を苦しめたものの、文明十二年（一四八〇）にいたって、ついに降伏した。

　こうして景春の叛乱はついえ、長く続いた古河公方と管領方との戦いも一応は終息した。けれども、道灌が景春方の与同勢力を容赦なく叩《たた》きつぶして、彼らの所領を没収していった結果、扇谷家の勢力はいっそう伸長して、関東には古河公方・山内上杉氏・扇谷上杉氏の三者が鼎立《ていりつ》する状況が現出した。

しかも、道灌は乱の終結後も軍備の増強をやめなかったため、危機感を抱いた山内顕定は扇谷定正に命じて道灌を謀殺させてしまった。ところが、道灌の横死によって生じた政治的不安定状態が結果として両上杉氏の対立を招き、長享《ちょうきょう》・永正の乱へと発展してゆくことになる。

道灌の書状を分析する

「太田道灌状」には、景春の乱の状況が克明に記されている。しかし、これまで歴史学の世界では、「道灌状」は史料としての価値に疑問符が付けられていた。

・数種類の写本が伝わるのみで原本が存在せず、伝来の過程も不明
・当時の書状としては、異例なほどの長文
・当時の書状としては戦況に関する記述が克明すぎて、かえって不自然

といった理由から、太田道灌の書状に仮託して後世に創作された、一種の軍記ではないか、と見なされてきたのだ。しかし、筆者は「道灌状」の内容を具体的に分析してみて、後世の創作物と見るには不自然な、以下のような特徴があることに気付いた。

まず第一に、この史料は前欠文書でかつ年紀を欠いている。当時は、私的な書状の場合は年次を省略して月日のみ書く方が普通であった。仮に「道灌状」が後世の創作物であるなら、記

述の信憑性《しんぴょうせい》を主張するため、逆に年紀を書く方が自然ではなかろうか。前欠は、伝存過程で生じた問題だろう。

第二に、乱のいきさつや戦況についての記述が、必ずしも時間的経過を追ったものになっていない。軍記なら、時間軸に沿った記述をするのが普通である。

第三に、兵力数に関する記載がまったくない。これも、軍記ならそれらしい数字を書く方が自然ではないか。記載がないのは、書いた本人が兵力数を把握していなかったか、ないしは文書の目的上、書く必要がなかったかのどちらかであろう。

第四として、この史料は一つ書き（一、何々……という書き方）を列記する形式となっているが、一つ書きの四割ほどが、人事や論功行賞に関する道灌側の不服と抗議によって占められている。しかも、乱のいきさつや戦況の一つ書きと、人事や論功行賞に関する一つ書きとがランダムに並んでいる。これは、軍記としては明らかに不自然な構成だ。

第五に、道灌自身の不満や憤怒《ふんぬ》を吐露したような、感情的な表現が目につく。軍記なら「道灌は腹を立てた」という書き方はしても「なぜ、こんな措置がとられるのか、おかしいではないか」というような表現は用いないだろう。しかも、それらは戦いの経緯ではなく、人事や論功行賞に関する一つ書きに登場してくるのだ。

最後に第六番目として、一つ書きの中に「その件は、こうだから」といったような、簡単な書き方をしていて、記述者が何を問題にしているのかよくわからない箇所がある。これは、書状特有のわかりにくさである。つまり、当該案件について当事者間で事前に一定のやりとりがあったことを前提とした書き方なのである。

新しいタイプの城

以上の分析から筆者は、後世の誤写や改筆が部分的に含まれている可能性は否定できないものの、「道灌状」は基本的には道灌自身が記した書状だと考えた。

おそらく、乱に際しての道灌の行動について、山内家側から詰問状か糾弾状のような文書が提出され、それに対する釈明と抗議のために「道灌状」が書かれたのであろう。ただ、作戦に対する道灌の考え方や戦況がよくわかる内容であるため、東国武士たちの間で戦例研究の資料として珍重され、写し継がれていった結果、年欠の写本が伝存していった、というのが筆者の推理である。

だとしたら、「道灌状」は戦国初期の城や戦いのあり方を知るための史料として、利用価値があることになる。というより、ここに示したような問題は、古文書《こもんじょ》の基礎知識があれば誰でもわかることではないか。どうして今まで誰も、「道灌状」のこうした特徴に気付かなかったのか、筆者は不思議に感じたものだ。そして、「道灌状」を読み込んでゆくと、長尾景春の乱に際して太田道灌と長尾景春とが、複雑な作戦を駆使して戦っていた様子が浮かび上がってくる。

それまでの中世の合戦では、双方できるだけ多くの軍勢を集めて敵軍を撃破するという、いたって単線的な決戦主義が幅をきかせていた。というより、将軍・公方や管領・守護といった上級権力が、公権によって各地の領主たちを動員するという方式で軍隊を編成していたので、この方式しかとれなかった、といった方が正しい。享徳の乱も、そうした単線的な決戦主義の応酬が徒《あだ》となり決着がつかなくなってしまったのだ。

ところが、乱に際しての道灌と景春は主戦場とは別の地域において、なけなしの戦力を巧みに使って戦略的な優位を得ようと、駆け引きをくり返した。そして彼らは、こうした作戦上の駆け引きの中で城を利用していった。結果として、城という施設の持つ性格が、大きく変わることとなった。

それ以前の戦いでは、城は地域における戦略拠点であり、軍事力を動かすうえでの策源地として機能すれば、それでよかった。したがって、籠城《ろうじょう》は地域における軍事的プレゼンスを維持するための行為でしかなかった。戦いそのものが単線的な決戦主義だったから、当然である。享徳の乱において扇谷上杉軍が築いた江戸城・河越城なども、こうした戦略拠点であり、松岡氏が指摘したように、戦略拠点の城とは別に軍勢の駐屯地としての「陣」が必要に応じて営まれていた。

対して景春の乱では、敵戦力の分断や誘引・拘束（釘付けにしておくこと）、連絡の遮断、後詰《ごづめ》（救援）の阻止、あるいは味方連絡線の確保、といった具体的な戦術上の目的に沿って城が築かれ、使われるようになった。中には、敵を一定時間引き付けたら簡単に放棄されるような、作戦上のフェイクとして使われたらしい城もある。

しかも、道灌や景春は、こうした新しいタイプの城と軍勢の動きを組み合わせて、立体的な作戦を展開していった。享徳の乱までの単線的決戦主義とは、明らかに異なる戦い方であり、城の使われ方だ。

陣僧が見た戦争

『松陰《しょういん》私語』という史料がある。上野の国衆だった新田岩松氏に陣僧として仕えた松陰という僧が、永正六年（一五〇九）に記した一種の回顧録で、享徳の乱から長享の乱にいたる関東の情勢を知るための重要な史料として知られている。何分、学のある僧侶《そうりょ》の書いた文章なので難しい漢語が多く、意味を取るのに苦労する箇所も少なくないのだが、城や合戦についての興味深い言及も多い。

たとえば、第五巻には、

江戸・河越両城は堅固なり。彼《か》の城は道真・道灌父子、上田・三戸・萩野谷、関東巧者の面々、数年秘曲を尽して相構え、

というくだりがある。江戸城や河越城は、太田道真・道灌父子をはじめとした関東でも巧者の面々が、数年にわたって「秘曲」をつくして築いた城だから堅固なのだ、という意味である。「戦国初期東国における陣と城館」の中で松岡氏も指摘していることだが、松陰は長享の乱における山内軍の戦略について、早々に仕掛けてしまったために扇谷軍が江戸・河越城以下の

「所々陣塁」に籠もってしまい、味方の「陣塁」も定まらないために戦況の不利を招いた、と分析している。長尾景春の乱をエポックとして戦いと城のあり方、関わり方が変わりつつあったのは明らかだ。

景春の乱以前に、戦略拠点としての城や、軍勢のベースキャンプとしての陣が用いられていたのは、戦いそのものが単線的な決戦主義に終始していたからである。ところが、景春の乱によって、城と野戦を組み合わせた立体的な作戦が出現すると、具体的な戦術上の目的に沿って築かれる新しいタイプの城が増えてくる。

先に挙げた『松陰私語』の分析を見ると、道灌と景春によって案出された新しい戦い方を、長享・永正の乱では山内・扇谷軍が応用していったことがわかる。そして、その中から戦国大名としての北条氏が現れ、両上杉氏も戦国大名化を遂げてゆくことになる。この変化は、松岡氏が見通した「陣から城へ」という転換と不可分であろう。

戦国初期の城と戦国後期の城がどう違うのか、まずは文献史料から考えてみよう、という松岡進氏と筆者の試みは、おそらく間違っていなかった。『松陰私語』や「太田道灌状」を分析したからといって、杉山城の築城年代が明らかになったわけではない。けれども、一連の考察をとおして重要な見通しを得ることはできた。

城とは、まず第一義的には敵を防ぐための軍事的構築物だ。と同時に、城の背後には常に生きて動いている人間の集団＝軍隊がある。城が時代とともに姿形を変えてゆくのは、城そのものが自発的に進化を遂げていたからではない。軍隊のあり方や戦い方が変わっていったことにより、彼らが築く城も姿形も変えていったのだ。

生物学の考え方を応用するなら、進化とは変転する環境への対応なのである。城をとりまく環境として考えなくてはならないのは、まずもって戦いのあり方や軍隊の構造ではないか。城は、戦いのあり方や軍事力構造の変化に応じて、姿形を変えていったのである。

だとすると次は、文献史料の考察から得た見通しを、遺構論としての縄張り研究に落とし込む作業が必要になってくる。ところが、そこに面倒な問題が横たわっているのだ。

二　文献史料と城

『東京都の中世城館』の頃

筆者が武蔵文化財研究所という民間の遺跡調査会社に勤めていたとき、東京都の教育委員会から中世城郭の分布と現状を確認する調査を受注したことがある。以前から、県ごとに城の分布調査を行って、その成果を調査報告書にまとめる事業が各地で進んでいた。こうした調査を、城の「悉皆《しっかい》調査」という。二〇世紀も終わる頃になって、とある事情から東京都でも予算が確保できたために調査を行うことになり、実際の業務を民間調査会社に委託したのだ。

東京都の悉皆調査は一九九九～二〇〇四年度にかけて断続的に実施され、『東京都の中世城館』という報告書として二〇〇五年と二〇〇六年に二分冊で刊行された。奇《く》しくも、「杉山城問題」を挟む形で調査が進行したことになる。ただし、こうした文化財の調査報告書ではよくあることだが、発行部数が限られていて公共機関や関係者に配付されただけで終わってしまったので、一般の研究者が入手することはできなかった。

そこに問題意識を感じて、城の研究に携わる人たちが入手できるように報告書を復刊できないものか、と考えた若手研究者がいる。「足利高基書状写」の論文を書いた竹井英文氏だ。彼は、歴史系の書籍をこまめに企画している出版社に話を持ちかけて、編集部と筆者との間を取り持ってくれた。こうして竹井氏の尽力が実って、『東京都の中世城館』は二〇一三年に一冊本として戎光祥出版から復刻されたのである。

竹井氏と筆者は、「杉山城問題」では論敵のような関係になっていて、城マニアや歴史ファンの人たちからは仲が悪そうに見えるかもしれない。しかし、研究上の意見対立と人間関係とはまったく別物である。というより、お互いの研究実績や力量に対するリスペクトがあるからこそ、論点が真っ向から対立するような議論ができるのだ。

さて、『東京都の中世城館』には全部で二〇六箇所の城跡が載せられている。この調査では、近世の地誌や市町村史に城や砦《とりで》、館《やかた》などとして記載されている場所は、少々怪しげな伝承地であっても、できるだけ拾う方針をとっていた。怪しげな伝承地も、城とは何かを考えるうえでは参考になる一種の「資料」だという考え方にもとづいているからだ。

そうして拾った怪しげな伝承地を除いていったとしても、さして広くない東京都下にかなりの数の中世城郭が存在していたことがわかる。

偏る情報

東京都からの委嘱で悉皆調査を担当することとなった筆者は、城跡やその伝承地を実地に歩いて遺構をさがし、縄張り図に起こしていった。この作業は決して楽なものではなかったけれど、会社から給料をもらいながら平日に城の縄張り図を描いて歩けるのだから、筆者にとってはありがたい経験ではあった。

ただ、その一方で、文献史料から東京の城を拾い出す作業も併行して進めなくてはならない。こちらの作業は、さすがに筆者の手に余るので、戦国史研究会から紹介してもらった優秀な大学院生たちにお願いすることとなった。彼らは、およそ考えられるかぎりの刊本（活字化された史料）を一つ一つ当たって、地道に記述を探してくれた。

ところが、調査を進めてゆくうちに、面白い傾向が見えてきた。江戸城、滝山城、八王子城についての記載は、文書や記録からも軍記などからも見つかるのだが、他の城についてはほとんど史料に出てこないのだ。いくつかの城については一点か二点、史料が見つかるのだが、書状の中に「勝沼」の地名が見えるので青梅《おうめ》市の勝沼城を指しているのだろう、といった程度にしか史料が見つからない。

要するに、東京の城の中で史料から沿革がたどれるのは、太田道灌が築城して以来、南関東における戦略拠点として重視され続けてきた江戸城と、北条氏照の居城だった滝山・八王子城くらいなのである。いや、正確にいうと、滝山城は史料から築城年代と廃城年代を確定することができない。

それ以外は、一点だけ文書に出てくるので何年頃に使われていたらしい、という程度の情報を得られる城がいくつかあるだけなのである。城についての史料は乏しいことを経験から知っていた筆者ではあったが、こうも露骨に結果が出てみると、さすがに驚く。と同時に、杉山城に関する史料がなかなか見つからなかったのも、「椙山之陣」の解釈が割れたのも、当然だと実感した次第である。

見つからない史料、決められない年代

ことほど左様に、いつ誰によって築かれ、何年頃まで使われて、どのような事情で廃城になったのか、といった城の来歴を、文献史料によって知るのは難しい。縄張り研究を進めてゆくうえで、実はこれがネックとなってくる。

たとえば、A城という城があったとして、縄張りの特徴が滝山城に似ているから北条氏の城だろうと考えても、それを裏付けできる史料がない。仮に文書が一点だけあって、永禄《えいろく》七年に北条氏配下の部将が在城していたことがわかったとしよう。

けれども、それだけでは永禄七年段階の縄張りだと決めることはできない。もともとその場所には山内上杉氏の築いた城があって、文書に出てくる北条氏の部将はたまたま一時的に番をしていただけかもしれない。逆に、豊臣秀吉軍の侵攻に備えて天正十六年頃に大改修されて、われわれが見ているのはそのときの縄張り、という可能性だってある。

今、われわれが遺構として見ている（＝作図している）縄張りの年代を、仮に縄張り年代と

呼ぶことにしよう。杉山城のように、築城が一回きりで改修の痕跡《こんせき》がないとなれば、築城年代＝縄張り年代となる。だが、それはたまたま発掘調査がされているからわかることであって、ほとんどの城は発掘されていないから、築城年代＝縄張り年代なのかそうでないのか、決めることができない。

かつて橋口定志氏は、縄張り研究が地表面観察による遺構論である以上、このような弱点を宿命的に孕《はら》むことを指摘していた。橋口批判から二十年近い研究の蓄積をへて、松岡氏や筆者は、『松陰私語』や「太田道灌状」などの史料を読み込むことによって、戦国初期の城がどのような性格や機能を持っていたのかについては、一定の見通しを得ることはできた。ところが、この見通しを縄張り研究に落とし込む段階になると、どの城が道灌・景春や松陰の時代の城であるのか、確定ができなくなってしまう。城の年代を確定できないという問題は、文献史料を単純に援用するだけでは解決できないのである。「杉山城問題」と併行して『東京都の中世城館』をまとめながら、筆者は今さらながらに研究の難しさを噛《か》みしめることとなった。

齋藤慎一氏の問題提起

城郭研究者たちが「杉山城問題」を意識するようになる直前の二〇〇二年六月、『戦国時代の考古学』という大部な論文集が刊行された。目次を見ると、実に五十人近い一線級の研究者がさまざまなテーマで論考を寄せており、その中には本書で言及した中井均氏・加藤理文氏・

萩原三雄氏・橋口定志氏らの名前も見える。二〇〇三年時点における研究の到達点と課題を知ることのできる一冊だった。

この論集の中に、齋藤慎一氏が「戦国大名城館論覚書」という論考を書いている。従来の城郭研究が宿していた方法論上の問題点を鋭く指摘しながら、戦国大名と城との関係について多角的に考える必要性を説いた内容で、オールラウンドプレーヤーとしての齋藤氏の面目躍如といった感のある一編だ。

齋藤氏の「戦国大名城館論覚書」は当時、城の研究に関心を寄せる人々の間に少なからぬ波紋を投げかけたし、この先も長く読み続けられるスタンダードな一編となるだろう。そして実は、この論考が「杉山城問題」の伏線というか、通奏低音となっていた。

それまで縄張り研究者たちは、武田氏や北条氏のような有力大名が、それぞれに特徴的な築城スタイルを持っていると考えてきた。たとえば、筆者は一九九九年に「後北条氏の築城技術における虎口《こぐち》形質の獲得過程」という論考をまとめていたし、松岡氏は二〇〇二年の著書『戦国期城館群の景観』の中で、伊達《だて》氏系城郭について論じていた。

実際には二〇〇三年の時点で、大名系城郭論は縄張り研究の主流から外れてはいた。とはいえ、多くの縄張り研究者たちが有力大名ごとに特徴的な築城スタイルがあるという認識を持っていたことは間違いない。齋藤氏の論考は、そこに大きな疑問を突きつけた。

武田系城郭・北条系城郭・伊達系城郭に関するそれまでの研究をとりあげ、事例として挙がっている城を個別に検証してゆくと、それぞれの大名が築城に関与したかどうか疑わしいものが少なくないことを指摘したのだ。

循環論法の陥し穴

大名系城郭の存在を正面から否定する齋藤氏の結論には、筆者は正直いって賛成できない（その理由については複雑な問題を含むので、別の機会に論じたい）。しかし、事例の妥当性に疑問があるという指摘は、論理的にまったく正しい。

「戦国大名城館論覚書」は、いまあらためて読みかえしてみても、縄張り研究が持っている論理的欠陥や矛盾、論証の不足などを丹念に洗い出したもので、縄張り研究が克服すべき課題を浮き彫りにしている。論点を嚙み砕いて説明してみよう。

戦国大名の領国内にある城のすべてが、その大名の築城になるものとは断定できない。独立した国衆（大名の家臣ではない）などが築いた城もあるかもしれないし、武田氏の領内なら後に徳川氏が築いた城もあるはずだ。関東であれば、山内上杉氏や扇谷上杉氏の城が、北条氏の領国内にそのまま残されているかもしれない。杉山城についての齋藤氏の見解は、まさにこの論の延長上にある。

この問題は、根が深い。そもそも大名系城郭論がなぜ登場したかというと、一定地域の城を網羅的に調査していった時に、他より歴然と優れた縄張りの城が見つかることがある。そうして突出した城を拾ってゆくと、離れた地域にあるにもかかわらず、縄張りの特徴が似ている例が見つかってくる。たとえば、長野県の中部にある城と静岡県の西部（遠江《とおとうみ》）にある城に、同じように丸馬出《まるうまだし》が使われている、といった具合だ。

この現象を説明するために縄張り研究者たちは、武田系・北条系のような大名特有の築城スタイル、というロジックを用意した。もちろん、根底には江戸時代の軍学から引き継がれてきた、伝統的な城の見方がある。『甲陽軍鑑』で論じられているのと同じような特徴を持った縄張りが、実際に武田氏が関わった城に認められる、といった具合だ。

とはいえ、実際に一定エリアの城を網羅的に調査してゆくと当然、文書にも軍記にも記載のない事例がいくらでも出てくる。そうした中で北条氏や武田氏の城をピックアップしようと試みるとどうなるか。北条氏や武田氏の勢力圏から、北条氏らしい特徴、武田氏らしい特徴が認められる城を探し出し、それを並べて北条氏や武田氏の縄張りの特徴を論ずることになってしまう。これは循環論法だ。

縄張り研究者が陥りがちなこの論理的矛盾を、齋藤氏は鋭く突いたのだ。そして、この指摘はそのまま、縄張りだけでは城の年代を決めることができない、という問題にも当てはまる。

つまり、ある地域における戦国前期の城と後期の城とを縄張りから区別しようとすると、まず縄張りが単純で古そうな城と、技巧を駆使して新しそうな城とに分けて、そこから新旧を論じるという循環論法に陥るのだ。しかも、文献史料によって問題を解決しようと試みても、証拠に足るほどの史料は揃えようがない。

では、縄張り研究には何ができるのか。

三　縄張り研究は挑戦できるか

縄張り研究は科学たりうるか

歴史学であれ考古学であれ、一つの研究領域にはその方法論によって生じる強みと弱みとが必ずある。「杉山城問題」に関わって、藤木久志氏や峰岸純夫氏が指摘していたことだ。縄張り研究には、いくら縄張り図を描いても個々の城の縄張り年代を決めることができない、という宿命的な弱点がある。

けれども、ここで「まえがき」に断っておいた大原則や、第四章第三節で述べた考古学の原理を思い出してほしい。歴史学や考古学は過去における人の営みを考える学問であり、地表面で観察できる土塁や堀は人の活動の痕跡という意味において資料である。だとしたら、縄張りを資料として人の営みを明らかにする方法論はどこかに存在するはずだ。

そして、歴史学や考古学が科学であるならば、その方法論は必ず追究されなければならない。縄張り研究者たちが山に登り、藪《やぶ》をかき分け倒木を踏み越え、すり傷を拵えながら作図を続けるのも、地面に刻まれた人の意志を見出《みいだ》すからではないのか。縄張りでは年代が決められないから研究分野として成り立たない、などと切って捨てるのは、科学としての考古学・歴史学を放棄するに等しい。

では、自ら年代を決めることができない縄張り研究は、どうすればよいのか。筆者が思いついた方法は、一つ一つの城の縄張り年代を決めることにこだわらない、というやり方だ。あるとき、このことに（漠然とではあるけれど）気がついた筆者は、年代にこだわらない縄張り研究のあり方を模索することになった。

いかに積み上げるか

年代を特定できなくとも、そこに城が存在しているかぎり、できる研究はあるはずだ。年代や築城者にはこだわらずとも、たくさんの城の縄張りを比較検討しながら、堀切や横矢掛りや外郭といったパーツの機能を考えたり、一つ一つの城の縄張りが持っている意味を考えたりしてゆけば、見えてくるものはあるに違いない。

ちょうどミレニアムを挟む数年間、筆者は「いつ誰が築いたか」にこだわらない、というスタンスで研究を積み上げていった。おそらく、東京都の悉皆調査に従事した経験が、筆者の考えを後押ししたのだろう。同調してくれる研究者はなかなか現れなかったが、今でもこの方針は基本的には間違っていなかった、と思っている。

ところが、「杉山城問題」によって再び、年代をどうするかという問題に直面させられたのである。問題に直面した松岡進氏や筆者が、まず縄張りではなく文献史料から戦国初期の城について考えようとしたのは、齋藤氏の鋭い指摘が念頭にあったからにほかならない。

そして、齋藤氏の立論の底流にも、かつての橋口批判がある。だとしたら「戦国大名城館論覚書」が研究者たちにインパクトを与えている中で、縄張り図を無邪気に並べ、北条氏の城の特徴など論じられるわけがない。

縄張り研究の進むべき方向を示してくれたのは、ここでも松岡氏である。すなわち、前章で紹介した「『杉山城問題』によせて」において氏は、戦国初期における東国の城の縄張りを概観して、いくつかの技巧はすでに単発で用いられている、と指摘していたのだ。

ただ、松岡氏の論考では、限られた紙幅の中で「杉山城問題」についていくつもの論点を示すことが求められていたため、リストアップされた事例の裏付けは必ずしも充分とはいえない。一つ一つの事例について年代を確定できない、という課題が克服しきれていないのである。

筆者は、示された論点を深めて、論を立てる必要を感じた。

一つの解決策

縄張り研究から「杉山城問題」を論ずるためには、関東における戦国前期の城がどのようなものであったのか、明らかにする必要がある。けれども、これまでのやり方では、個々の城の年代をなかなか特定できない。どうすればよいか。

筆者が考えついた解決策はこうだ。戦国前期の築城であることが文献史料によって確認でき、かつ後の時期に改修された可能性が少ない事例をできるだけ多く集める。その際に重要なのは、縄張り上の特徴を無視することだ。縄張りが単純で古そうだとか、北条氏らしい特徴が認められる、といった基準で取捨選択を行えば、必ずや循環論法に陥ってしまう。

もちろん、一つ一つの事例については、不確定要素を排除しきれない。史料には出てこないが、実際は戦国後期に改修されたかもしれないという可能性は、どうしても残ってしまう。何といっても、城に関する史料は絶対的に乏しいのだ。しかも、「椙山之陣」が杉山城とイコールなのかという問題と同じように、史料に出てくる地名の比定が間違っている可能性もある。

こうした不確定要素の問題を乗り越えるために、地域と時代を限ったうえで、サンプルの数をできるだけ増やす。一つ一つの事例について不確定要素を完全に排除することはできなくても、サンプル数を多くとることによって、総体として不確定要素を薄めてゆくことならできるのではないか。

つまり、仮に史料上に記載がないけれども、戦国後期に改修された城や地名同定を誤っている城がサンプルの中に混じっていたとしても、全体を見渡したときにノイズとして浮かび上がればよいのだ。この方法なら、一つ一つの城について年代の特定が間違っていたとしても、戦国前期の城の全体的な特徴はつかまえられるのではないか。ピースの一つ一つについて白黒を判定してゆくのではなく、全体を眺めたときにグレーの濃淡として何かの模様が読みとれればよい、というわけである。

サンプリングの方法を考える

実際の作業を進めるにあたって、対象地域は相模・武蔵――現在の神奈川・東京・埼玉の三都県に相当する範囲とする。両上杉氏の勢力圏でありながら、のちに北条氏の版図に塗り替えられた地域である。『東京都の中世城館』の件もあるから、この地域の城に関する踏査経験では人後に落ちない自信もある。

対象とする年代は、享徳の乱が勃発《ぼっぱつ》した享徳三年（一四五四）から、河越夜戦によって扇谷上杉氏が事実上滅亡する天文十五年（一五四六）としておこう。ほぼ百年間といってよいスパンだが、関東戦国史全体の流れを考えるなら、ほぼこの期間を「戦国前期」と見なしてよいからだ。

このように地域と時代を設定したうえで、次のような基準にしたがって事例を集めてみることとした。

ⓐ　事例は、史料・記録に、城として築かれたり使われたりしたとはっきりわかる記載があるものに限る。軍記の記載でも史実と認められているものについては根拠とするが、地誌類に記された伝承だけが根拠となるような事例は、この段階では採らない。また、近くで合戦があったから城として使われた可能性がある、というような推定要素の大きい事例も採らない。

ⓑ　鉢形城や松山城のように、戦国時代後半まで使われたことが確認できる事例は除外する。改修をうけた可能性が入り込んでくるからである。

ⓒ　原則として遺構が現存しており、縄張りの検討が可能な事例を選ぶ。

ⓓ　縄張りが読みとれない程度に破壊されてしまった事例については、原則として除外する。ただし、信頼にたる資料（図面など）によって縄張りを復元できる場合は、適宜検討対象

に加える。

ⓔ 発掘調査データは必要に応じて参照するが、年代を決定するための根拠にはしない。この考察から発展して「杉山城問題」に論及する際に、循環論法に陥る危険があるためである。

ⓕ 築城主体はとくに限定せず、北条氏が築いたり使ったりしたことがわかる城でも、条件を満たせば検討対象に含める。この考察は、あくまで戦国前期の城がどのようなものであったのかを明らかにするためのものだからだ。

次章では、この条件を満たす事例を集めて比較検討を行い、共通する縄張りの特徴を抽出してみよう（この考察は、二〇〇九年に発表した論考「後北条氏系城郭以前」をベースとし、その後に得た知見を加えて再構成したものである）。

第六章　戦国前期の縄張りを考える――比較検討の試み

一　戦国前期の十九城

この章ではまず、前章の方針に従ってサンプリングした十九の事例を列記してゆく。並べる順番は、おおむね史料で確認がとれた年代によっているので、景春の乱から長享《ちょうきょう》・永正の乱をへて北条氏が進出してくる過程を復習するつもりでお読みいただきたい。

小沢《こさわ》城（神奈川県愛甲郡愛川町角田《すみだ》）

長尾景春の乱に際して、景春方の金子掃部助《かもんのすけ》が蜂起《ほうき》した城として「太田道灌状」に登場する。このとき、溝呂木《みぞろぎ》某が溝呂木要害で、越後五郎四郎が小磯城で同時に挙兵しているが、道灌の命を受けた相模勢が討伐に向かうと、溝呂木要害と小磯城は自落し、小沢城のみが抗戦を続けたという。しかし、道灌が巧みな用兵で武蔵方面の景春方を撃破したため小沢城は孤立した。金子掃部助は一旦《いったん》は逃亡したものの、のちに小沢城で再挙している。

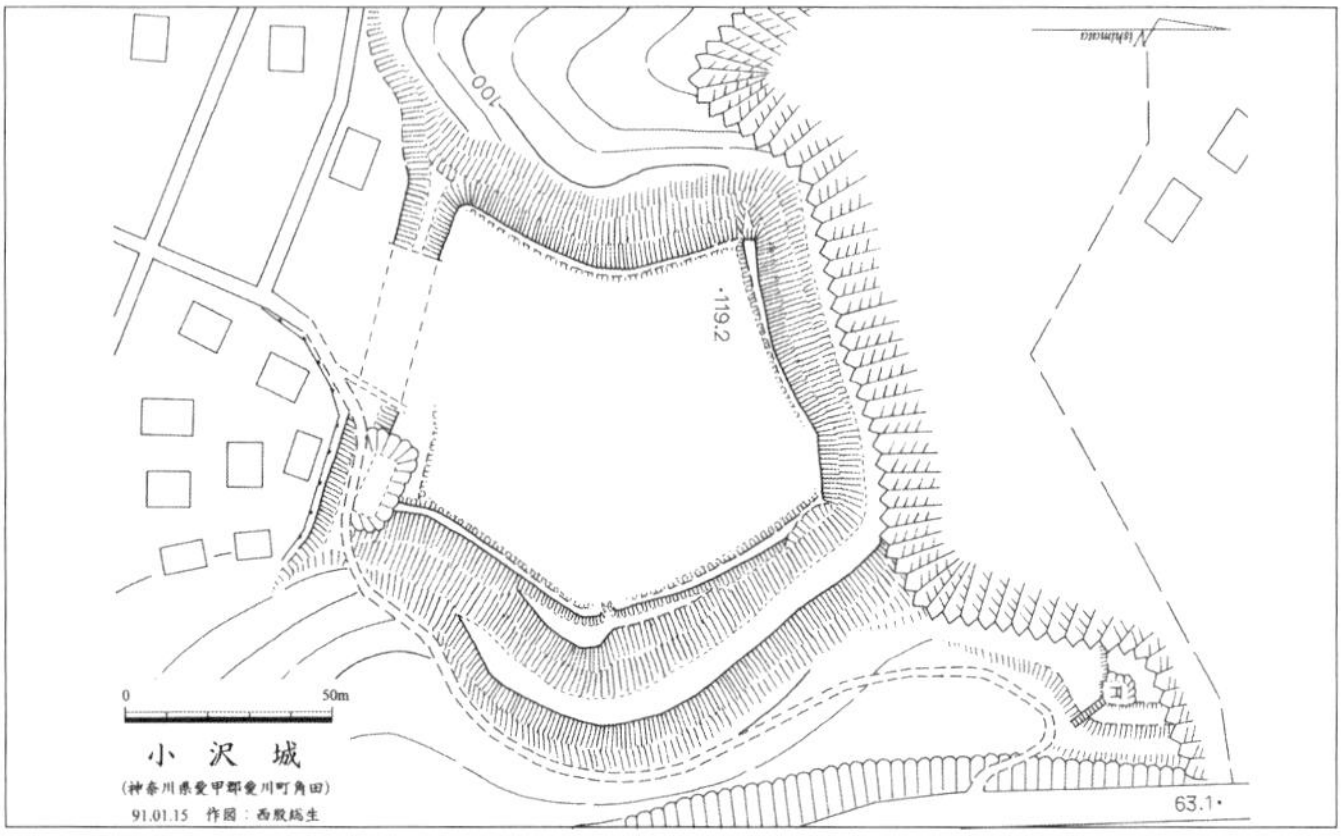

小沢城縄張り図

小沢城は比高六〇メートルほどの台地先端部に占地《せんち》しており、かなりの要害地形である。現状で観察する限り、台地続きを堀切で遮断した一〇〇メートル四方ほどの単郭式の城で、東から北にかけては横堀が廻《めぐ》っていたようだ。東側に虎口《こぐち》があり、前面には腰曲輪《こしぐるわ》が確認できる。

なお、小磯城は大磯町西小磯の旧三井別邸・旧吉田茂邸一帯と推定されているが、城らしい遺構は見つかっていない。また、溝呂木要害については、相模原市南区磯部にある磯部城が該当するのではないか、と松岡進氏が最近になって指摘している（『神奈川中世城郭図鑑』）。磯部城は相模川東岸にある平城で土塁の一部が残っているものの、縄張りを復元できるほどの遺存状態ではないため、ここでは取りあえず検討対象から外す。

小山田《おやまだ》城（東京都町田市下小山田町）

「道灌状」によれば、小沢城への後詰《ごづめ》のため南下した吉里宮内《よしさとくない》の隊は府中に進出し、さらに「小山田」を突破したため、道灌の相模戦線は苦況に陥った。この記述から、江戸城と相模方面との連絡を確保するため、扇谷軍の中継拠点が「小山田」に設置されていたことがわかる。現存する遺構では、小山田城と小野路《おのじ》城のいずれかが、「小山田」の扇谷軍拠点に該当する可能性が高い。

小山田城は比高三〇メートルほどの丘城で、曲輪の形成は総じて甘く、城内の大半は自然地形のままである。敵を防ぐ障碍施設としては堀切のみを用いており、横堀はない。いかにも臨時築城然とした構造だが、東西両端には角馬出《かくうまだし》と認めてよい遺構がある。

小野路《おのじ》城（東京都町田市小野路町）

一方の小野路城は、比高約五〇メートルの丘の中央に主郭を置いて横堀で囲み、その外側には広大な外郭を伴っている。城域の先端は鞍部《あんぶ》を堀切で遮断するが、一部の尾根は遮断しておらず、尾根によって遮断と導入（連絡）とを使い分けているらしい。小野路城は尾根道の分岐・結節点にあたっており、占地・縄張りとも中継拠点に適したものである。

現状では、「道灌状」に見える「小山田」の扇谷軍拠点がいずれであったのか、特定できない。ここでは無理な推断をさけ、とりあえず双方に五分五分の可能性があるものと見ておく。

石神井《しやくじい》城（東京都練馬区石神井台一丁目）

「道灌状」によれば、長尾景春方についた豊島泰経《としまやすつね》・泰明《やすあき》兄弟は石神井・練馬両城で挙兵し、

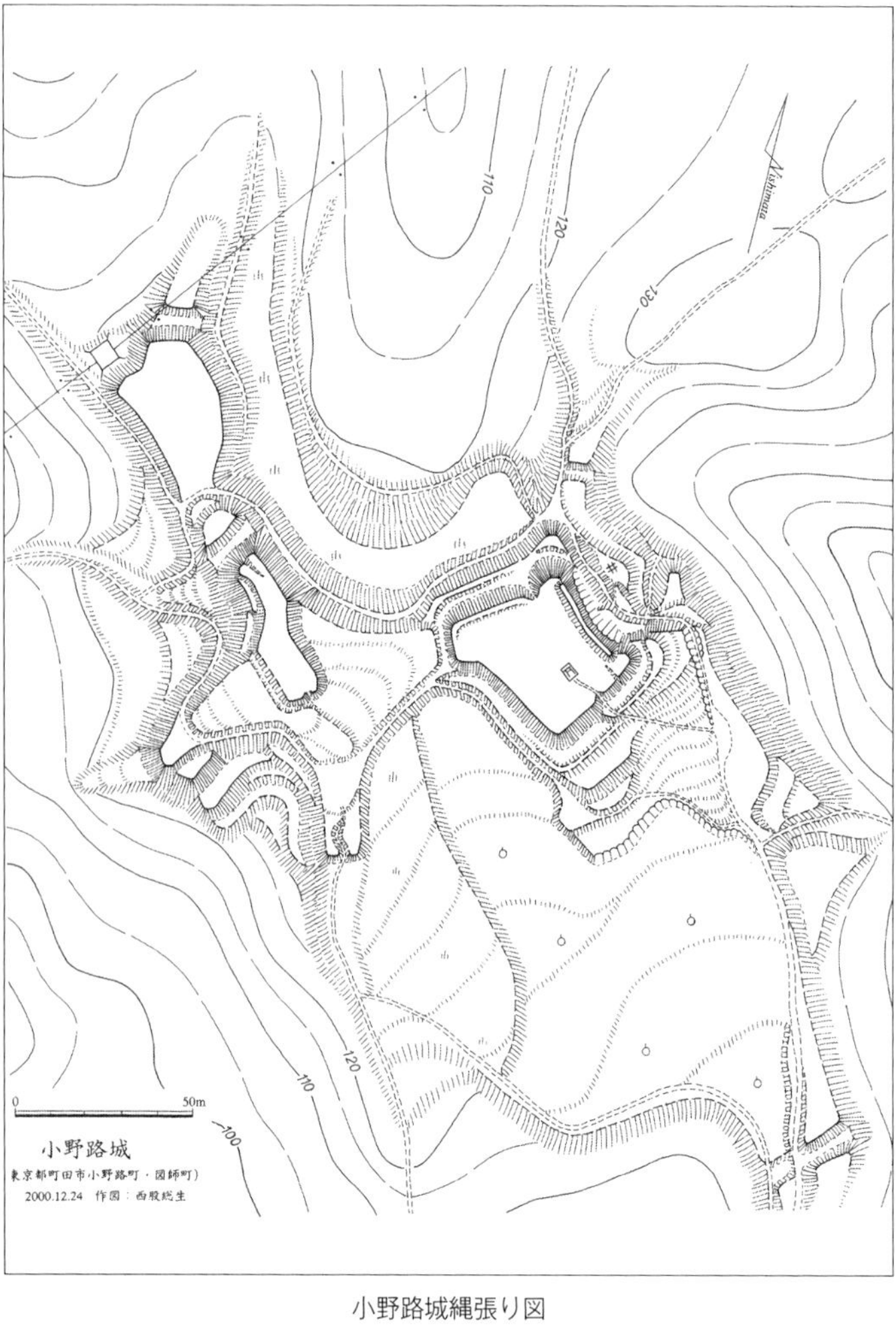
110
120
130
Nishimata
120
110
100
0
50m
小野路城
東京都町田市小野路町・図師町)
2000.12.24　作図：西股総生

小野路城縄張り図

江戸城に脅威を与えた。だが、道灌は豊島勢を野戦に引きずり出して江古田原《えごたはら》合戦で破り、泰明は討死にして泰経は石神井城に籠城《ろうじょう》した。泰経は「要害」を崩すことを条件に降伏を申し出たが、これを時間稼ぎの偽計として退けた道灌が強襲により「外城」を突破したため、泰経は城を捨てて逃亡した。

石神井城は三宝寺池《さんぽうじいけ》にのぞむ台地上にある。主郭は大規模な土塁と空堀で囲まれ、南西側に横矢掛りの折れがあるものの、虎口に対するものとはなっていない。これまでの発掘調査では、後世に改修された痕跡《こんせき》は確認されていない。また、試掘調査や地中探査レーダー調査の所見によれば城域は東西三五〇メートル、南北三〇〇メートルにおよぶが、内部が複数の曲輪に明確に分割されていたかどうかについては不明。

練馬《ねりま》城（東京都練馬区向山三丁目）

練馬城は戦後、豊島園遊園地となって遺構を失ったが、戦前に作成された略図によれば方形を呈する単郭式城郭で、南側の虎口に馬出が付属していた。豊島園の施設建設に伴う部分的な発掘調査によって、上記の図を裏付ける成果が得られている。

熊倉《くまくら》城（埼玉県秩父市荒川日野呑だ熊）

「道灌状」によれば、道灌の活躍によって劣勢となっていった長尾景春は、秩父山中に後退して「日野城」に籠《こ》もり、ついに投降した。この「日野城」については、小鹿野《おがの》町飯田の日尾《ひお》城、

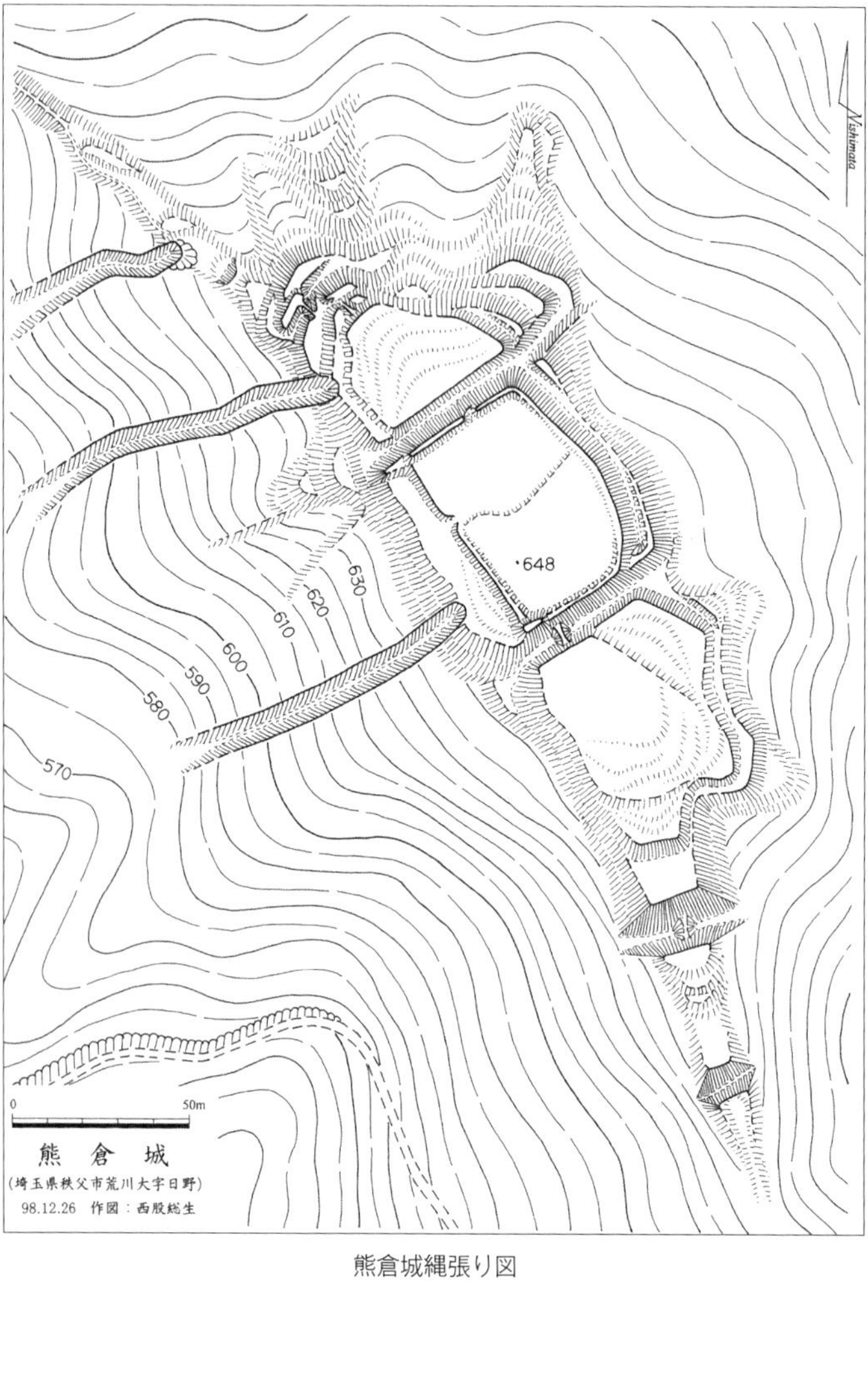
Nishimata
648
630
620
610
600
590
580
570
0
50m
熊　倉　城
(埼玉県秩父市荒川大字日野)
98.12.26　作図：西股総生

熊倉城縄張り図

皆野《みなの》町下日野沢《しもひのざわ》の高松城、秩父市荒川日野の熊倉城などが比定地として挙げられている。

三箇所のうち日尾城については、城名が「日野」と似ていること以外に、積極的な根拠がない。また、『関八州古戦録』は、豊臣軍侵攻に備えて北条氏邦《うじくに》が築いた支城の一つとして日尾城を挙げており、『新編武蔵風土記稿』（以下『新編武蔵』）も同郡日尾村条の「城跡」の項で、氏邦の臣、諏訪部定勝《すわべさだかつ》の城と伝えている。景春の「日野城」の候補からは除外してよいだろう。

熊倉城は、比高三五〇メートルを有する本格的な山城で、秩父地方でも奥まった位置にある。同地方の山城としては曲輪の面積が大きく、障碍としては堀切と横堀とを併用し、西側斜面には長大な竪堀《たてぼり》を落とす。また、北側の尾根には腰曲輪群をジグザグに上らせる複雑な導入路を形成している。

『新編武蔵』は、秩父郡日野村の条に「城山」として載せ、長尾景春が居た熊倉城とはこの城のことであろう、としている。地名および軍記・地誌の記載を勘案するならば、景春の「日野城」には熊倉城をあてるのがもっとも妥当ということになるが、高松城についても検討しておきたい。

高松城（埼玉県秩父郡皆野町下日野沢）

高松城は、長尾景春が籠もった「日野城」の候補地の一つであるが、『新編武蔵』は北条氏邦の臣、逸見若狭守《へんみわかさのかみ》の城と記している。

この山城は、一九七〇年代に石灰採掘によって消滅してしまった。発掘調査の概要が『日本城郭大系第5巻』などに紹介されているが、公表されている略図や写真から判断するかぎり、曲輪と堀切を交互に配した単純な縄張りで、横堀・竪堀・虎口などは確認できない。曲輪内からは数棟の建物跡が検出され、二回の火災跡が確認できたという。出土した陶磁器類の年代は、十五世紀後半～十六世紀前半を指す。

出土遺物の年代から高松城を景春の乱の「日野城」に比定するのは難しい。ただし、景春は永正年間まで活動しているので、「日野城」を再使用したと想定した場合には、出土遺物の年代観は必ずしも大きく矛盾しないことになる。高松城は北条氏時代まで使用された可能性があるが、ここでは参考の意味も含めて検討の対象に含めておく。地誌の記載に信をおいて高松城を北条氏時代として考えようとすると、杉山城とまったく同じ問題に直面することになり、そうして得られた所見から「杉山城問題」を論ずると、循環論法に陥ってしまうからである。

箕田《みた》城（埼玉県鴻巣《こうのす》市大間）

一般には「伝源経基館《つねもとやかた》」と呼ばれているが、平安中期まで遡《さかのぼ》る城跡とはとうてい考えられないし、部分的に行われた発掘調査でもそのような時代の遺物は見つかっていない。『松陰私語』には、長享の乱に際して扇谷定正が箕田に陣したことが見えている。

また、『新編武蔵』は足立《あだち》郡忍《おし》領大間村の「城山」の項に、扇谷上杉氏の臣、箕田氏の城跡とも源経基の塁蹟とも伝えるが証《あか》すべきものがないと述べ、また扇谷上杉氏の臣には三田氏があるが、三田氏は多摩郡の領主で「箕田」とは字も異なるので、後世の附会であろうと考察し

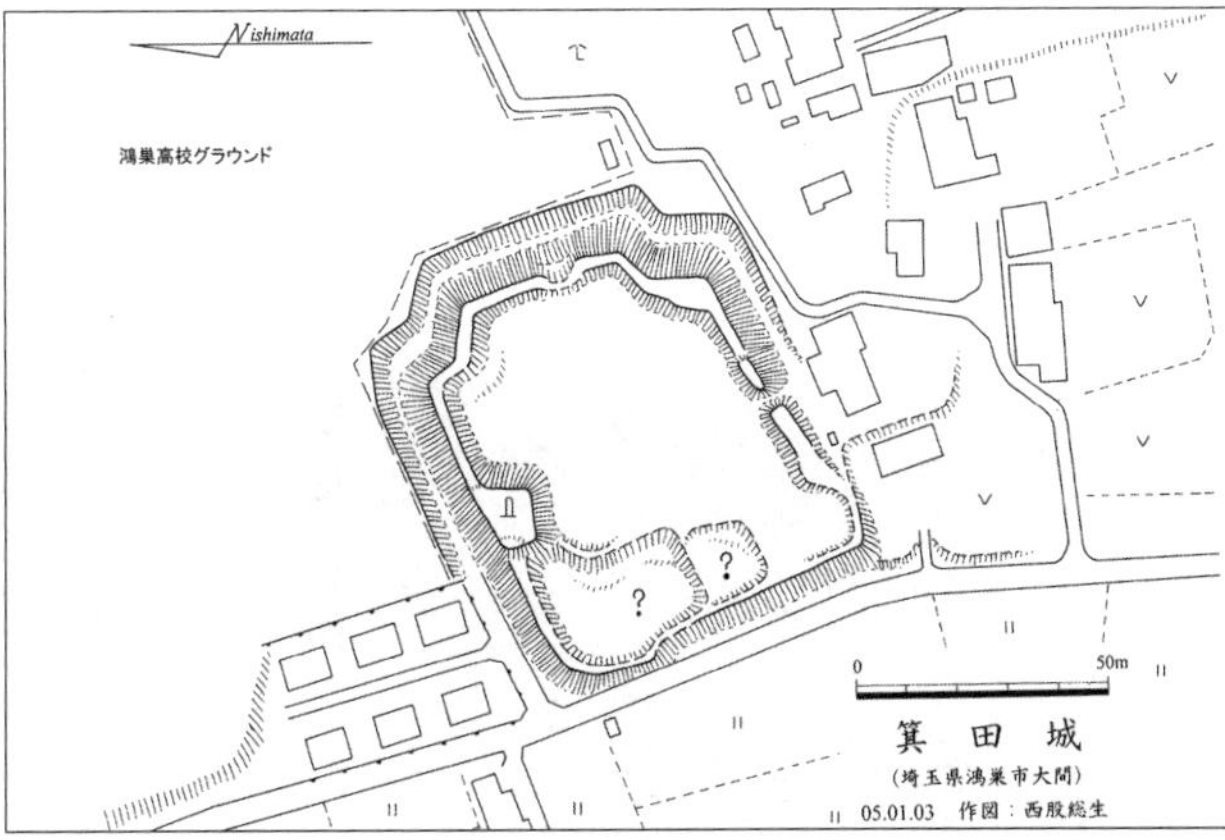

箕田城縄張り図

ている。

城は、荒川左岸の沖積地に臨む台地縁に占地する八〇メートル四方ほどの単郭式で、現状では三面に土塁と空堀が残っている。東側に虎口らしい箇所があり、北東・南東の隅で塁壕《るいごう》が入隅《いりすみ》状に折れているものの、虎口や導入路に対する横矢掛りとはなっていない。

なお現在、当城跡の属する字名《あざめい》は「大間」で、「箕田」は当地のやや北西となっている。当城跡の北西約三キロには別に「箕田館」の伝承地があり、発掘調査で方形にめぐる中世の堀が確認されているほか、箕田～大間一帯では、城郭の可能性のある堀遺構が何箇所かで検出されている。

箕田城を扇谷定正の陣に断定できるかどうかはともかく、箕田～大間一帯に群在していた方形陣城《じんじろ》の一つと見ることができる。このように方形の平城が群在する形は、松岡氏のいう戦国前期の陣そのものである（第五章第一節）。

なお、上杉謙信が松山城自落の報に接して地団駄《じだんだ》を踏んだといわれる石戸《いしど》が、当地の南方約五キロの位置であることを考えるなら、箕田城がこのときも陣として再利用された可能性を否定できない。

真田城《さなだ》（神奈川県平塚市真田）

真田城は、長享の乱に関する諸史料・記録類に登場するが、記載内容が錯綜《さくそう》している。『日本城郭大系第6巻　千葉・神奈川』は、扇谷上杉方の上田氏が守備していたが、明応五年（一四九六）頃に山内上杉方に攻略された、と整理している。「石川忠総留書《ただふさとめがき》」は、永正元年（一五〇四）に「実田《さなだ》要害」が「椚田《くぬぎだ》要害」（後述）とともに、山内上杉方に攻略されたと記されており、長享の乱に際して何度か攻防の舞台となったことがわかる。

『新編相模国風土記稿《さがみのくにふどき》』（以下『新編相模』）によれば、城地にある天徳寺は北条氏家臣の鈴木隼人《はやと》が天正頃に建立した寺であるので、それまでに廃城となっていたと述べている。北条氏が初期に利用した可能性も排除しきれないが、戦国前期の形態を残している可能性もあるので検討対象とした。

城は、比高約一〇メートルの台地縁に築かれている。台地の突端部を利用した主郭は、天徳寺の境内や宅地となっていて遺存はあまりよくないものの、『新編相模』が四方に堀跡が残ると記した様子は見て取ることができる。

天徳寺境内の周辺では開発に伴う発掘調査が行われ、真田城の概要が推定復元されている。

それによれば、主郭の周囲には堀で囲まれた大小の曲輪が並び、堀には横矢掛りの折れが加えられているものの、虎口はすべて平入《ひらい》りで馬出や枡形は確認できない。また、横矢掛りは必ずしも虎口に対してはいない。『神奈川中世城郭図鑑』で松岡進氏が指摘しているように、この推定復元図には不確定要素も多く、鵜呑《うの》みにはできない。

発掘調査では鉄炮玉《てっぽうだま》や十六世紀後半代の陶磁器なども出土しており、地誌の記載と併せて考えるなら、北条氏時代に何らかの形で再利用された可能性が高いが、城として改修を受けたとは限らないため、ここでは一応、検討対象に含めておく。

七沢《ななさわ》城見城台《みじょうだい》（神奈川県厚木市七沢）

享徳《きょうとく》の乱の前哨《ぜんしょう》戦となった宝徳二年（一四五〇）の江ノ島合戦に際して、管領《かんれい》方の長尾景《かげ》仲《なか》・太田道真らが七沢山に要害を構え、のち長享の乱では扇谷上杉氏の戦略拠点として重視された。長享二年（一四八八）の実蒔原《さねまきはら》合戦では扇谷朝昌《ともまさ》（定正の弟）が守ったが、落城したようだ。

七沢城は丹沢の山懐にある。城の主体部は谷に面した丘陵上にあったが、高度経済成長期に大規模な医療施設が建てられて旧状を失った。このため、七沢城の遺構は医療施設の周囲にわずかに残るのみと考えられてきた。しかし、一九九九年に刊行された『厚木市史　中世通史編』において、医療施設の丘の背後にある「見城台」という山上にも城の遺構が残っていることが紹介された。二〇一一年出版の『関東の名城を歩く　南関東編』で七沢城の項を執筆した齋藤慎一氏は、自筆の縄張り図を掲げて見城台の遺構に注意する必要を説くとともに、扇谷上杉氏の山城遺構として重要であることを指摘した。

この指摘を受けて、筆者も松岡進氏・関口和也氏・田嶌貴久美氏とともに二〇一三年に見城台とその周辺を踏査・作図し、周辺の尾根上にも堀切などが散在していることを確認した。筆者らの踏査成果は、松岡氏によって『神奈川中世城郭図鑑』に掲載されている。

見城台に残る遺構の捉《とら》え方については、四人とも大差がない。尾根上にいくつかの曲輪を並べて要所を堀切で遮断し、一部に竪堀を伴う単純な縄張りである。ただ、一箇所だけ内枡形虎《うちますがた》口らしい遺構がある。戦国初期の城で内枡形虎口を伴う例は非常に稀《まれ》なので、筆者らは現地で念入りに確認したうえ、やはり内枡形虎口と認めてよいと判断している。

全体とするなら七沢城は、山裾《やますそ》の丘陵上に主体部を置いて、周囲の尾根上に粗放な防禦《ぼうぎょ》施設を散在させる構造で、その最高所に位置するのが見城台である。

大庭《おおば》城（神奈川県藤沢市大庭）

長享の乱に際しての扇谷上杉氏方の城として軍記類に登場する。黒田基樹氏は、山内顕定の攻勢によって七沢城が失陥したため、扇谷軍が大庭城に後退したと整理している（『扇谷上杉氏と太田道灌』）。『新編相模』は、永正九年（一五一二）に伊勢宗瑞が攻略し、そののち北条氏の家臣が在城したと記す。

城は、比高三三メートルの舌状台地を大規模な塁壕で遮断し、直線連郭型式に三つの曲輪を

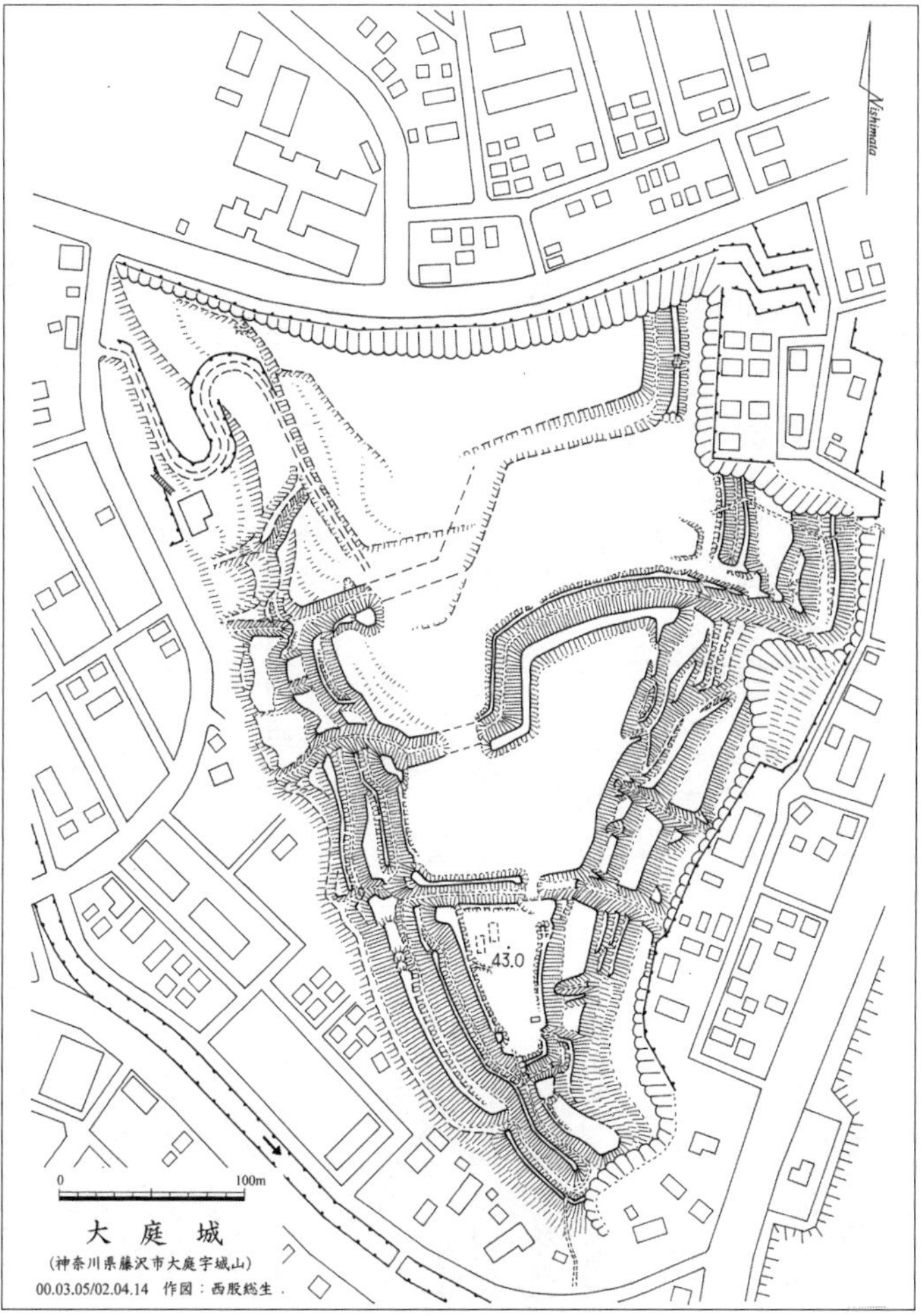
Nishimata
0
100m
大 庭 城
(神奈川県藤沢市大庭字城山)
00.03.05/02.04.14 作図：西股総生
43.0

大庭城縄張り図

並べて広大な城域を形成している。北方にはさらに広大な外郭が広がっていたものの、造成により消滅している。塁壕には大きく折れている箇所があり、虎口に対する横矢掛りとなっていた可能性がある（現在は園路が貫通している）。側面に大きく張り出す櫓台《やぐらだい》も認められる。

斜面の防御について見ると、西側は大きな横堀で、東側は段状の腰曲輪群でそれぞれ防御しており、東側の腰曲輪群をジグザグに上がってくる導入路と虎口が確認できる。総じて、西側に対する構えがより厳重となっているが、相模西部に侵攻した山内軍に備えて扇谷軍が築いたのだとするなら、納得できる構造である。

永正十年に宗瑞が三浦氏を圧迫するため玉縄城を築いてからは、相模東部における北条氏の戦略拠点は一貫して玉縄城であり、このように巨大な城を引き続き軍事拠点として維持利用したとは考えにくい。地誌の伝える北条氏家臣の在城は、接収した敵方の城を一時的に管理したり、その跡地に屋敷を構えるような行為と考えるべきだろう。ここでは上述の経緯から、長享〜永正年間における扇谷上杉氏の築城で、北条氏時代に改修された可能性は薄いと考える。

初沢城《はつざわじょう》（東京都八王子市初沢町）

永正元年（一五〇四）に扇谷方の長井広直が守っていた「椚田要害」を、山内軍が攻略したことが、「石川忠総留書」に見える。また、推定永正七年三月晦日付「山内顕定書状」（『新編武州古文書』多摩郡一七二号）では、敵の攻撃に備え「椚田」に籠もって備えを固めるよう、三田弾正忠《だんじようのちゆう》に指示している。

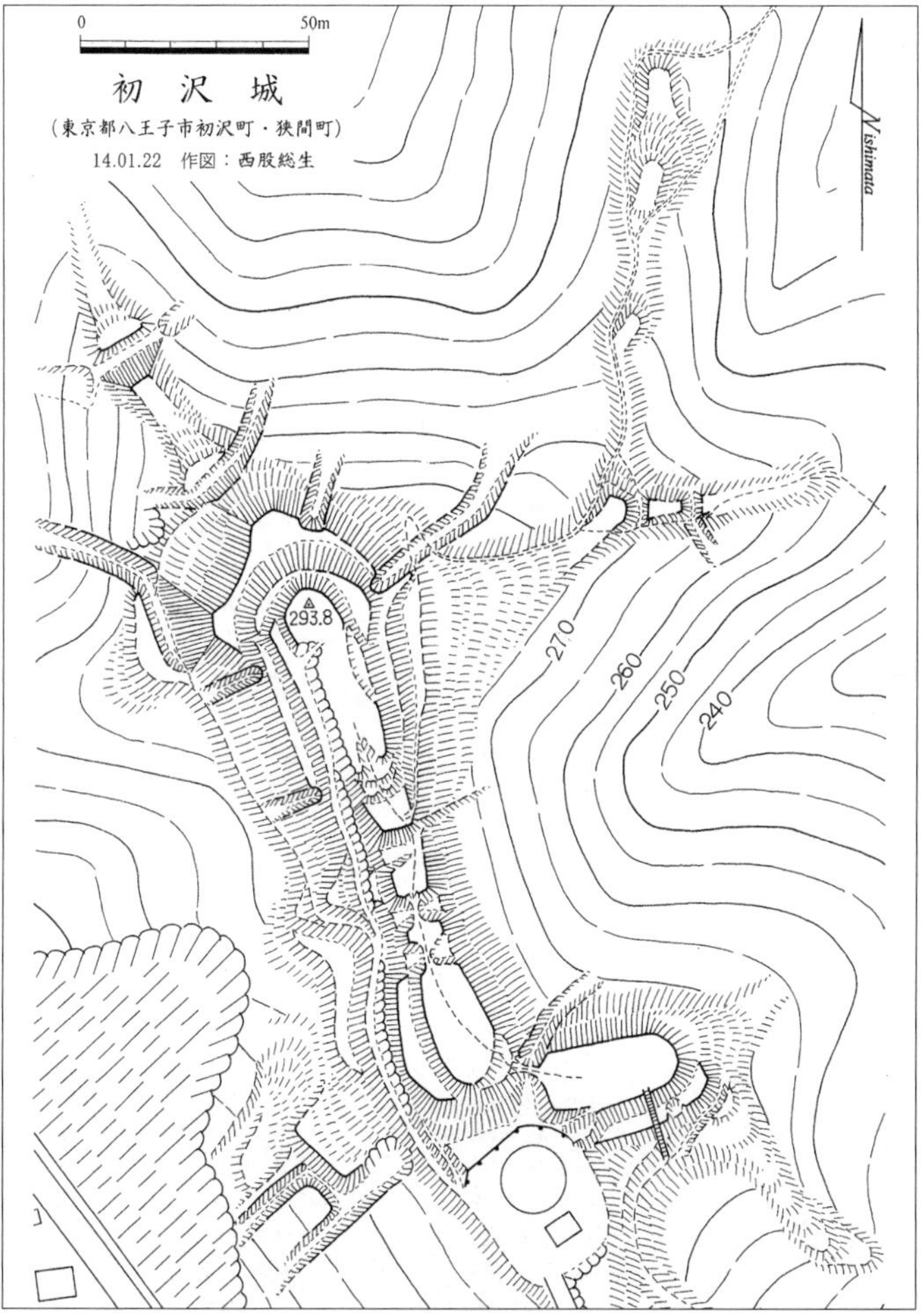
0
50m
初 沢 城
(東京都八王子市初沢町・狭間町)
14.01.22 作図：西股総生
Nishimata
293.8
270
260
250
240
初沢城縄張り図

初沢城はかつての上椚田村に属しているので、「椚田要害」に比定して間違いなかろう。なお、初沢城の東方五キロに位置する片倉城は現在の椚田《くぬぎだ》町に近いが、片倉城の所在地は旧片倉村であり、「椚田要害」に該当する可能性は低い。

初沢城は比高一一五メートルほどの小高い山城で、尾根上に曲輪と堀切を連鎖させ、要所に短い竪堀を落とすといった、単純な縄張りを示している。第二次世界大戦中に軍の防空施設が置かれたために遺構が損なわれているけれども、現状から観察するかぎり、虎口や横矢掛りといった技巧は用いられていない。

高麗山城《こうらいさん》（神奈川県中郡大磯町高麗）

『相州兵乱記』ほかの軍記類によれば、永正六年（一五〇九）、伊勢宗瑞は扇谷上杉氏の家臣である上田蔵人入道を煽動《せんどう》して武蔵権現山城《ごんげんやま》（現横浜市）で蜂起させ、自らも相模の高麗山と住吉《すみよし》に進出した。いわゆる権現山合戦であり、現在では一応（詳細はともかく）史実と認められている。

高麗山は、花水川に臨む余綾《よろぎ》丘陵の東端に位置する比高一五〇メートルほどの急峻《きゅうしゅん》な山で、相模平野を一望できる要害性に優れた地形である。この山に見られる城郭らしい遺構については、これまで評価が定まっていなかった。しかし、筆者は松岡進氏・田嶌貴久美氏とともに実踏を行って、築城遺構と確認した（踏査成果はのちに『神奈川中世城郭図鑑』に田嶌氏が執筆している）。

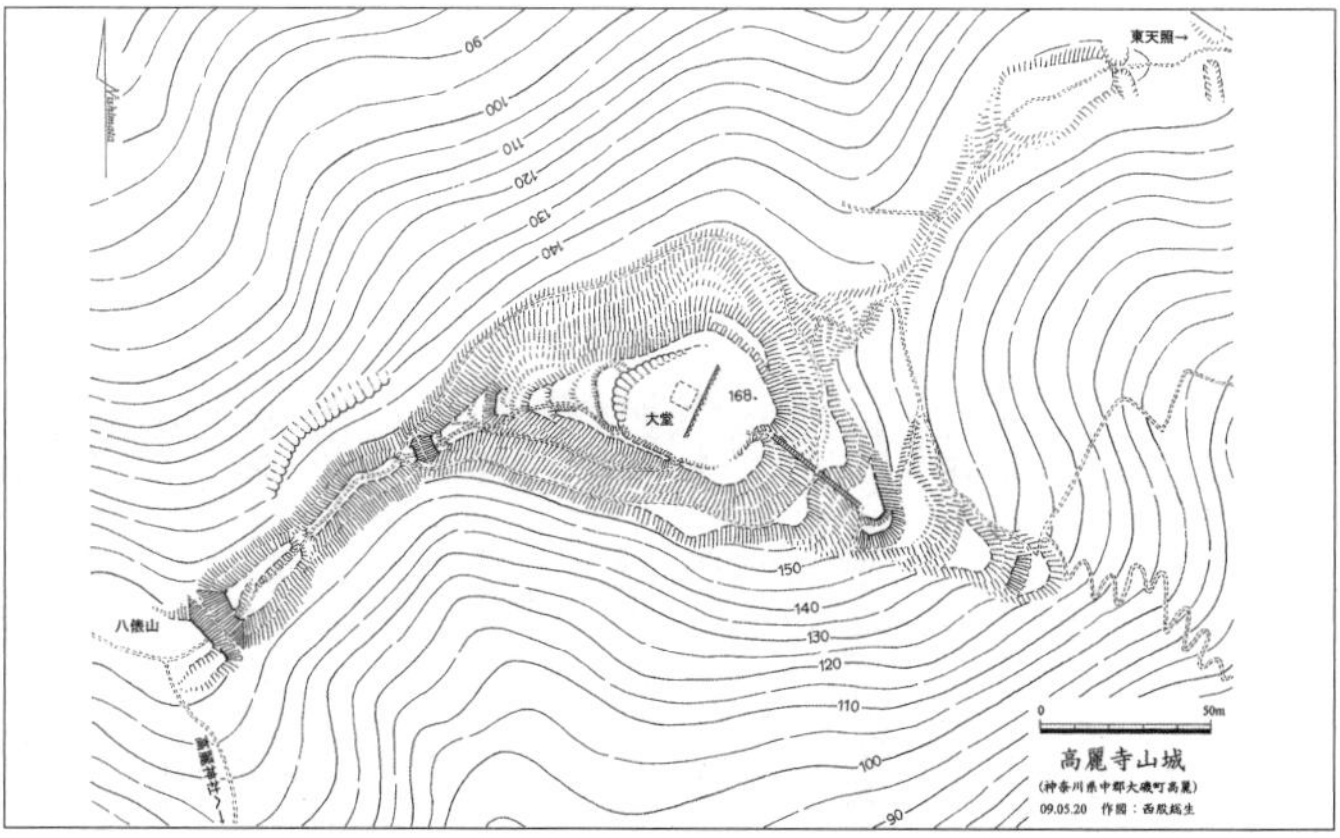

高麗山城縄張り図

高麗権現社の社殿や参道の跡が残る「大堂」と呼称されている場所が主郭で、周囲にいくつかの平坦地《へいたんち》があるが、参道に伴う後世の改変があるため虎口は特定できない。主郭から西に向かう痩せ尾根に数箇所の堀切を認めることができるほか、北東の「東天照《とうてんしょう》」と呼ばれる平坦地の手前にも堀切の痕跡らしい箇所がある。

高麗山は、曲輪周囲の壁面（切岸《きりぎし》）も充分に形成されていないなど総じて人工に乏しい、単純な縄張りの山城である。地形の持つポテンシャルを恃《たの》みとし、寺社の施設が存在していた平坦地を曲輪として利用しながら、最小限の普請で成立させた山城と評価してよいだろう。

住吉要害（神奈川県平塚市山下）

伊勢宗瑞が高麗山と同時に取り立てた「住吉」は、かつては逗子《ずし》市の住吉城に比定されていたが、これは地理的関係から見て不自然である。『日本城郭大系第6巻』の神奈川編を担当した小田原城郭研究会は、さまざまな考証を重ねて、高麗山の北方一・二キロに位置する伝山下長者屋敷を「住吉要害」に比定した。この考証は大変説得力があり、支持すべきものである。

平塚市山下の住吉要害は、大きな土塁と堀によって囲まれた単郭式の平城で、北東隅が入隅状に大きく折れ、南西隅にも折れがあって横矢掛りとなっている。また、土塁の一部は櫓台となっている。虎口については、後世の改変が著しいため現状では特定しにくい。北東隅の折れは虎口に横矢を掛けているようにも見えるが、堀幅を考慮するとこの位置を虎口と見なすことは難しい。

宗瑞は、相模平野への進出拠点として平地の住吉要害を、見張り場を兼ねた持久拠点として高麗山城を、それぞれ取り立てたのであろう。

鴨沢《かもさわ》要害（神奈川県足柄上郡中井町鴨沢）

権現山における上田蔵人入道の蜂起を制圧した扇谷朝良《ともよし》は反攻に転じ、相模西部で伊勢宗瑞と戦った。推定永正六年（一五〇九）十二月十日付「上杉朝良感状写」・同日付「三浦道寸感状写」（『改訂新編相州古文書』）、および同十二月二十三日付「足利政氏《まさうじ》書状写」（『戦国遺文・古河公方編』三六〇号）には、朝良が「中村要害」「鴨沢要害」で戦ったことが記されている。

文書の内容から、「中村要害」「鴨沢要害」が同一の場所を指しているのは明らかである。また「足利政氏書状写」は戦った相手を「凶徒」と表現しているが、伊勢宗瑞方の軍勢を指して

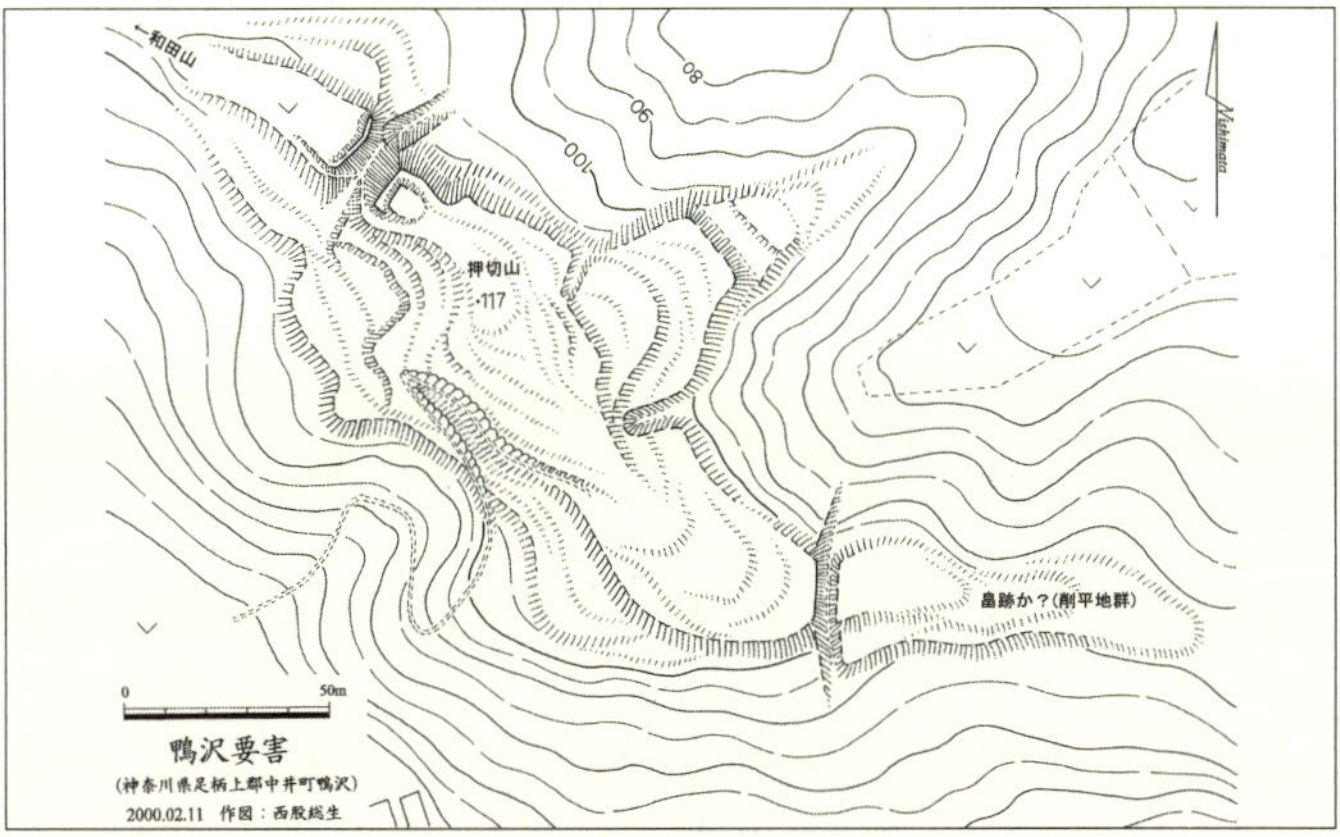

鴨沢要害縄張り図

いるものと考えて間違いない。

『新編相模』は、足柄上郡大井庄鴨沢村にある「塁跡」を、朝良が攻めた「鴨沢要害」「中村要害」に比定している。周辺には他にそれらしい城跡もないので、「鴨沢要害」「中村要害」はこの場所を指しているものと考えてよい。

鴨沢要害は、明確な曲輪を形成しない粗放な構造の丘城で、いかにも臨時築城然としている。障碍としては必要最低限の堀切を設けるのみで、短い竪堀や櫓台も備えているが、虎口や横矢掛り等の技法は確認できない。

岡崎《おかざき》城（神奈川県平塚市岡崎・伊勢原市大句）

扇谷上杉方の拠点として三浦道寸が守備していたが、永正九年（一五一二）に伊勢宗瑞が攻略したことで知られている。岡崎城の攻防については、『異本小田原記』ほかの軍記類に記載があるほか、推定永正九年八月十二日付伊勢宗瑞・氏綱連署判《はん》

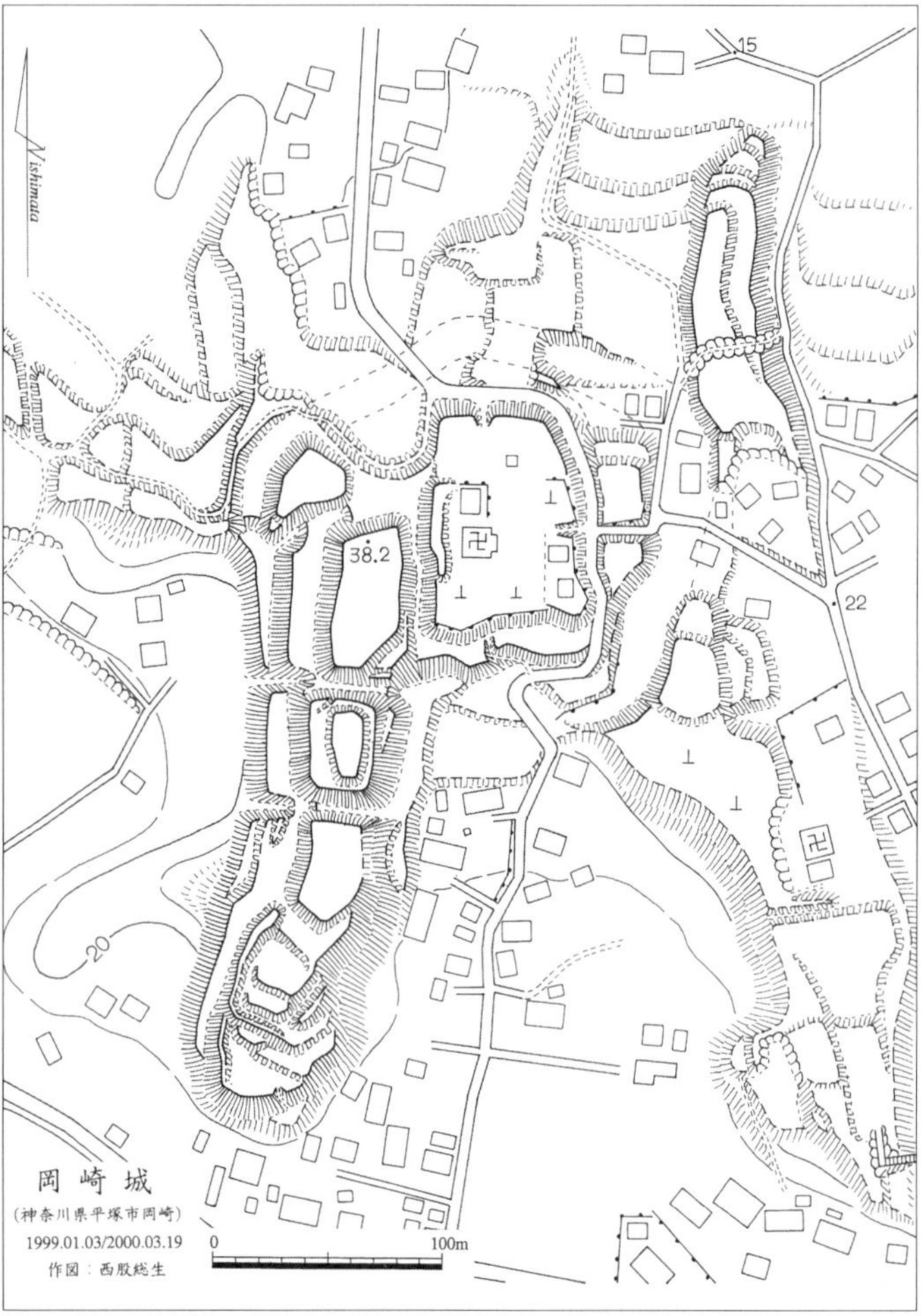

Nishimata
15
38.2
22
20
岡崎城
(神奈川県平塚市岡崎)
1999.01.03/2000.03.19
作図：西股総生
0
100m

岡崎城縄張り図

物《もつ》（『戦国遺文・後北条氏編』二四号）に「岡崎台合戦」とあることでも裏付けがとれる。岡崎城の失陥により、相模の中・西部は宗瑞の勢力圏となり、扇谷上杉氏の戦線は相模川の東まで後退することとなった。

岡崎城は、比高二五メートルほどの丘陵の中央に主郭を置き、周囲に防御施設を展開する大規模な丘城である。中心部は幅の広い二重の横堀で厳重に囲んでおり、西側の曲輪群は堀切と竪堀で防御している。西側曲輪群の南端には腰曲輪をジグザグに上らせる複雑な導入路を設定しているが、枡形虎口や馬出とはなっていない。こうした導入路の形は、大庭城の東側斜面と似ている。

これらの曲輪群の周囲には、粗放な外郭部が展開していたようだが、現状では耕作地や宅地となっていて、城域を確定しにくい。塁壕の規模こそ異なるものの、基本構造は小野路城とよく似ている。

新井城《あらい》（神奈川県三浦市三崎町）

『異本小田原記』『相州兵乱記』『北条五代記』などの軍記によれば、岡崎城の陥落以後、三浦道寸は相模東部で抵抗を続け、扇谷軍は後詰（救援）のためにたびたび南下した。しかし、宗瑞が玉縄に築城してこれを扇谷軍が阻止したために、三浦道寸は雪隠詰《せっちん》めとなり、永正十三年（一五一六）、ついに新井城で滅亡した。

新井城は油壺湾《あぶらつぼ》に面しているため「海城」と評されることが多いが、周囲の海岸はほとんどが岩場で、水軍基地として適した地形とはいえない。当地は関東大震災の際に隆起しているものの、明治期の地形図で見ても、やはり城の周囲は岩場である。

新井城の縄張りでもっとも目を惹《ひ》くのは、主郭正面の中央に張り出した大きな櫓台である。ただし、現状の土塁開口部は後世の道路貫通によってできた可能性があるため、虎口に対する横矢掛りとなっていたかどうかは断定できない。櫓台は主郭の北東隅にもあり、主郭南東端の虎口は喰違《くいちが》いとなっている。

また、主郭の東方約二〇〇メートルの位置では、堀切と土塁によって地峡部を効率よく遮断して、現在のマリンパークを含む範囲が広大な外郭部となっている。三浦氏の軍勢が籠城するスペースには、不自由しなかったであろう。

深大寺城《じんだいじじょう》（東京都調布市深大寺元町二丁目）

下って天文六年（一五三七）、扇谷家の家督を嗣《つ》いだばかりの朝定は、北条氏綱の手中に帰していた江戸城の奪還を企て、有力部将の難波田《なんばだ》弾正（善銀）に深大寺の古要害を取り立てさせた。推定天文六年七月三日付「北条為昌《ためまさ》書状写」（『戦国遺文・後北条氏編』一四七号）には、「河越衆神太寺へ陣を寄候由」とある。

『異本小田原記』『鎌倉九代後記』等の記すところによれば、この扇谷軍の動きに対し氏綱は主力を率いて小田原から江戸に向かい、深大寺城を無視して、朝定の本拠となっていた河越城に攻め寄せた。難波田隊は急ぎ河越に後退したものの、扇谷朝定はこの戦いで河越城をも失い、

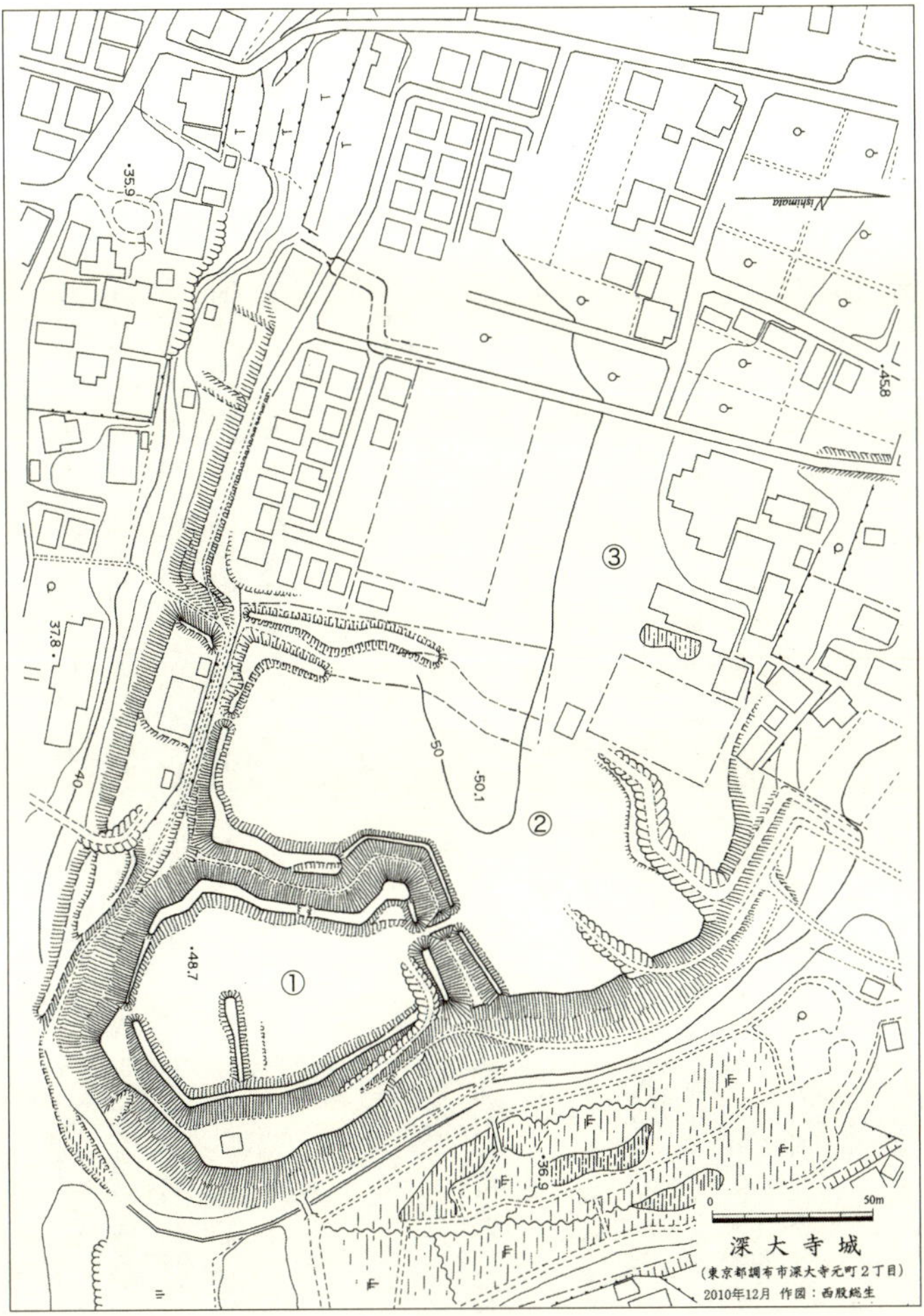

①
②
③
•48.7
•50.1
50
40
•35.9
37.8 •
•45.8
•36.9
Nishimata
0
50m
深 大 寺 城
(東京都調布市深大寺元町２丁目)
2010年12月 作図：西股総生

深大寺城縄張り図

松山城に逼塞《ひっそく》することとなる。

深大寺城は、比高一五メートル内外の舌状台地を空堀で遮断して三つの曲輪を並べた、大規模な直線連郭式の丘城である。南側斜面は横堀で防禦しており、北側より厳重な構えとなる。台地先端に位置する主郭①の塁線には折れや櫓台があるが、虎口に対する直接的な横矢掛りとはなっていない。曲輪②の空堀は、途中に大きな折れを設けていたことがわかっている。また発掘調査では、曲輪②の内部から多数の建物跡が見つかっている。

柏原《かしわばら》城（埼玉県狭山《さやま》市柏原）

『関八州古戦録』『豆相《ずそう》記』などの軍記には、河越夜戦の前年にあたる天文十四年（一五四五）に、山内憲政が「柏原」に陣したことが見える。『新編武蔵』高麗郡柏原村の条では「砦《とりで》跡」として、地元では「上杉城跡」と呼ぶことを伝えている。

柏原城は、入間川に臨む比高一〇メートルほどの台地縁に占地しており、河越城攻囲に際しての扇谷陣とされている「砂久保《すなくぼ》陣場《じんば》伝承地」からは、真西に六キロの位置にあたる。多摩方面から河越城へのアプローチを警戒、掣肘《せいちゅう》するうえでは妥当な位置といえる。

現状では、空堀と土塁で囲まれた二つの曲輪が確認できるが、南側にもう一つの曲輪があったようだ。主郭①の土塁には三箇所の突角部があり、主郭の全周に効率的な射界を形成している。ただし、突角部は幅が狭く櫓のような建築物は想定しにくい。

曲輪②は馬出の機能を持ち、外に面して土塁を伴う。主郭・曲輪②とも虎口そのものは平入

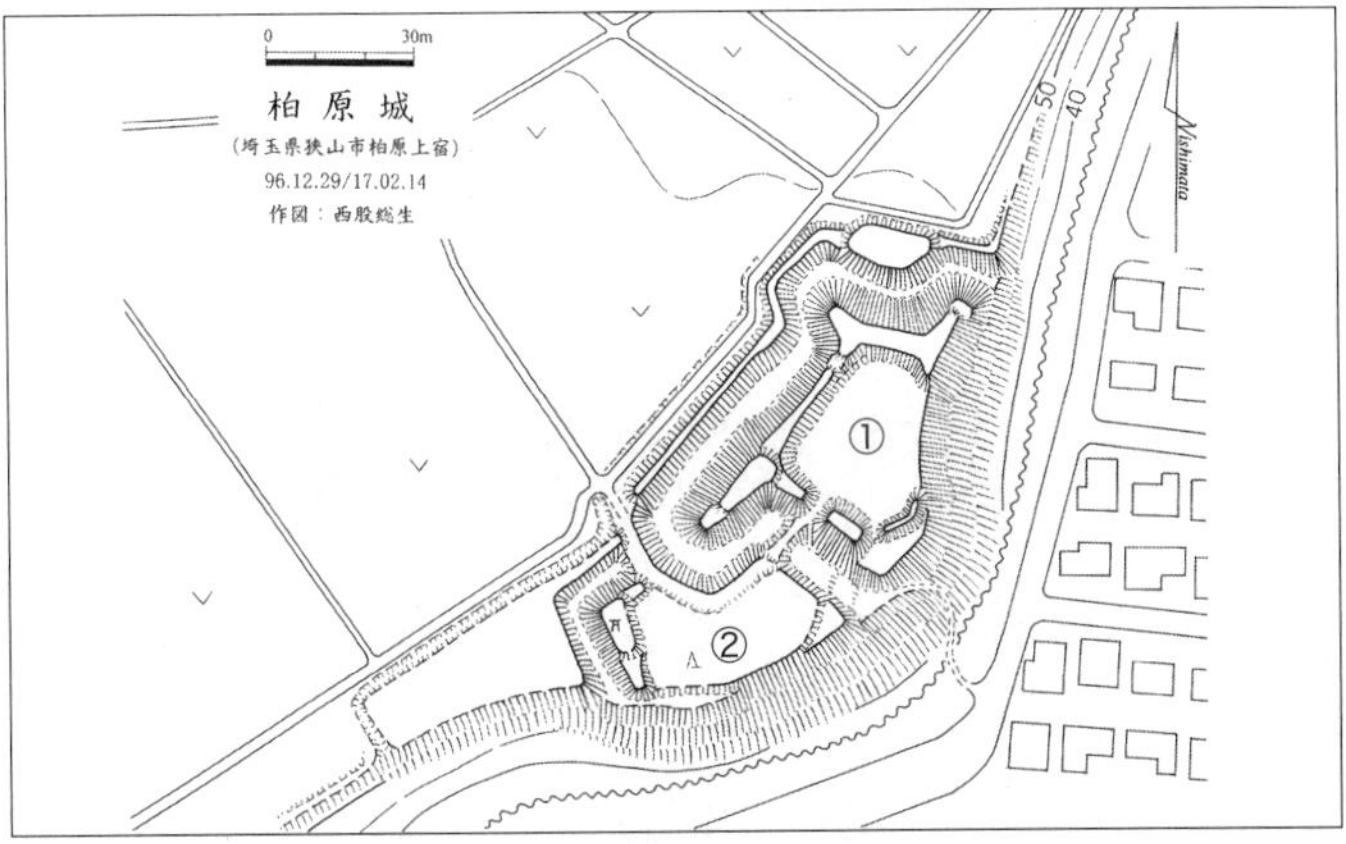

柏原城縄張り図

りであるが、城外から曲輪②をへて主郭に達する導入路は、主郭正面の突角部から強力に制圧されることになる。この節でとりあげた十九城の中では、虎口に対する横矢掛りがもっとも確実視できる事例である。なお、主郭堀の外側にある土塁が崖線《がいせん》に沿って伸びていた可能性があり、『新編武蔵』の挿図では、南方の台地上にも屈曲しながら伸びる塁壕らしきものを描いている。

二　特徴を抽出して考察を加えてみる

十一の特徴

前節で挙げた十九城の中には、比定に疑問を残すもの、より新しい時期に利用された可能性を排除しきれないもの、あるいは小山田城と小野路城のように、いずれか一方に特定しにくい事例などが含まれている。そうした不確定要素が混入している可能性を、あえて含み込んだまま、共通する特徴を片端から抽出してみよう。

A　丘城では総じて横堀が発達している。石神井城・真田城・大庭城・岡崎城・新井城などでは、堀幅は一〇メートルをはるかに超える規模を持ち、土塁も大きい。大庭城のように二重堀を用いた例もある。

B　堀の対岸にも土塁を造る例がしばしば認められる。小野路城・大庭城・新井城・深大寺城・柏原城など。

C　塁線を折って横矢掛りとする事例が多数、確認できる。ただし、虎口に対する横矢掛りとして確定できる事例は少なく、逆に明らかに虎口を狙わない位置で大きく塁線を折る事例が目立つ。石神井城・箕田城・住吉要害では、横矢掛りは虎口とはまったく無関係に入隅状の折れを呈している。

D　櫓台の存在が確認できる。小山田城・箕田城・大庭城・住吉要害・新井城・深大寺城など。柏原城に見られる土塁の突角部も、櫓台に準じた施設と見なしてよかろう。大庭城・新井城・深大寺城・柏原城の例では、櫓台は塁線から大きく突出して横矢掛りとなっている。ただし、虎口に対する横矢掛りとなっているのは柏原城のみである。

E　虎口は明確である場合が多い。小山田城や練馬城では馬出が認められるものの、内枡形虎口は七沢城見城台の一例のみで、外枡形や比企型虎口は皆無である。

F　斜面に段状の腰曲輪群を設ける事例がある。小野路城・大庭城・岡崎城・熊倉城など。

G　Fと関連するが、腰曲輪をジグザグに上らせることによって、導入路を複雑に形成する事例がある。大庭城・岡崎城・熊倉城など。

H　丘陵城郭では、概して曲輪の面積が大きい。付言すると（縄張り上の要素ではないが）、発掘調査が行われた大庭城・深大寺城では、いずれも広大な曲輪の中から建物跡が見つかっている。

I　広大かつ粗放な外郭部を伴う事例がある。石神井城・小野路城・大庭城・岡崎城・新井城など。

J　山城・丘城とも、必要に応じて竪堀を落とす。

K　丘城や平城にくらべると、山城の縄張りは概して単純である。熊倉城のみは一部に横堀やジグザグの導入路を用いているが、他の山城はいずれも尾根上に曲輪と堀切を連鎖させるシンプルなスタイルとなっている。

横堀の発達

このように見てくると、松岡氏が示したパーツリストのうち、塁線中央の櫓台、横矢掛りのための張り出し、塁線の折歪《おりひずみ》、二重堀の四つの要素については、間違いなく存在することが確認できた。馬出については齋藤慎一氏も「戦国大名城館論覚書」の中で練馬城の事例を挙げ、戦国の初期から存在していた可能性を指摘していたが、やはりそう見てよいだろう。

では、ここで抽出した要素から、一体どのような傾向を見出《みいだ》せるのだろうか。第四章で杉山城と玄蕃尾城を比較したときと同じように、考察を加えてみよう。

検討対象とした十九城のうち、文句なく山城といえるのは熊倉城・高松城・七沢城見城台・初沢城・高麗山城の五城のみで、他の十四城は丘城や平城である。

丘陵地や平地の多い相模・武蔵地方においては、横堀が発達する（特徴A）のは当然ともいえる。とくに住吉要害のような平地の城では、人工の障碍物で一定範囲を囲い込まないと城そのものが成立しないので、横堀は不可欠のパーツとなる。丘城の場合も、障碍物としてまず横堀を廻らせるというのは、自然な選択であっただろう。相模・武蔵地方では早くから曲輪を全周する横堀が普通に用いられていた、と考えてよいだろう。

ここで無視できないのは、堀幅の大きい例が含まれていることだ。古い時代の塁壕は小さく、時代が下るにつれ大規模化するわけではないのだ。また、比高がわりあい高い丘陵地においても、曲輪を全周する横堀が多用されていることには注意しておきたい。早い時期から横堀の発達していたこの地方では、幅の大きな堀を掘ったり、比高の大きな丘の上に横堀を廻らせるといった行為は、自然に選択されたのだろう。

虎口の工夫

論理的に考えるなら、横堀の発達は虎口の工夫を促したはずだ。山城のように切岸で囲んだだけの曲輪であれば、必要に応じてハシゴなどを架ければ出入りができる。むしろ、曲輪に籠もって守りを固めることだけを考えるなら、ハシゴ式の方が有利だ。

しかし、曲輪の全周に横堀を廻らせるとなると、少なくとも橋が必要だ。掘った土を内側に搔《か》き上げて土塁を築くとなれば、虎口の場所を特定せざるをえない。遠目にもはっきり場所が特定できる虎口は、戦闘に際しては当然、攻防の焦点となる。

だとすれば、虎口をめぐる攻防を優位に運ぶために、早い時期から馬出のような工夫が出現していたとしても、別に不思議ではない。筆者は以前に相模・武蔵地域における馬出の出現時期を、天文～永禄《えいろく》頃と推定していたが（「後北条氏の築城技術における虎口形質の獲得過程」一九九九）、この見解は訂正しなければならない。

丘腹に設けた段状の腰曲輪群をジグザグに上らせるような導入路（G）も、敵の侵入を阻むための工夫であろう。段状の腰曲輪群は城兵が後退しながら防戦しやすい構造といえる。その中で通路を絞って敵の侵入を食い止めようとすると、必然的にジグザグの導入路に行き着くのではなかろうか。

一方で、比企型虎口が皆無であること、枡形虎口が一例のみ（内枡形）であることは指摘しておかなくてはならない。他の要素がいずれも複数の事例で確認できることを考え併せるなら、長享の乱の時期に内枡形虎口が存在した可能性はあるものの、広く用いられていたかどうかは判断できない。

七沢城見城台の内枡形虎口を長享期の遺構と見なしてよいかどうかについては、ここでは論及をさける。この問題を不用意に掘り下げようとすると、他の扇谷上杉氏や北条氏の築城と比較して妥当かどうか、という検証手続きが必要になり、例の循環論法に陥るからである（この問題については別の機会に別の方法で考えてみたい)。

横矢掛りの技法

縄張り上の技巧で目立つのは、塁線の折れによる横矢掛り(C)の事例が多いことだ。中井均氏は、西日本の発掘調査事例を網羅的に検討した結果、十五世紀後半〜十六世紀前半には横矢掛りが出現していたことを指摘している(「検出遺構よりみた城郭構造の年代観」)。相模・武蔵地域においても、十五世紀の後半には塁線の折れによる横矢掛りが広く用いられるようになっていたとみて間違いない。

ただし、ここに挙げた事例で見るかぎり、入隅状の大ぶりな折れが目立つ一方で、虎口に対する横矢掛りは低調である。少なくとも、導入路を小刻みに屈曲させて敵を足止めし、そこをピンポイントで狙ってゆくような横矢掛り——杉山城で多用されているタイプの横矢掛り——を用いているのは、柏原城のみである。

一方、戦国後期に北条氏が改修・利用したことが確実な滝山城・三崎城・津久井城などでは、虎口や導入路に対するピンポイントの横矢掛りが発達している。中井氏が西日本の傾向として、戦国前期の横矢掛りは折れが大きく、塁線を細かく折ってゆくような技法は後出のものであろう、との見通しを示している点を考慮すると、興味深い。相模・武蔵地方においては、まず入隅状に塁壕を大きく折る横矢掛りが出現し、その後のある時期に虎口・導入路に対する横矢掛りが発達していった、と考えることができそうである。

一方、特徴Kとして挙げておいたように、山城では横矢掛りも皆無で、虎口や導入路の工夫もいたって低調（七沢城見城台の枡形虎口のみ例外）である。つまり、横堀、虎口の形成、馬出、段状腰曲輪群を応用したジグザグの導入路、横矢掛りの折れといったパーツは、いずれも平地や丘陵地に積極的な築城を行う必要上から生じた工夫なのである。

城内の空間構成

本章でとりあげた事例のうち、丘城は総じて曲輪の面積が大きく（H）、しばしば広大かつ粗放な外郭部を伴っている（I）。少なくとも杉山城のように、明確にかぎられた城域を小さく刻んで多数の曲輪を連ねてゆくような縄張りが認められるのは、真田城（発掘調査からの復元を是とするならば）と柏原城のみである。

曲輪の面積を大きめに取る理由としては、居住性や収容力の確保がまっ先に思い浮かぶ。ただし、周囲に附帯している粗放な外郭部は、居住や駐屯を目的とした空間としては不安定にすぎる。当該期における戦闘形態に適応した形という可能性も、考えた方がよいのかもしれない。

と同時に、小さな城が古く、大きな城が新しいという図式が成り立たないことにも留意しておきたい。検討した十九例の中でもっとも新しいと目される柏原城は、南北一〇〇メートル×東西一五〇メートルほどの小さな城なのである。前項の指摘と併せて考えるなら、小さく単純な縄張りの城から大きくて複雑な縄張りの城へ、という図式で城の進化を説明できないことは明らかだ。

いかがであろう。ここまでさまざまな模索をくり返してきたが、戦国前期における相模・武蔵地域の城の姿が、どうにか焦点を結んできたようだ。この時代の山城は、基本的には天嶮《てんけん》を恃みとしていて、尾根上に曲輪と堀切を並べるような単純な縄張りであった。一方、平城や丘城では曲輪を廻る横堀が発達し、これと併行して横矢掛りや虎口などの工夫が凝らされ、馬出はすでに用いられていた。

ただし、松岡氏が杉山城について指摘していたような、多様な技巧を重層的に組み合わせて用いる縄張りは、まだ出現していないらしい。虎口は虎口の工夫として、横矢掛りは横矢掛りとして、単発で用いるのが基本だったようである。

三　縄張りから見た戦国前期の城

参考事例十五城を加える

本章の原形となった二〇〇九年の「後北条氏系城郭以前」では、ここまでの考察に加えて、参考事例を探し出して比較検討する、という作業を行っている。具体的には、

ⓖ　地誌の記載や伝承から、戦国前期に築かれたとされている城

ⓗ　近傍で大きな合戦があり、戦国前期に存在した可能性が想定できる城

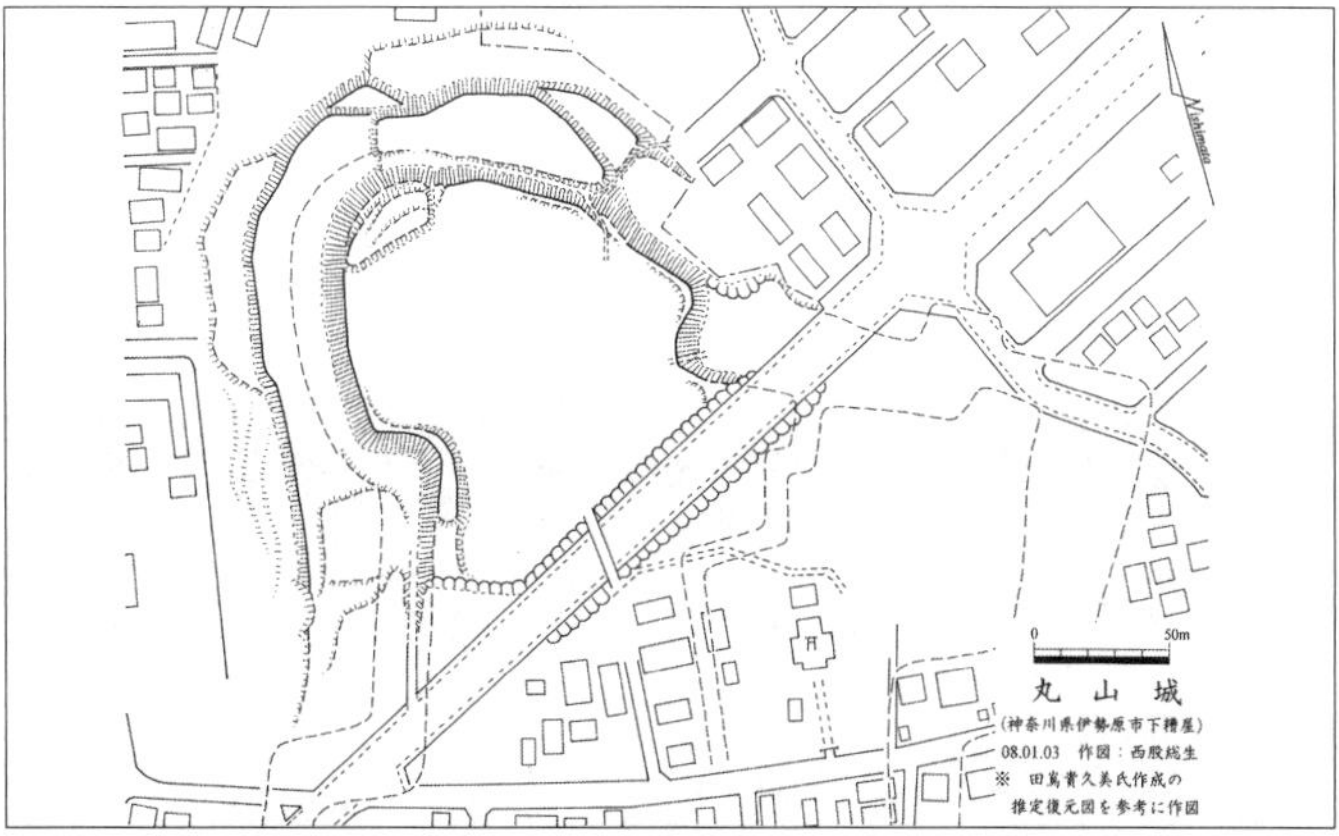

丸山城縄張り図

という条件を設定して事例を集めてみた。要するに、時期を特定する精度は落ちるが戦国前期に築かれた可能性のある事例を、遺構の特徴は考慮せずに集め、第一節の十九城とくらべてみよう、というわけだ。

これらの城について、第一節と同じように一つ一つ説明してゆくと大変長くなってしまうので、ここでは城名とごく簡単な説明にとどめる。詳細が知りたい方は、お手数でも元の論文を当たっていただきたい。

・伝足利基氏《もとうじ》塁（埼玉県東松山市岩殿）〜地誌は、貞治年間（一三六二〜六八）に鎌倉《かまくら》公方《くぼう》の足利基氏が岩殿山で芳賀《はが》高貞《たかさだ》と合戦した際の「陣塁」と伝える。二つの曲輪が丘腹に並ぶ。

・丸山城（神奈川県伊勢原市下糟屋）〜糟屋《かすや》有季《ありすえ》の館と伝承されてきたが大きな横堀を廻らせた丘

城で、扇谷上杉氏の本拠だった糟屋館に比定できるのではないか、という説が浮上している。曲輪は広大で、入隅状の大きな折れがある。

・小沢《おざわ》天神山城（神奈川県川崎市多摩区菅仙谷《すげせんごく》／東京都稲城市矢野口）〜地誌は、享禄《きょうろく》三年（一五三〇）の小沢原合戦に際しての北条方の城と推定している。

・天神山城（東京都三鷹《みたか》市新川二丁目）〜天文六年（一五三七）に扇谷軍が深大寺城を築いた際、扇谷軍または北条軍の前哨として築かれた可能性がある。単郭式の城だが、塁壕には横矢掛りの折れがある。

・岡城（埼玉県朝霞《あさか》市岡三丁目）〜江戸・河越の中間点に当たっており、地誌は太田氏の築城と推定している。舌状台地に三つの曲輪が並ぶ直線連郭式で、横矢掛りの折れがある。

・高幡《たかはた》城（東京都日野市高幡）〜『鎌倉大草紙《おおぞうし》』は享徳四年（一四五五）の第一次立河原《たちかわのはら》合戦の際、上杉憲顕《のりあき》（憲秋）が「高籏寺」で自害したと記しており、この合戦に際して使用された可能性がある。永正元年（一五〇四）の第二次立河原合戦に際しても使用された可能性を想定できる。縄張りは全体に初沢城に似た印象を受ける。

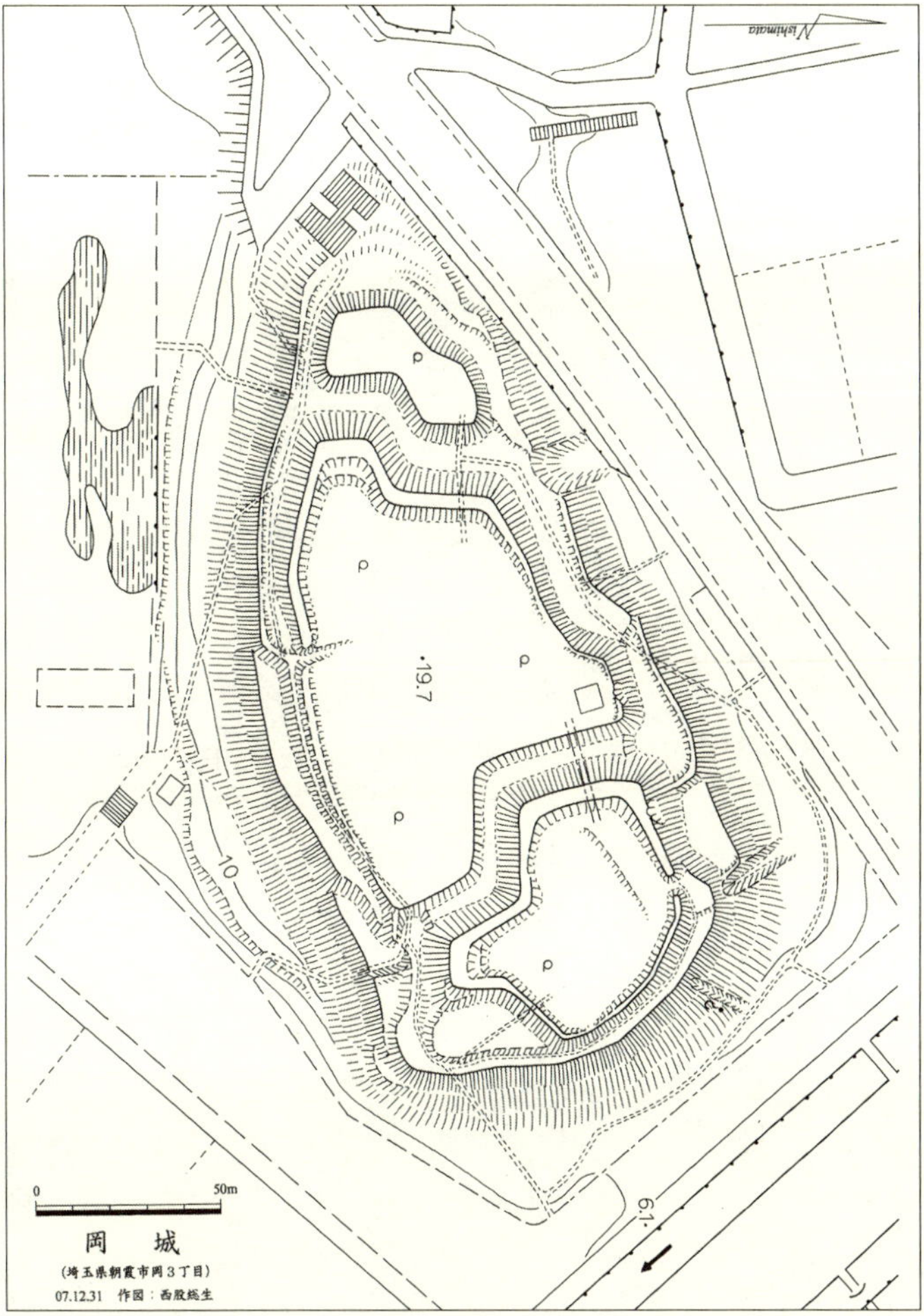

岡城縄張り図

・谷保《やほ》城（東京都国立市谷保）〜位置や占地から見て、享徳四年（一四五五）の第一次立河原合戦や、永正元年（一五〇四）の第二次立河原合戦で使用された可能性がある。台地縁に三つの曲輪があり、土塁は一部に横矢掛りの折れを伴う。

・川辺《かわべ》堀之内《ほりのうち》城（東京都日野市川辺堀之内）〜多摩川を挟んで高幡城と向かい合う台地縁にある単郭式の城だが、塁壕には横矢掛りの折れがあり、天神山城に似る。

・百草《もぐさ》城（東京都日野市百草）〜全体的な構造は小沢天神山城に似る。位置から見て、第一次または第二次立河原合戦に際しての陣所である可能性が想定できる。

・伝河越氏館（埼玉県川越市上戸《うわど》）〜長享の乱において山内軍が河越城攻撃の拠点とした「上戸陣」である可能性が高い。発掘調査によって、いくつもの方形区画が並ぶ構造だったことが判明している。

・大堀山《おおほりやま》城（埼玉県川越市下広谷《しもひろや》）〜川越市下広谷地区から坂戸市塚越地区にかけて群集する方形平城の中でもっとも残りがよい。「上戸陣」や「河越夜戦」に関連した陣城群の一部である可能性が高い。

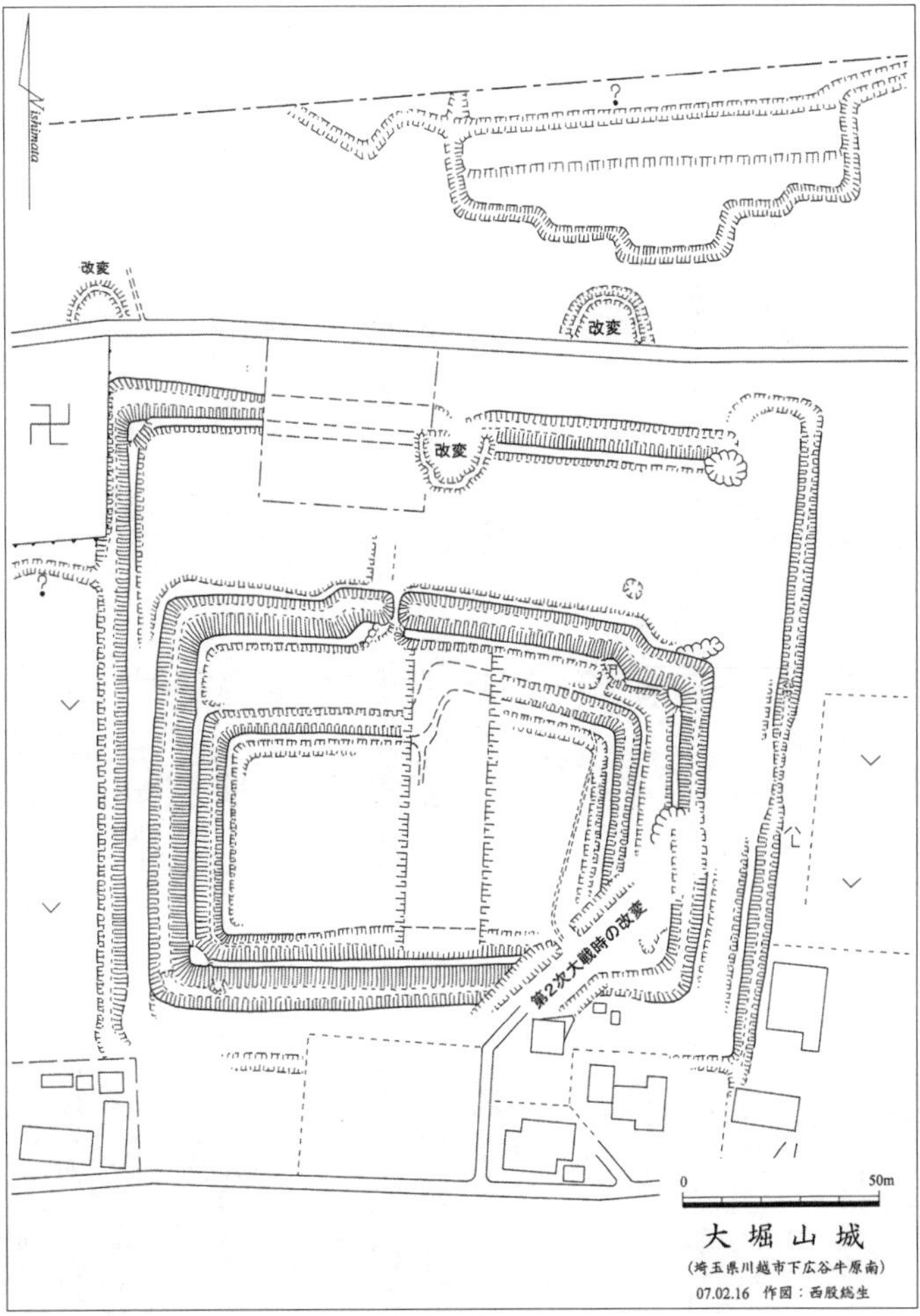
Nishimata
?
改変
改変
改変
?
第2次大戦時の改変
0
50m
大堀山城
(埼玉県川越市下広谷牛原南)
07.02.16 作図：西股総生

大堀山城縄張り図

・赤塚城《あかつか》（東京都板橋区赤塚五丁目）～武蔵千葉氏の城とされるが、扇谷軍・北条軍がたびたび衝突した白子原の至近にあるため、北条軍の陣として使用された可能性もある。台地突出部に横堀を回し、竪堀も併用する。

・沖山《おきやま》の塁（東京都板橋区四葉二丁目）～赤塚城の東方に位置する来歴不詳の塁壕遺構で、台地縁に横堀と竪堀を使用している点で似る。

・稲付城《いなつけ》（東京都北区赤羽西一丁目）～太田道灌の築城と伝承されているが、『松陰私語』には長享の乱に際して扇谷定正が江戸城の防備を固めるために利用した、との記述が見える。わずかに残る遺構と地形、発掘調査で見つかった堀から推測すると、岡城によく似た縄張りのようである。

・五十子城《いかっこ》（埼玉県本庄市東五十子）～享徳の乱に際しての管領軍の陣営として知られるが、高度経済成長期の開発により遺構は消滅。残されている絵図などから、主郭の塁壕には横矢掛りの折れがあったことが判明している。

なお、上記十五例のうち山城と見なしうるのは、小沢天神山城・高幡城・百草城の三例のみで、数的にはやはり丘城・平城が優越する。

杉山城とくらべてみると……

以上の十五例を、第一節に挙げた十九例と突き合わせてみたところ、第二節で指摘したA〜Kとまったく同様の傾向を認めることができた。もちろん、この中には戦国後期に改修された事例（＝ノイズ）が混じっているかもしれない。だとしても、本章で抽出したような傾向が戦国前期の特徴であることの反証にはならない。戦国後期にも戦国前期と同じような形の城が存在した可能性を示すだけである。

少なくとも、「杉山城問題」から立ち返って戦国前期の城がいかなるものかを考えるに際しては、このノイズは障碍にはならない。そう、筆者は別に、壮大な縄張りの編年表を作ろうとして、この考察を始めたわけではないのだ。大切なのは、杉山城との比較なのである。

第四章第二節に挙げた、玄蕃尾城と比較した場合の杉山城の特徴を思い出してみよう。一二六〜一二七ページには、杉山城の特徴が五つにまとめてある。

ア　塁線を小刻みに折って虎口や導入路に徹底的に横矢を掛ける。
イ　敵の侵入を防ぐ障碍の主体は徹底して横堀に求める。
ウ　横堀の対岸を利用したバイパスルートが発達している。
エ　馬出を使用する。
オ　櫓台を築かず、城内には固定的な建物を持たない。

そして、これらのうちア〜エの要素は、基本的には同源だと考察した。つまり、障碍の主体を徹底して横堀に求めた結果として、バイパスルートが発達して馬出が形成され、虎口や導入路を横矢掛りで防備する必要に迫られたのだ、と。技巧を単発で用いるか、重層的に組み合わせて用いるか、という論点をここに投影するなら、二行前に書いたことはそのまま、本章で見てきたA〜Kの応用過程、いい換えるなら戦国前期の城から杉山城への発展過程となるのではないか。

杉山城は戦国前期の城か

本章で検討してきた三十四城の中に杉山城とよく似た城、つまりア〜オの特徴を併せ持つ城があるだろうか。筆者がみるかぎり、答えはノーだ。もう少し掘り下げるなら、三十四例のうち七例は山城だから、杉山城とストレートに比較するのは不適切だ。また、オの建物との関係は、曲輪の内部を発掘調査しなければ確実な情報は得られないから、やはりここで単純に比較するべきではないかもしれない。

しかし、十七例ある丘城や平城——前節で考察したように、横堀を積極的に用いた結果として虎口や導入路の工夫が必要になり、馬出を造り出した城においても、ア〜エの特徴を併せ持つ、杉山城とよく似た例は見あたらないのだ。だとすると、遺構論としての縄張り研究から検討するかぎり、杉山城の構築・使用時期を「15世紀末に近い後半から16世紀初頭に近い前半」

とか、長享・永正年間と見なすには、相当な違和感を生じることになる。

なお、本章の検討事例中では、柏原城における縄張りの技巧性が目立つ。コンパクトな城でありながら、横矢掛りが徹底していて、しかも主郭へ向かう屈曲した導入路と横矢掛りを効果的に組み合わせている。技巧を重層的に組み合わせて用いている、という意味においては、柏原城がもっとも杉山城に類似しているかもしれない。

軍記が伝えるように、この城が「河越夜戦」に関連する上杉方の城だとするならば、天文十四年（一五四五）時点における縄張りの到達点を示していることになる。しかも、松岡氏が示した「陣から城へ」の城のイメージにも合致する。

この前提が正しいのだとすると、本章で見てきたような特徴（A～K）を持つ戦国前期の城から、杉山城のような城へと縄張りが進化する、その過程のミッシングリンクが柏原城という見通しが得られるのだが、いかがであろう。

さて、前章からここまで長丁場の考察を展開してきた。結果として、杉山城を戦国前期の城とする見解に対して、疑義を示すことができた。とはいえ、これで杉山城が戦国後期の城だと論証できたわけでもなければ、北条氏の城だという徴証が見つかったわけでもない。これだけでは、杉山城北条氏築城説が妥当かどうか、縄張り研究の立場から検証したことにはならないのだ。

では、くだんの循環論法に陥らずに北条氏築城説の妥当性を検証するには、どうすればよいか。本章では時系列に沿って、縄張りを考察する試みを展開してきた。つまり、縦軸だ。だとしたら、次は横軸だ。つまり、面的な広がりの中で、縄張りの比較検討を試みてみようではないか。

第七章　比企地方の城郭群――それぞれの個性が主張するもの

一　比企Ⅰ群の城

三つのグループ

杉山城はいつ誰が築いたものなのか、縄張り研究の方法を用いて追求するため、本章では前章の考察を受けて、面的な広がりの中で杉山城の位置づけを考えてみる。つまり、比企地方の他の城について概観したうえで、杉山城との比較検討を試みるわけだ。

さて、第四章第一節で述べたように、筆者は比企シンポを受けて編まれた論集『戦国の城』に「比企地方における城郭の個性」と題した一文を寄せていた。その中で指摘したことだが、比企地方には技巧的な縄張りを持つ中小規模の城と臨時築城とが集中していて、他の地域でごく普通に見られるような、中小規模で単純な縄張りの山城・丘城は存在していない。

そこで、筆者は比企地方の城を、おおまかに三つのグループに分けてみた。第四章のくり返しになるが、念のためこのグルーピングをもう一度示しておく。

比企Ⅰ群　他とはっきり区別できるような広大な城域を有する城。該当するのは松山城、青鳥城、菅谷城の三城のみである。

比企Ⅱ群　杉山城のように、横矢掛りや虎口《こぐち》などの技法が目立つ中小規模の城。このうち、高坂城と中城の二城は比高の低い台地や段丘に築かれた城で、青山城、腰越城、小倉城、大築城、四津山城と杉山城の六城は山城か、比高の大きい丘城である。これら八城のうち本章では杉山城以外の七城について考察する。

比企Ⅲ群　中小規模で粗放な縄張りを有する、臨時築城と考えてよい城。紙幅の制約から本書では山田城、高谷砦、安戸城の三城のみを考察するが、他に山崎城、谷《やつ》城、三門《みかど》・泉福寺《せんぷくじ》塁、越畑《おっぱた》城などがある。

以下、比企Ⅰ群の城から順に歴史的経緯や占地・縄張りについて考察を加えるが、いくつかの城が部分的にではあるが発掘調査されているので、そうした考古学的な所見も適宜加味して検討してゆくこととする。

なお、本章の考察を行うにあたっては、梅沢太久夫氏の『城郭資料集成 中世北武蔵の城』が大変参考になった。比企の城に対しては、筆者は梅沢氏と考え方を異にする部分も多いが、地誌や軍記を含めた諸史料や研究史、考古学的情報などを過不足なく丁寧に整理したこの労作は、基礎資料として価値が高い。

松山城（吉見町北吉見）

戦国期の北武蔵にあっては一貫して要衝であり、比企地方においては主城の位置を占めてきた。松山城争奪戦のあらましは第二章第一節に述べたとおりで、永禄《えいろく》末年以降は北条氏麾下《きか》の外様国衆となった上田氏が城主を務め、松山領支配を展開した。天正十八年（一五九〇）の小田原の役に際しては、前田利家・上杉景勝《かげかつ》らの攻囲を受け開城している。

城は曲流する市野川に向かって突き出した丘陵に占地しており、主郭を丘陵の端に置いて扇形に曲輪《くるわ》を展開する梯郭《ていかく》式の縄張りである。城域の南側には外郭が存在していたが、学校建設によって失われている。この外郭部を含めると、明確な塁壕《るいごう》で囲まれた範囲だけでも南北三〇〇メートル、東西三五〇メートルとなる。

各曲輪は巨大な空堀によって隔てられており、曲輪の面積を確保するよりも、空堀の防禦《ぼうぎょ》力向上を優先させていることがわかる。曲輪の縁にほとんど土塁が認められないのは、後世の耕作によって崩されたためであろうか。縄張りの細部を見ると、曲輪のラインを屈曲させて横矢掛りとするとともに、馬出《うまだし》を重層的に形成している（a・b）。また、主郭部の背後には、関東地方では類例の少ない畝状竪堀《たてぼり》群が敷設されている（c・d）。

松山城は、歴史的には間違いなく戦国末期まで機能した城であるが、これまで部分的に行われた発掘調査では、十六世紀中頃までの遺物しか見つかっていない。調査担当者の太田賢一氏は、比企シンポを受けて出された『戦国の城』論集の中で、

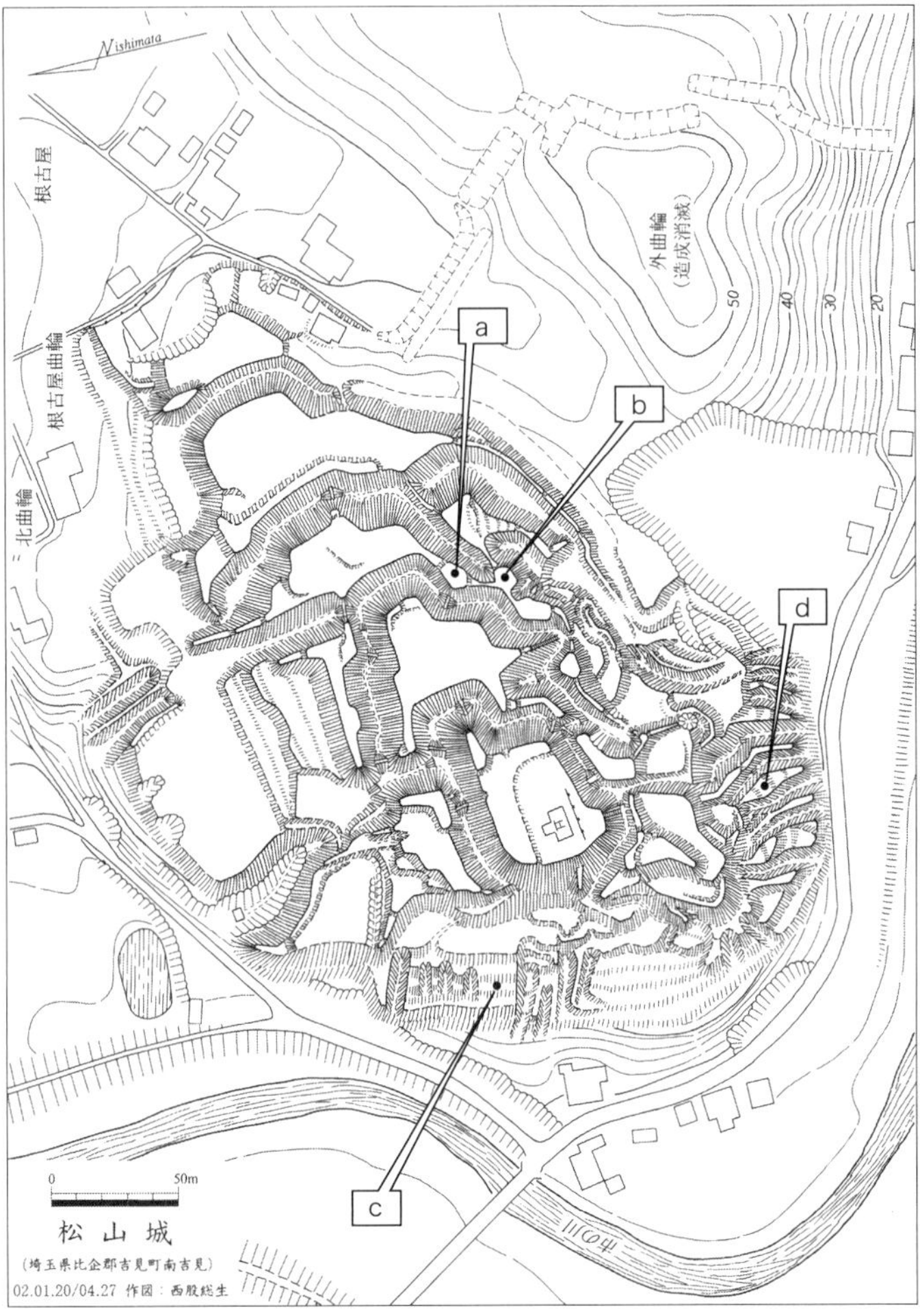

Nishimata
根古屋
根古屋曲輪
北曲輪
外曲輪
（造成消滅）
50
40
30
20
a
b
c
d
市の川
0
50m
松　山　城
（埼玉県比企郡吉見町南吉見）
02.01.20/04.27 作図：西股総生

松山城縄張り図

文献が豊富な十六世紀中頃以降、後北条氏段階の出土遺物が少ないことをどのように解釈するかという課題が残った。

と述べている。

なお、松山城の城下町は市野川の対岸、すなわち現在の東松山市街地のあたりに存在しており、上田氏による城下支配のための文書が多数、残されている。ただし、松山城は丘陵の先端に主郭を置く梯郭式の縄張りであるから、曲輪や防御線は東に向かって展開してゆく。したがって、城域をいくら拡大しても城下を囲い込んで防衛するような構造にはなりえないことを指摘しておく。

青鳥《おおどり》城（東松山市石橋）

『新編武蔵風土記稿』（以下『新編武蔵』）比企郡石橋村の条には、青鳥判官恒義という者が居住したとの所伝を載せているが、九世紀の人物と伝えているので附会であろう。「太田道灌状」には、長尾景春の乱に際した文明十二年（一四八〇）に扇谷定正・太田道灌が「青鳥」に在陣したとの記述がある。また、小田原の役に際して前田利家が石橋村にある古城に在陣したことが知られている。廃城となっていた当城に、一時的に陣を敷いたものであろう。

松山城の西方約四キロにあたる都幾川《ときがわ》北岸の河岸段丘に築かれており、一辺一〇〇メートル

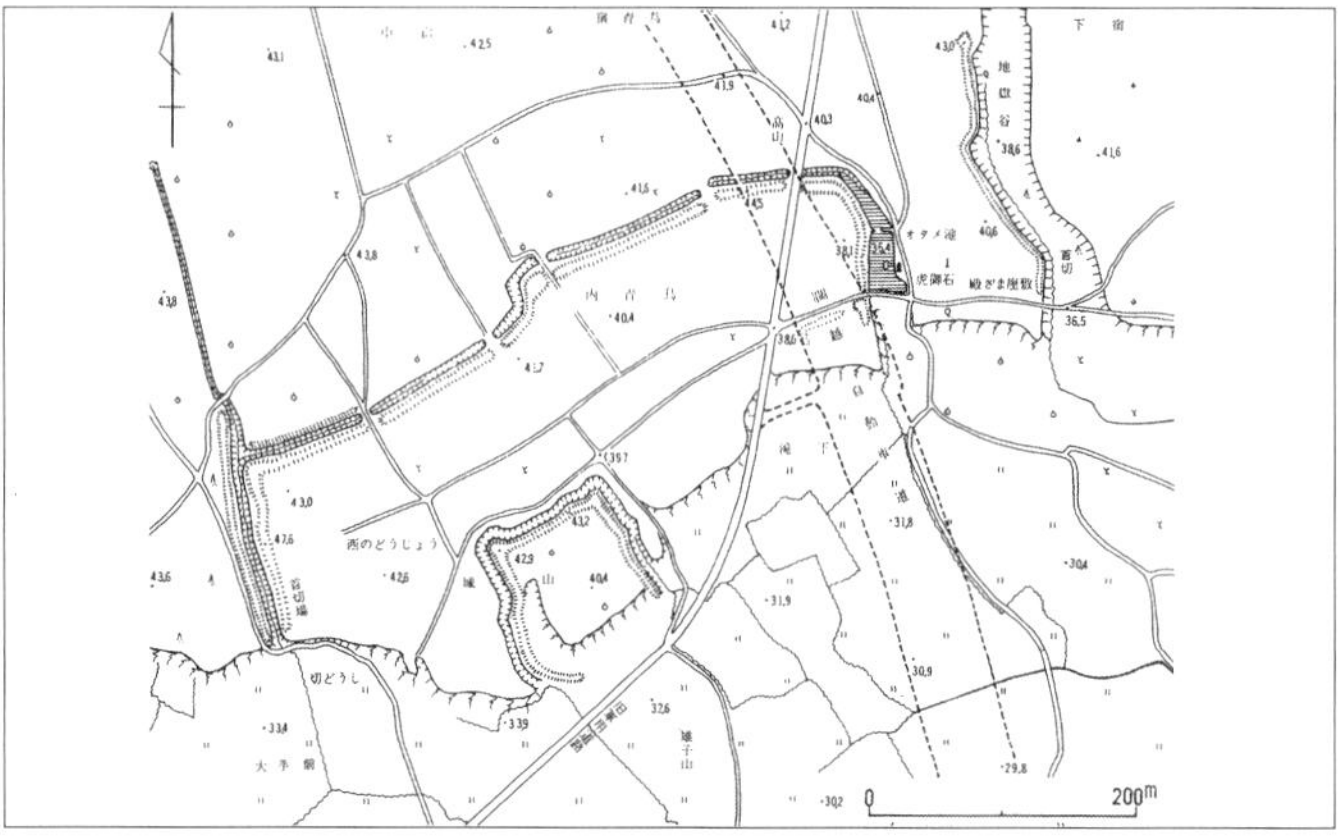

青鳥城要図（『青鳥城跡』1974から）

ほどの方形を呈する主郭の三方を、広大な二ノ曲輪が取り囲んでいる。その範囲は南北二〇〇メートル、東西五〇〇メートルにも及び、土塁・空堀も大きい（二ノ曲輪の外側に城域が広がっていた可能性もある）。ただし、縄張りは単純で、主郭の隅が突角となっていて、二ノ曲輪の中ほどで一箇所、塁壕が大きく折れて横矢掛りとなるほかは、これといった技巧に乏しい。

菅谷《すがや》城　（嵐山町大学菅谷）

『吾妻鑑《あづまかがみ》』元久二年（一二〇五）六月二十二日条に畠山重忠《はたけやましげただ》の「菅谷館《すがやのたち》」として登場することから、畠山重忠の館とされている。『新編武蔵』比企郡菅谷村の条には「古城蹟」として見え、重忠の「菅谷館」についての伝承を載せる一方で、『梅花無尽蔵』（室町時代の僧・万里《ばんり》集九《しゅうく》の記した漢詩文集）などを引いて長享《ちょうきょう》年間における太田《おおた》資康《すけやす》の陣であろうと記している。

当地を重忠の「菅谷館」に比定しうる具体的な根拠は、これまでのところ確認されていない。また、『松陰私語』では須賀谷原《すがやはら》合戦の後に菅谷の「旧城」を再興すべきだとも記している。『新編武蔵』や『松陰私語』の記述からは、長享二年（一四八八）に扇谷上杉氏と山内上杉氏が戦った須賀谷原合戦の際に使用された可能性が想定できそうであるが、梅沢太久夫氏は須賀谷原合戦に関わる文書・記録の中に、菅谷城の存在を示す直接的な記述は見えないことを指摘している（『城郭資料集成 中世北武蔵の城』）。菅谷城は、史料上は来歴不明な城と見なすべきであろう。

一方、これまで部分的に行われた発掘調査によれば、当地は十四〜十五世紀には墓域であり、十五世紀の後半以降に城郭として使用されたことがわかっている。出土遺物の示す年代は十六世紀前半までで、十六世紀後半代が遺物的に空白期間となるのは、杉山城と同様である。

青鳥城と同様、都幾川北岸の河岸段丘を利用して築かれており、隣接して鎌倉街道が通過していた。規模は南北四〇〇メートル、東西四五〇メートルに及ぶ。

縄張りを概観すると、主郭①を段丘崖《がい》に寄せて置き、二ノ曲輪②・三ノ曲輪③・西ノ曲輪④などを梯郭式に配している。主郭と都幾川との間にも段丘崖を利用して曲輪⑤を置き、背面の備えとしている。それぞれの曲輪を大規模な空堀と土塁で囲み、全体に塁線には横矢掛りの折れを多用するとともに、二ノ曲輪の正面には角馬出a、三ノ曲輪の西側には枡形《ますがた》虎口bが構えられている。

この城が、畠山重忠の「菅谷館《やかた》」として国史跡に指定されたのは一九七三年のことであるが、

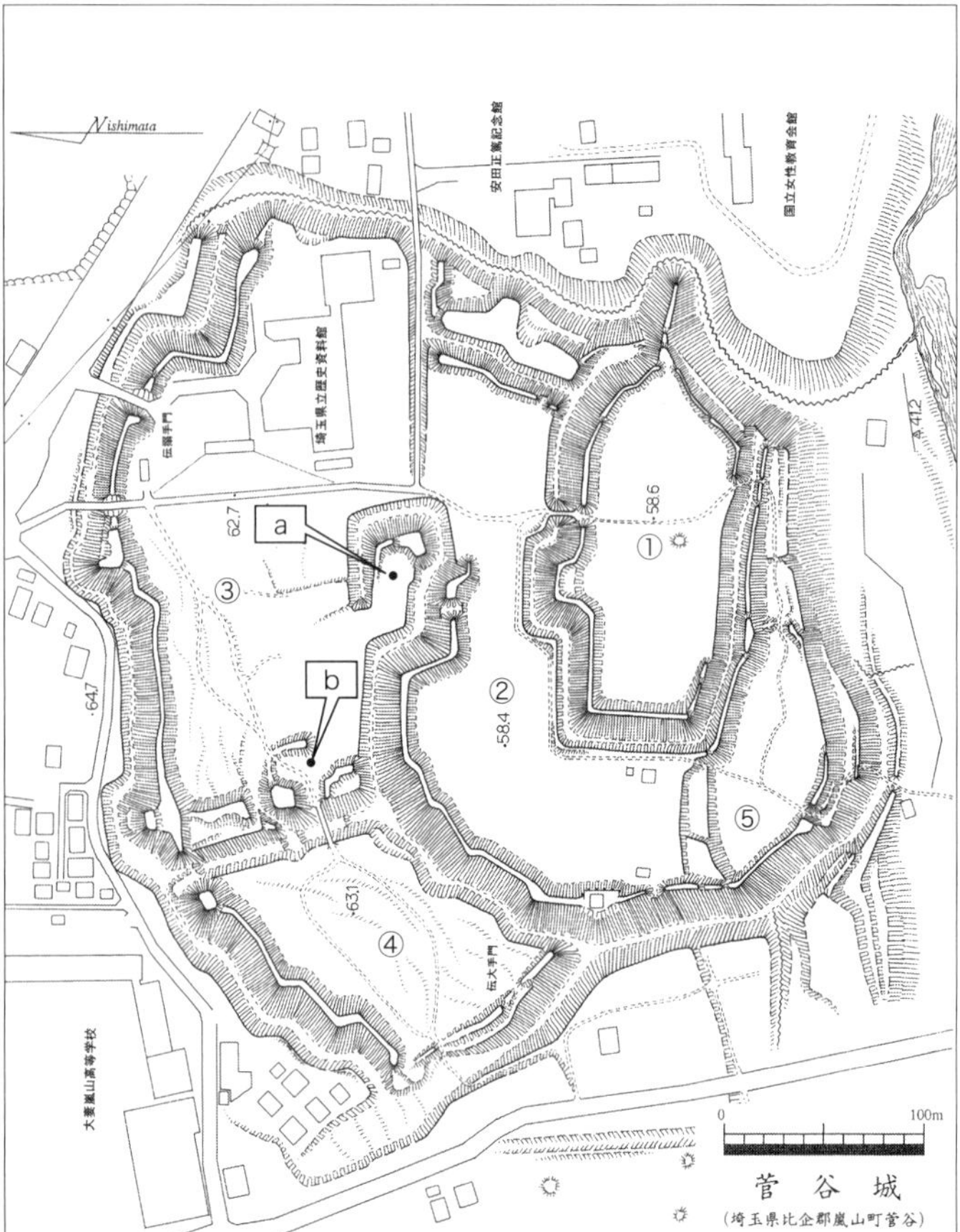
Nishimata
安田正篤記念館
国立女性教育会館
埼玉県立歴史資料館
伝搦手門
伝大手門
大妻嵐山高等学校
a
b
①
②
③
④
⑤
58.6
58.4
62.7
63.1
64.7
41.2
0
100m
菅　谷　城
(埼玉県比企郡嵐山町菅谷)
04.01.03/01.04　作図：西股総生

菅谷城縄張り図

一九二八年に作成された『埼玉県史蹟名勝天然記念物調査報告』第四輯では、重忠の館という考え方が前面に出されている。戦前の軍国主義思想下では、武士道精神称揚の目的で、中世の武士たちが郷土の英雄としてさかんに顕彰されており、城跡は神社と並んで、しばしばそうした顕彰行為の場であった（城跡によく忠魂碑が建っているのもそのためだ）。こうした背景を考えるなら、近世の地誌に「古城蹟」とのみ記されていた菅谷城が、畠山重忠の「菅谷館」として認識されてゆく過程に、軍国主義の影響があった可能性は否《いな》めない。

小結

比企Ⅰ群に類別した三例は、いずれも際立って広大な城域を擁しているものの、それぞれに性格の異なる城であることがわかる。すなわち、松山城は十五世紀の後半に築かれてから一貫して北武蔵における戦略的要衝であり争奪の対象ともなってきた。それゆえ、史料上の記載にも事欠かない。

これに対し、青鳥・菅谷の両城は史料上の記載がほとんどなく、いつ誰が、何のために築いた城なのか不明である。少なくとも、領域支配の拠点となるような城と考えることは難しい。にもかかわらず、広大な城域を囲い込んでいるということは、大きな収容力を必要とする軍事施設として築かれたということであろう。都幾川に面した段丘縁という占地は、渡河点を意識した築城である可能性を示唆している。

とはいえ、青鳥城と菅谷城は、占地や規模はよく似ているものの、縄張りはまったく異なる。

すなわち、青鳥城の縄張りが広大な面積を囲い込むことに終始しているのに対し、菅谷城では囲い込んだ空間をいくつもの曲輪に分割し、防禦に細かな工夫を凝らしている。全体としてみるなら、城域内を多数の曲輪に分割している菅谷城の方が、大規模な攻撃への耐久力が高いことになる。

このように考えてくるなら、青鳥城と菅谷城はともに「大きな収容力を必要とする純軍事的施設」であるものの、築城年代または城としての機能——あるいはその両方が——異なっている、と見なすのが自然であろう。

ところで、「大きな収容力を必要とする軍事施設」としてまっ先に思い浮かぶのは、陣である。筆者は、松岡進氏によって提起された「陣から城へ」という変化（第五章第一節参照）を、この両城の違いに投影させられるように愚考するのだが、いかがであろうか。

二　比企Ⅱ群の城

高坂城《たかさか》（東松山市高坂）

ここから比企Ⅱ群の城となるが、最初にとりあげる高坂城と中城は、台地の縁辺を利用した城である。

まず高坂城であるが、北条軍が松山城を攻めた際、高坂に陣を取ったことが推定永禄四年（一五六一）九月十一日付「北条氏政書状写」に見える（『戦国遺文・後北条氏編』七一六号）。こ

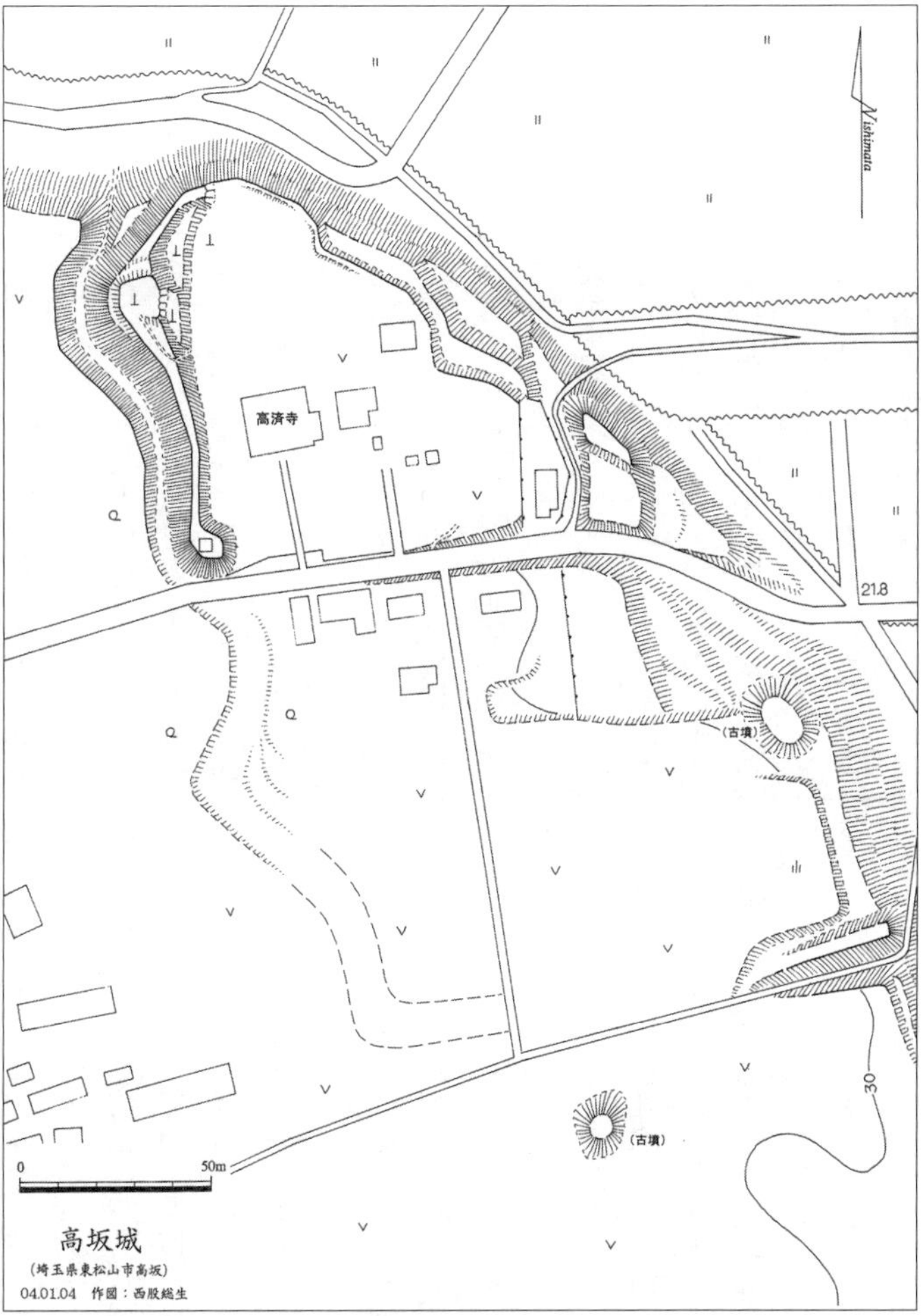

高坂城縄張り図

の城は松山城から南へ四キロの地点にあり、松山城攻撃に際して北条軍が本営を置くにはふさわしいといえよう。

高坂城は比高一〇メートルほどの段丘崖を利用して築かれており、主要部は現在、高済寺の境内となっている。境内の西には巨大な土塁と堀が残っており、大きく屈曲して横矢掛りを形成している。筆者が現地を踏査・作図した二〇〇四年の時点では、境内と道をはさんだ南側にも塁壕が伸びている様子を断続的にたどることができたものの、現状では宅地化が進んでしまっている。

かつては南北二二〇メートル、東西二〇〇メートルほどの規模があり、塁壕には数箇所の大きな折れがあって横矢掛りとなっていた。城域内が複数の曲輪に分かれていたかどうかは不明だが、氏康が陣を敷くに際して充分な面積があったものだろう。

中《なか》城（小川町大塚字中城）

築城時期や築城者については不詳である。梅沢太久夫氏は、「太田道灌状」に「上田上野介《こうずけのすけ》在郷之地小河」の文言があること、発掘調査による出土遺物の年代が十五世紀後半を主体としていることから、文明頃における上田氏の本拠であった可能性を指摘している（『城郭資料集成中世北武蔵の城』）。

しかし、「道灌状」の当該箇所は長尾景春の蜂起《ほうき》に至る経緯を述べたものにすぎない。したがって、上田氏の本拠が「小河」であったことは判明するものの、中城が存在したと見なす根

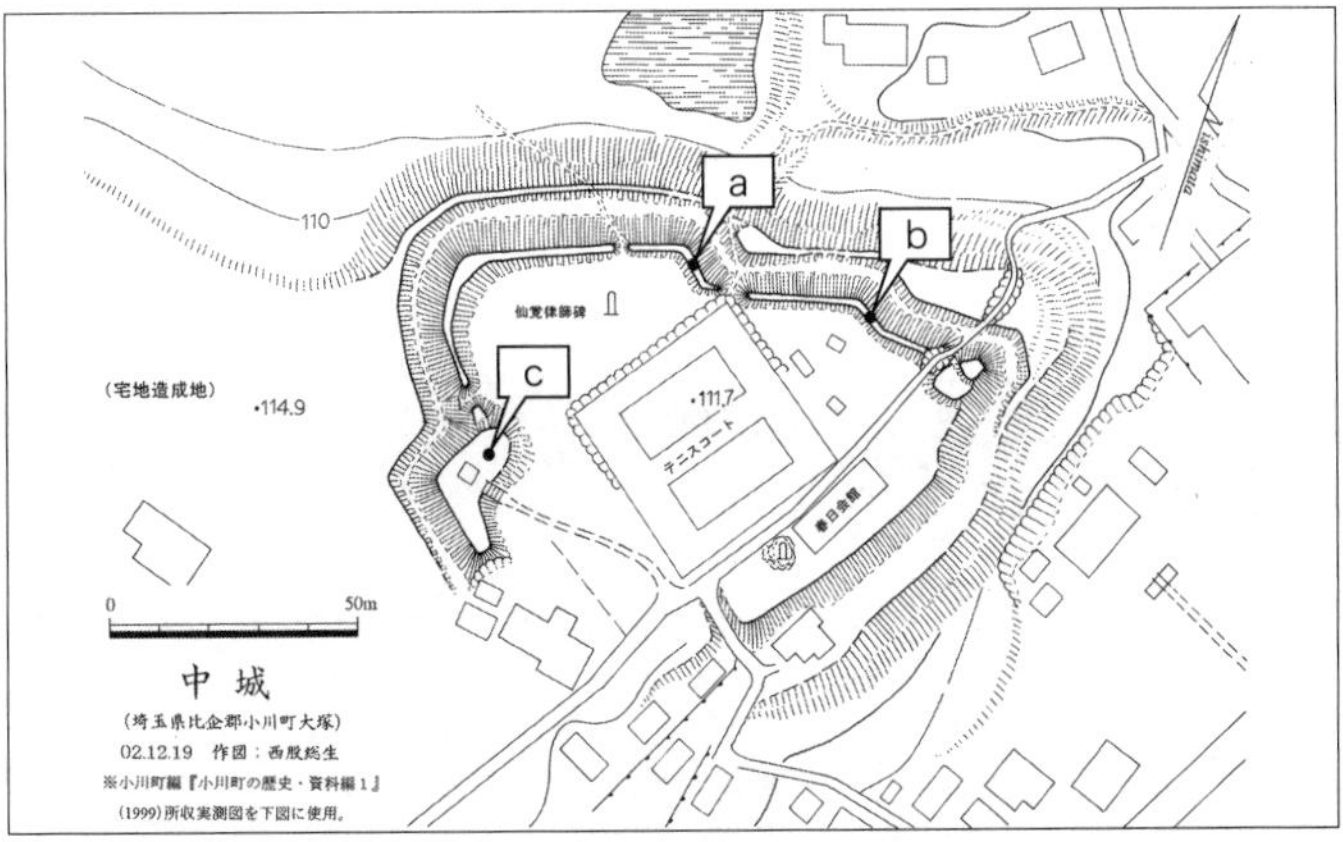

中城縄張り図

拠としては不充分である。

城は、小川町の市街地を見おろす標高一一三メートル、比高約二〇メートルの台地先端部に占地し、青山城の北西二・三キロ、腰越城の北東二・五キロの位置に当たっている。台地の先端に横堀と土塁をめぐらせた単郭式の城で、城域は南北一一〇メートル、東西一三〇メートルほどとなり、面積からいうと高坂城の四分の一、菅谷城主郭の半分くらいということになる。

東側に公民館（春日会館）が建設されて塁壕の一部を失っているが、縄張りの大要は把握できる。全体は、土塁と堀を三角形に廻《めぐ》らせており、塁壕には連続的に折れが加えられて横矢掛りを形成し（a・b）、要所には櫓台《やぐらだい》を構える（c）。城の南側は台地つづきとなるが、この方向の遮断に堀切を用いず横堀を回して折れを多用している点では、杉山城と共通性が強いともいえる。

部分的に行われた発掘調査では、十五世紀後半

〜十六世紀前半の遺物や土坑などが見つかっている。また、中城の南約一〇〇メートルに位置する八幡台《はちまんだい》遺跡の発掘調査では、これらとほぼ同時期の遺物や土坑のほか、天文六年（一五三七）銘の板碑《いたび》破片が見つかっている。これらを総合的に考えるならば、八幡台遺跡から中城にかけての台地上には、十五世紀後半〜十六世紀前半にかけて墓域が営まれ、天文六年以降に墓域が廃されて築城が行われた可能性が高いことになる。

この事実は重要な意味を持つのではなかろうか。城内の発掘調査では十六世紀前半までの遺物しか見つかっていないにもかかわらず、築城は天文六年以降ということになるからだ。最新形式の生活遺物を伴わないような城の使われ方が存在した可能性を示唆しているわけである。奇《く》しくも天文六年とは、北条氏綱によって河越城から追い落とされた扇谷朝定が、松山城に後退した年である。また、年代は異なるものの、墓域が城郭化した経緯は菅谷城と共通していることにも注意したい。

青山城（小川町下里）

ここからは、Ⅱ群に属する城の中でも山城を見てゆく。

『関八州古戦録』には、北条氏政が武田信玄と協同して松山城を攻略した際の記事として、

松山城へは上田暗礫斎《あんれきさい》、同上野介朝広《ともひろ》を還住なさしめ青山、腰越の砦《とりで》と共に堅固に相守らせ（後略）

と見える。上田暗礫斎（暗独斎）とは、扇谷上杉家の重臣として松山城にあり、のちに北条氏麾下の外様国衆として松山城主に認められた上田朝直である。

青山城と次にあげる腰越城については、これが史料上ほぼ唯一の手がかりといってよい。では、この軍記の記述は、歴史的事実をどの程度反映しているのであろうか。以下の考察は、二〇〇八年にまとめた拙稿「上田朝直と青山・腰越城」を元にしたものである。

天文十五年（一五四六）の河越夜戦によって扇谷上杉氏が事実上滅亡した、松山城が北条氏康の手中に帰した後、上田朝直は比企地方の西部（現在の小川町と東秩父村）に後退し、岩付城の太田資正とともに松山城の奪回を策していた。中城の項で触れたように、もともと比企地方西部には上田氏の所領があったためである。

青山城のある小川町のあたりは、比企丘陵が外秩父山系に向かって次第に高度を上げてゆく地形となっていて、秩父方面と比企地方を結ぶ街道が東西に、関東山地の裾野《すその》を通る鎌倉街道上道《かみつみち》が南北に通過している。敵が侵攻しにくい山間部などに後退して勢力を回復し、反攻に転じる戦略を「後背地戦略」と呼ぶが、比企地方西部は後背地戦略に適した地理的条件を備えていたことになる。

青山城は、小川町市街地のある小盆地から南に伸びる狭い谷筋と、蛇行する槻川に沿った谷とにはさまれた稜線《りょうせん》の一角にある標高二六七メートルの山城だ。比高は八高線の通る西麓《せいろく》から約一六〇メートル、東麓の谷筋からは二〇〇メートル近くあって急峻《きゅうしゅん》な山容を見せている。

東方の谷筋からは稜線上のピークとして視認できるものの、すぐ北にひとまわり高い仙元山《せんげんやま》（標高二九九メートル）があるため、小川町市街地方面からは目立たず、角度によっては望見すらできない。また、青山城の直近となる東麓の割谷《わりや》にも西麓の青山の谷筋にも、現状では集落らしい集落が存在しない。地勢的に考えても、この地域の拠点的集落は一貫して小川町市街地一帯に存在したはずなので、小川町や槻川方面への政治的プレゼンスを考えるならば、明らかに不適切な占地といえる。青山城は、在地社会との政治的・経済的結びつきが稀薄《きはく》な山を、あえて選んで築かれたと考えざるをえない。

城は、仙元山から南に伸びる尾根が、ピークを形成しながら「へ」の字に曲がる位置に築かれている。主郭①を中心として、南と南東にそれぞれ一つずつ曲輪が展開し（②・③）、城域は南北約一八〇メートル、東西約一五〇メートルほどとコンパクトにまとめられていて、各曲輪ともあまり広くはないうえ内部も充分に平坦《へいたん》化されておらず、居住性は乏しい。

一方、縄張りは堀切・竪堀・横堀や虎口・横矢掛りといった多彩なパーツを駆使しており、一部に馬出を備えるなど（a）、導入路も複雑な構成となっている。もっとも目をひくのは、曲輪②南端に設けられた突角《とっかく》bで、南方の稜線上から虎口への侵入路に対する強力な横矢掛りとなっている。この突角の形は、柏原城主郭のそれとそっくりだ。ただし、杉山城のように土塁を折って横矢掛りとする技法は、ここでは用いられていない。

ところが、この曲輪②にくらべて曲輪③は明らかに縄張りが単純で、防備が手薄になっている。さらに、主郭から北へ下る尾根は青山の谷筋に直結するルートであるにもかかわらず、外

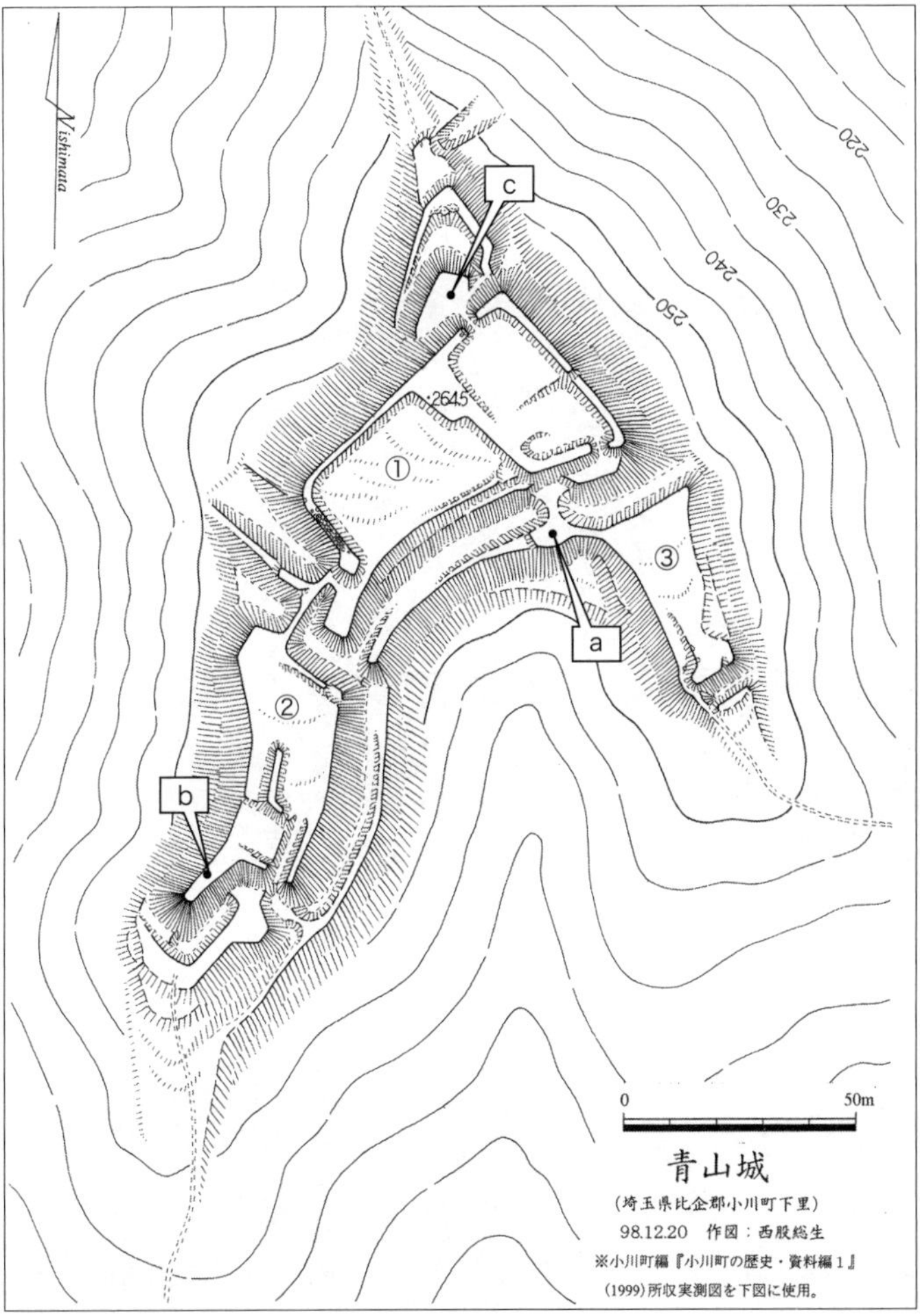
Nishimata
c
b
a
①
②
③
264.5
220
230
240
250
0
50m
青山城
(埼玉県比企郡小川町下里)
98.12.20 作図：西股総生
※小川町編『小川町の歴史・資料編1』
(1999)所収実測図を下図に使用。

青山城縄張り図

枡形状の虎口cを設けるのみで、敵の侵入を阻む堀切すら存在しない。

築城者は、主郭から三方に伸びる尾根に、はっきりとしたアクセントをつけて守ろうとしているのである。この城は、南西の尾根から敵の主たる攻撃（主攻）が行われるとの前提に立って築かれており、北の尾根については退路を兼ねた後方連絡線に設定している、と考えざるをえない。

在地社会との結びつきを想定しにくい占地。乏しい居住性。多彩なパーツを駆使した縄張り。明確に意識された敵の侵攻方向。こうした要素を考え併せるなら、青山城は純然たる戦闘施設として築かれたものと見なさざるをえない。

ちなみに、敵の主攻方向と想定されている南西の尾根をたどってゆくと、割谷へと下る道が東に分岐する。この分岐を見送ってさらに進むと、稜線はやがて東に向きを変えて、後述する小倉城へと至っている。つまり青山城は、割谷や小倉城の方向から尾根づたいに侵攻してくる敵を迎え撃つのに適した占地と縄張りをもった城、と評価できることになる。北条軍の侵攻に備えた上田氏の城と見なすには妥当といえよう。

腰越城《こしごえ》（小川町腰越）

青山城とともに、上田朝直の築城として『関八州古戦録』に登場する。

腰越城は、槻川にそった谷筋に向かって北からせり出した尾根上のピークに築かれている。こうした占地ゆえに、比高一一〇メートル程度の山城であるにもかかわらず、東・南・西の三方にかけて優れた眺望を有しており、山頂からは青山城を眺めることもできる。

城域は南北二〇〇メートル、東西一八〇メートルほどとコンパクトだが、堀切・竪堀・横堀・比企型虎口（d）・枡形虎口（c）といった多彩なパーツを組み合わせて、縄張りは技巧的である。とくに主郭周辺の導入路は複雑で、虎口と腰曲輪の組み合わせによって、侵入者に隘路《あいろ》での方向転換を何度も強いている。ただし、青山城と同様、塁線の折れによる横矢掛りは存在しない。

主郭①の北には背後の山並みにつづく尾根が伸びているが、尾根の鞍部《あんぶ》を二重堀切aで遮断して、こちらからの侵入をシャットアウトしている。また、敵が山腹を回り込まないようにするため、要所には長大な竪堀を落としており、南側の山腹では竪堀と横堀を組み合わせて防備を固めている（b）。このように腰越城の縄張りは、全体に隙のないものである。

ここで、青山城と縄張りを比較してみると、興味深い事実が浮かび上がる。まず、青山城では、すべての曲輪の間を土橋で連絡することによって、城兵の移動経路（退路）を確保している。一方、腰越城では、渡し板（木橋）や壁面を昇降するハシゴを想定しなければ連絡経路を復原できない箇所が多い。また、青山城では竪堀はごく短いが、腰越城では長大な竪堀を何本も落としている点も特徴的だ。

つまり、青山城では想定する敵の主攻方向がはっきりと意識されており、守備兵は敵を防ぎながら次第に後退し（遅滞戦闘という）、最終的には虎口cから北の尾根へと脱出できる設計となっている。対して腰越城では全方位に対して万遍なく防禦を施しており、城兵は渡し板やハ

Nishimata
a
130
140
150
160
170
180
190
216.1
①
d
b
c
0
50m
腰　越　城
(埼玉県比企郡小川町腰越)
03.12.23 ／ 06.10.15　作図：西股総生
※小川町編『小川町の歴史・資料編Ⅰ』
(1999)所収の実測図を下図に使用

腰越城縄張り図

シゴを外しながら、主郭へ向かって求心的に後退するようになっている。さらに、腰越城では竪堀によって、敵の迂回《うかい》を徹底的に阻止する構えとなっている。

要するに、青山城と腰越城は、同じように多彩なパーツを組み合わせて技巧的な縄張りを実現しているものの、築城の目的が異なることが想定できるのである。これを前述した上田朝直の後背地戦略に落とし込んでみると、腰越城は持久拠点、青山城は敵の侵攻を一定時間食い止めるための前衛として、整合的に理解できる。

なお、腰越城においても部分的に発掘調査が行われており、遺構面は一時期で改修の痕跡は確認できないこと、城が廃絶した時点かその直後に火災があったこと、などがわかっている。出土遺物の年代が十五世紀後半～十六世紀前半におさまっているのは、杉山城と同様である。ただし、調査報告書によれば、九〇〇点近くある出土遺物のうち、年代を特定できるものは十数点（二パーセント程度）にすぎず、この年代をそのまま城の存続年代と考えてよいかどうか、筆者は疑問を禁じえない。

小倉《おぐら》城（ときがわ町小倉／小川町遠山）

『新編武蔵』比企郡田黒村の条には「城蹟」として、遠山光景《みつかげ》の城と伝えている。また、田黒村の北にある遠山村には遠山寺がある。遠山寺は北条氏の家臣だった遠山光景の開基で、光景は天正十五年（一五八七）に没したと記している。地誌に載せられている伝承には真偽の定かでないものも多いが、この所伝は具体的で地名とも符合し、一概には斥《しりぞ》けられない内容である。

さて、小倉城は青山城から東南東の尾根つづきにあり、直線では二・五キロの距離にある。ヘアピン状に蛇行する槻川に向かって突き出した、標高一三六メートル、比高七〇メートルほどの半独立山に占地している。こうした占地は一見すると要害堅固のように思えるが、城地が周囲の山より低いため攻囲軍に見おろされかねない地形となっている。また、川の曲流部に占地しているため、城の周囲には集落が展開するだけのスペースがない。

城域は長軸方向（南南西―北北東）に三六〇メートル、短軸方向（北北西―南南東）に二三〇メートルほどあって、Ⅱ群に属する城の中では規模が大きい。主郭①・二ノ曲輪②を中心に展開する各曲輪も、よく平坦化されている。青山城・腰越城・杉山城にくらべると、収容力や居住性（駐屯性）には優れている。

縄張りを見ると、敵を防ぐ障碍《しょうがい》としては堀切・横堀・竪堀を組み合わせ、これに比企型虎口（a・b）や枡形虎口（c・d）、横矢掛りの折れ（e）などを加えて複雑な導入路を構成している。ただし、杉山城のように徹底的に横堀を廻らせて、執拗《しつよう》にピンポイントの横矢を掛けてゆくような縄張りではない。

一方、小倉城の縄張りで目を引くのは、曲輪②の西端に設けられた巨大な櫓台fである。櫓台の前面を落差のある屈曲した空堀で防禦していること、この空堀から斜めに竪堀を落として侵入者の迂回を防ごうとしていることなどを考え併せると、巨大な櫓台は弓や鉄炮《てっぽう》（あるとしたら）を集中的に配置するための施設、と考えることができそうだ。

なお、小倉城は随所に石積みの残る城として知られている。これは、結晶片岩系の石を横に

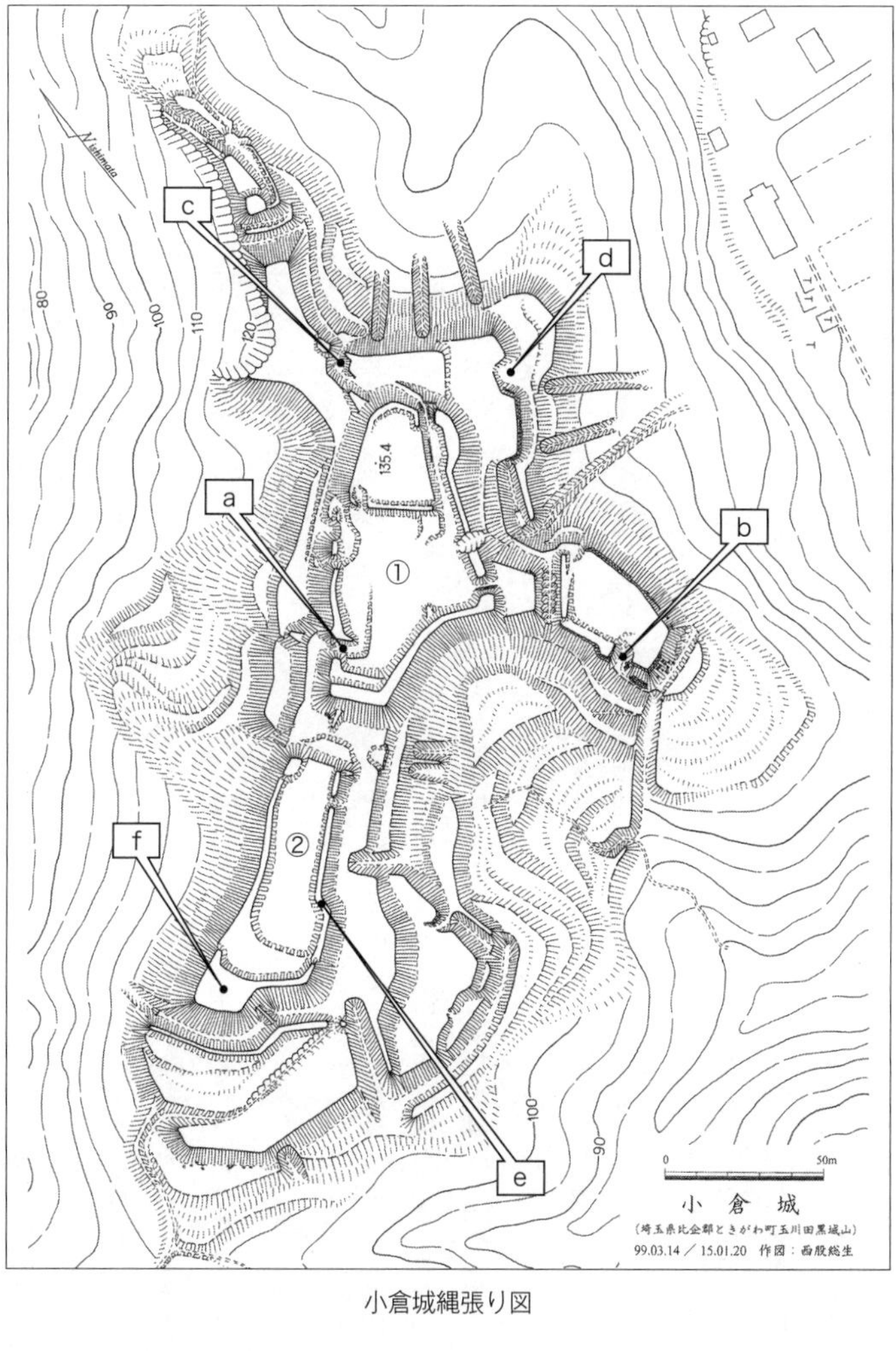
N ishimata
c
d
a
b
f
e
①
②
135.4
80
90
100
110
120
100
90
0
50m
小　倉　城
（埼玉県比企郡ときがわ町玉川田黒城山）
99.03.14 ／ 15.01.20　作図：西股総生

小倉城縄張り図

寝かせて積みあげたもので、残りのよい箇所ではかなり壮観であることから、城主の権威を示すための石積みと評価する向きがある。

しかし、この城の堀切や切岸《きりぎし》などでは結晶片岩系の露岩を多く見ることができるから、もともと結晶片岩の岩盤に覆われた山であることがわかる。築城のために地面を掘削すれば必然的に岩盤を割ることになるから、割り取った片岩を築城資材として利用するのは自然な選択であろう。これを、ことさらに身分指標やデモンストレーションと見なすのは、あまりにも主観的・恣《し》意的な評価といわざるをえない。

ここで、あらためて小倉城の占地と縄張りについて検討してみよう。小倉城は、青山城の存在を意識した結果として、周囲の山から見おろされかねないという占地を余儀なくされたのではないだろうか。そして、そうした戦術的に不利な条件を克服するために、縄張りに工夫を凝らして防禦を固めたのであろう。

なお、小倉城においても主郭を中心に部分的な発掘調査が行われている。調査報告書によれば、主郭で数棟の建物跡が確認され、出土遺物の年代は十三〜十四世紀のものと、十五世紀末〜十六世紀後半にわたるものに二分されている。

遺物の内容から、十三〜十四世紀の段階では当地は城ではなく、板碑などが立つ信仰の場であったようだ。その後、この山は信仰の場ではなくなって築城がなされるわけだが、調査報告書はその時期を、出土遺物の年代から十五世紀末以降と推定し、両上杉氏抗争期に築かれた小倉城が、十六世紀後半の北条氏時代まで使用されつづけた、との見解を示している。

大築城《おおづく》（ときがわ町西平大築）

近世の地誌類は大築城について、天正年間に北条軍が慈光寺《じこうじ》という山岳寺院を攻めたとき、上田朝直が築いたとの伝承を載せている。梅沢太久夫氏は上田氏の事績と慈光寺の歴史を丹念に検証した結果、上田氏が慈光寺を焼き討ちしたのは天文十五年（一五四六）から同十九年の間と推定している（『武蔵松山城主 上田氏』）。地誌の記載は天文と天正とを取り違えているのであろうか。

この城は、比企郡と入間郡の境となる人里はなれた標高四六五メートルの山上にあり、一見して在地社会と隔絶した城であることがわかる。地誌の記載はあくまで伝承ではあるものの、慈光寺攻めのような軍事的イベントを前提としなければ、存在意義が理解しにくい城であることも確かである。

縄張りを見ると、曲輪は尾根の上にT字形に展開していて、城域は南北・東西とも二二〇メートルほどを測る。このうちT字の横棒が主城部で、縦棒となるのが「モロドノクルワ」の伝承名をもつ出丸《でまる》である（②）。ただし、「モロドノクルワ」は平坦化が不充分で面積も狭く、居住性はよくない。

峻険な尾根上に築かれた山城であるため横堀は存在しないが、要所を固める堀切や竪堀は、比企地方の山城で他に例を見ないほど規模が大きい。また、要所には枡形虎口（a・b）を構えていて、導入路もよく工夫されている。ただし、主郭①の東面に一箇所、突角（c）が認め

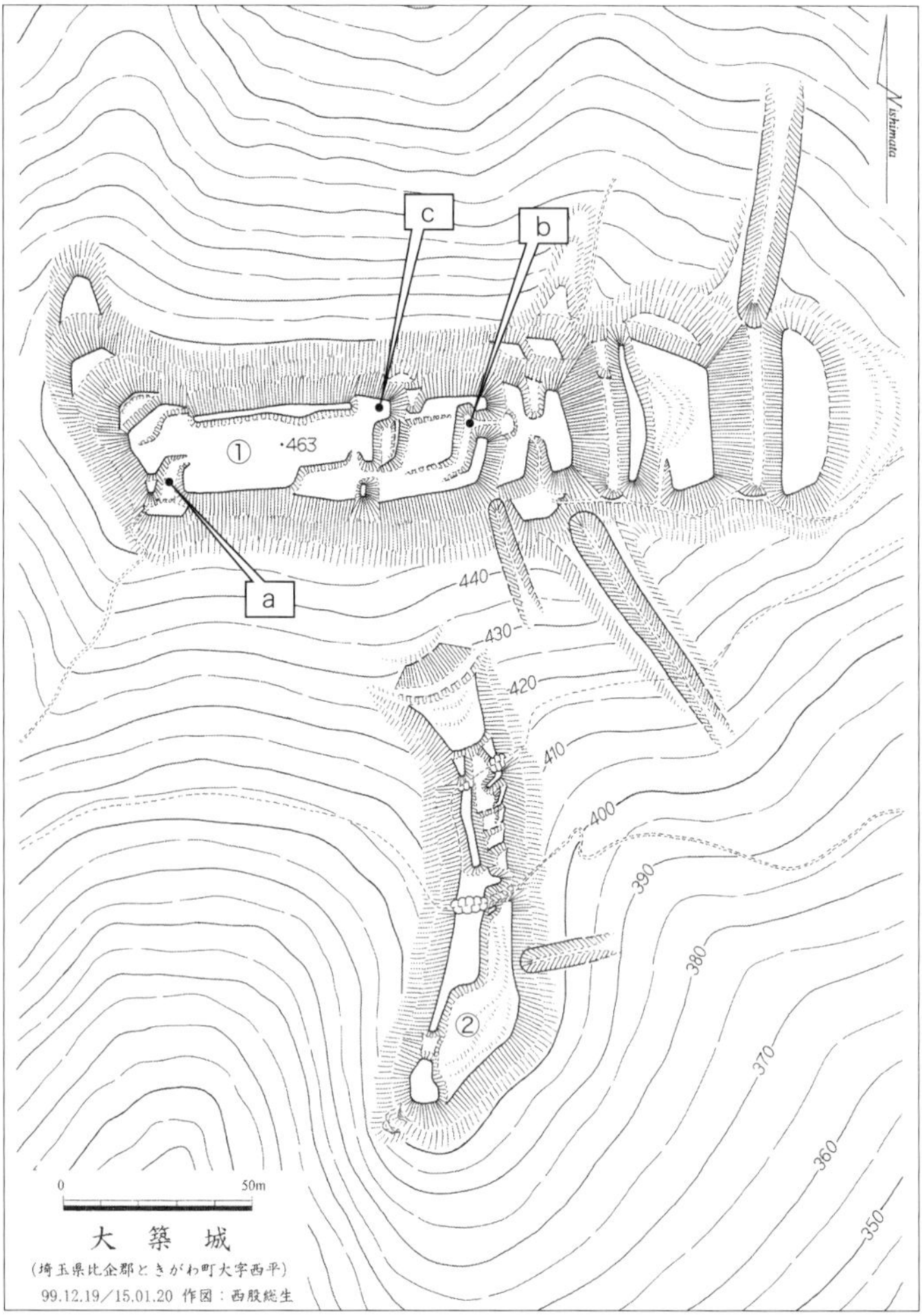
c
b
①
·463
a
440
430
420
410
400
390
380
370
360
350
②
Nishimata
0
50m
大　築　城
(埼玉県比企郡ときがわ町大字西平)
99.12.19／15.01.20 作図：西股総生

大築城縄張り図

られるほかは、塁線の折れによる横矢掛りは存在しない。

興味深いのは、主郭が城域の西端に位置していることで、主郭の背後から北西に尾根が下っているにもかかわらず、数段の腰曲輪を重ねる程度の防備で済ませている。主郭の南西端からも緩やかな小尾根が下っているが、枡形虎口を開くのみで障碍などは設けていない。築城者は明らかに、敵は東から攻撃してくるという前提のもとに城をプランニングしており、主郭南西端の虎口は退路をかねた後方連絡線に設定している、と考えざるをえない。

なお、出丸の伝承名となっている「モロドノ」とは、現在の毛呂山町付近を本拠とした毛呂氏を指しているのだろう。毛呂氏は、第二章で登場した例の「足利高基書状写」においては山内憲房を支えたとして賞されていたが、大永四年（一五二四）以降は北条氏に属するようになった。上田氏の慈光寺攻めに際して、寄騎《よりき》のような形で参加したのであろうか。

四津山《よつやま》城（小川町高見字四ツ山）

現在の比企郡小川町と大里郡寄居町との境に近い丘陵の一角にあるが、独立山に近い地形を呈する。「四津山（四ツ山）」の名称は山容によるもので、別名を高見城ともいう。標高は主郭で一九七メートル、山麓からの比高は一〇〇メートルほどであるから、山城としては決して高くはないが、その山容ゆえに遠方からでもよく目立ち、杉山城の付近からでもはっきりと視認できる。

第一章の冒頭で述べたとおり、「鎌倉街道」の伝承を持つ県道二九六号は、菅谷城の付近から杉山城の西方を通って北西に進み、四津山城の東麓を抜けて寄居（鉢形城方面）へと向かうことになる。四津山城と杉山城の距離は、直線で五キロほどとなる。

長享二年（一四八八）に扇谷・山内両上杉軍が激突した高見原合戦は、この城の近傍で行われた。『新編武蔵』比企郡高見村の条には、「増田四郎重富居蹟」とあって、長享元年に卒した増田重富《しげとみ》の「居蹟」との伝承を載せている。あるいは、長享の乱に際して増田重富が山内軍の城将として配されていたのであろうか。

一方、『関八州古戦録』には、天正十八年（一五九〇）に松山城を開城させた豊臣軍支隊が、北条氏邦配下の兵四〇〇ほどが守る「四（西）山城」に向かったところ、城兵は戦わずに鉢形城へ退却した、との記述がある。比企地方から鉢形領にかけての地域に、「四山城」「西山城」に該当しそうな呼称を持つ城は他になく、また松山・鉢形両城の位置関係から見ても、この記述は四津山城を指しているものと見て間違いない。

縄張りは、主郭を南端において北に曲輪群と堀切を配置する直線連郭式で、地形的な条件から横堀の使用は限定的だが、堀切と竪堀は多用している。主郭の南直下には五条の畝状竪堀群（f）があるが、比企地方では当城と松山城のみに存在する遺構である。

主郭①と曲輪②には比企型虎口があるが（a・b）、虎口の両側が櫓台となっていて、杉山城・腰越城・小倉城などの比企型虎口とは異質である。また、主郭と曲輪②の間（c）、および曲輪③の南端（d）には土塁で囲まれた小区画があるが、これも比企地方では類例の少ない遺構である。

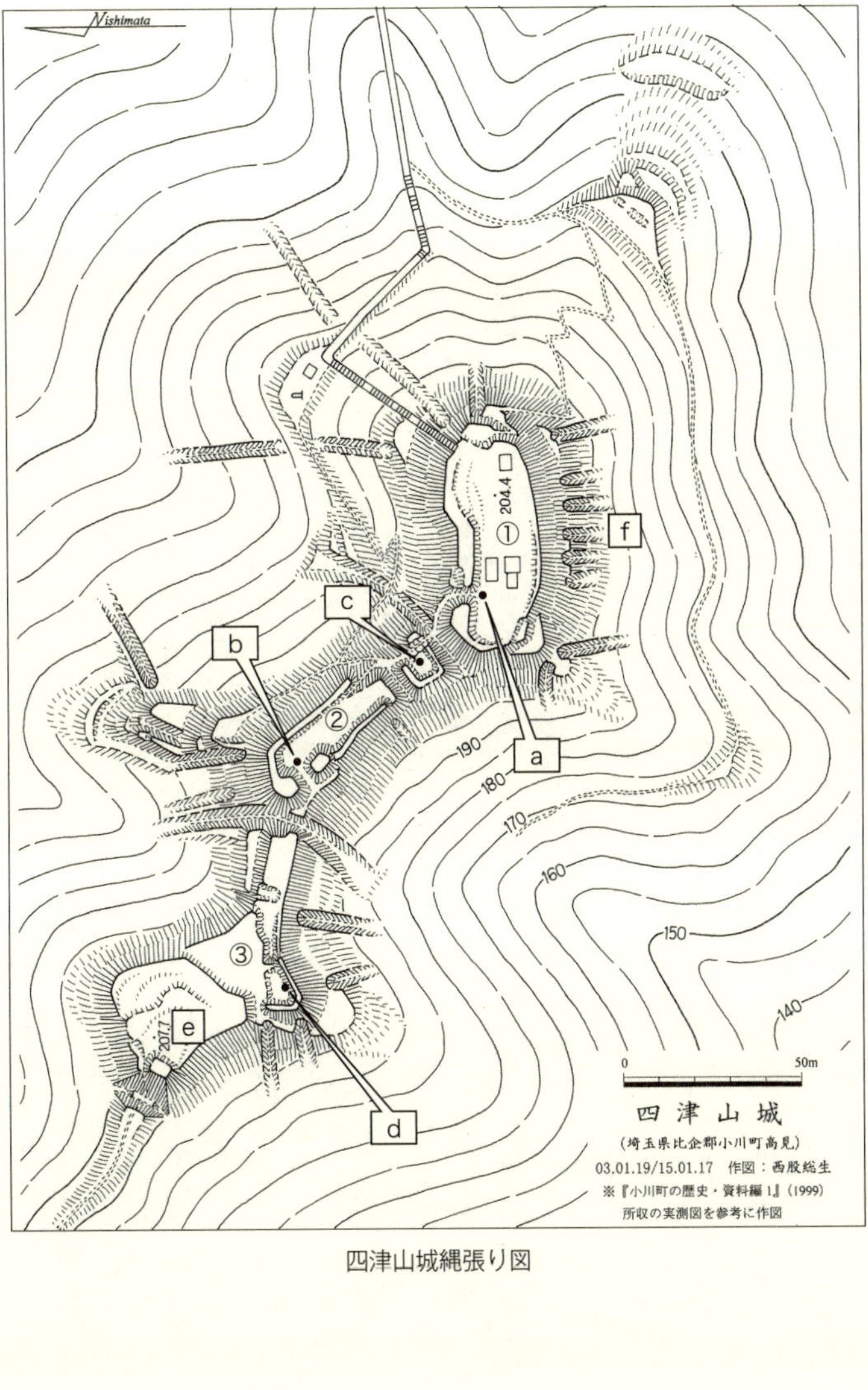
Nishimata
①
②
③
a
b
c
d
e
f
204.4
207.7
190
180
170
160
150
140
0
50m
四 津 山 城
(埼玉県比企郡小川町高見)
03.01.19/15.01.17　作図：西股総生
※『小川町の歴史・資料編 1』(1999)
所収の実測図を参考に作図

四津山城縄張り図

四津山城の縄張りで注意したいのは、主郭の位置である。この城の縄張りは、虎口の向きや土塁の配置から、どう見ても①を主郭と判定せざるをえないのだが、城域内でもっとも標高が高いのは主郭ではなく、曲輪③の西側部分（e）である。

この山に城を築くのであれば、eの場所を主郭として西に続く尾根を多重の堀切などで徹底的に遮断し、東に向けて曲輪を並べてゆく縄張りも可能だったはずである。にもかかわらず主郭を①の場所に設定し、そこから西に向けて②―③と曲輪を並べてeを最前線としている。③の西端で堀切に面して櫓台を築いているのも、eが最前線となるためだ。

つまり築城者は、敵は西から――すなわち鉢形城方面から攻撃してくる、という前提のもとにこの城をプランニングしていることになる。松山城を開城させた豊臣軍支隊が攻略に向かったため、四津山城の守備隊が戦わずに鉢形城へと退却したという『関八州古戦録』の記述は、想定外の方向からの侵攻を受けたことにより守備隊が無力化されたと考えれば、整合的に理解できる。一方、扇谷軍に対する山内軍の城としては、不自然な縄張りといえる。

小結

本節で比企Ⅱ群として検討してきた七城のうち、高坂城は永禄年間に陣として使われたことが史料から判明する。高坂城は規模の違いからⅡ群に分類しているが、城の性格としてはむしろ青鳥城や菅谷城と共通している、と考えることができる。

高坂城をのぞく六城は、筆者が知るかぎり同時代史料には登場せず、築城の歴史的背景については軍記や地誌を参照せざるをえない。ここであらためてⅠ群とⅡ群の十城について見ると、同時代史料が豊富に残るのは松山城のみであることがわかる。

この事実は、松山城以外の九城がいずれも在地支配に直結しない軍事施設として築かれた、という事情を示唆しているのではなかろうか。軍記・地誌が伝える大築城と四津山城、軍記の記述に地政学的条件・歴史的背景を加えて考察した青山城・腰越城のあり方も、これらの城が純軍事的施設であったことを窺《うかが》わせるものだ。

小倉城については、城主の遠山氏が在地社会と何らかの関わりを持った可能性を窺わせる伝承が存在している。この城が、他の山城にくらべて居住性・駐屯性に意を用いた構造になっているのは、偶然であろうか。

中城については、台地を利用した築城であるため、居住性に優れた平坦面を確保できている。しかし、墓域との関係から築城が天文六年以降と判断できるのにもかかわらず、城内からは十六世紀中葉以降の遺物が出土していない、という事情を考慮するなら、中城も日用品が城内に持ち込まれにくい性格の施設――つまりは純軍事的施設として築かれた可能性が高い。

もう一つ考えておきたいのは、縄張りの特徴である。青山城・大築城・四津山城の三城は、敵が攻撃してくる方向をはっきり意識した縄張りとなっている。実は、拙著『「城取り」の軍事学』で指摘しておいたように、特定の方向に防禦の比重をかけた縄張りは、戦国時代の山城では、決して珍しくない。

こうした特性を筆者は「縄張りの指向性」と呼んでいるが、青山城・大築城・四津山城は指向性のはっきりした城と評価できる。ただし、指向性の強い城は想定外の方向からの攻撃には対処できない場合がありうる。軍記の伝える四津山城の自落過程は、そうした事情を反映しているのだろう。

とするなら、居住性・駐屯性に意を用いた構造と、在地社会との関わりを想定できる伝承とを持つ小倉城が、指向性の弱い縄張り――全方位に満遍なく対応できる縄張りとなっている事実も、やはり偶然ではないだろう。

三　比企Ⅲ群の城

山田城（滑川町下山田）

松山城の北西約六キロ、青鳥城の北約四・五キロに位置している。地元には松山城の出城《でじろ》だとか、忍《おし》城主成田氏の家臣が築いたといった伝承があるようだが、地誌や軍記には記載がない。歴史的には不明の城というべきだろう。

城は、滑川をのぞむ標高六二メートル、比高二三メートルほどのなだらかな丘の上にあって、高さの割には眺望がよい。縄張りは長軸（北東―南西）一四〇メートル、短軸（北西―南東）一〇五メートルほどの範囲を堀と土塁で楕円《だえん》形に囲んだ単純な縄張りで、塁壕の規模も小さい。

塁壕で囲まれた城内はほぼ自然地形のままで、平坦化に意を用いた様子がない。ほかに、城内を区画するような土塁と堀があって、中央部に三〇メートル四方ほどの四角い区画を造り出

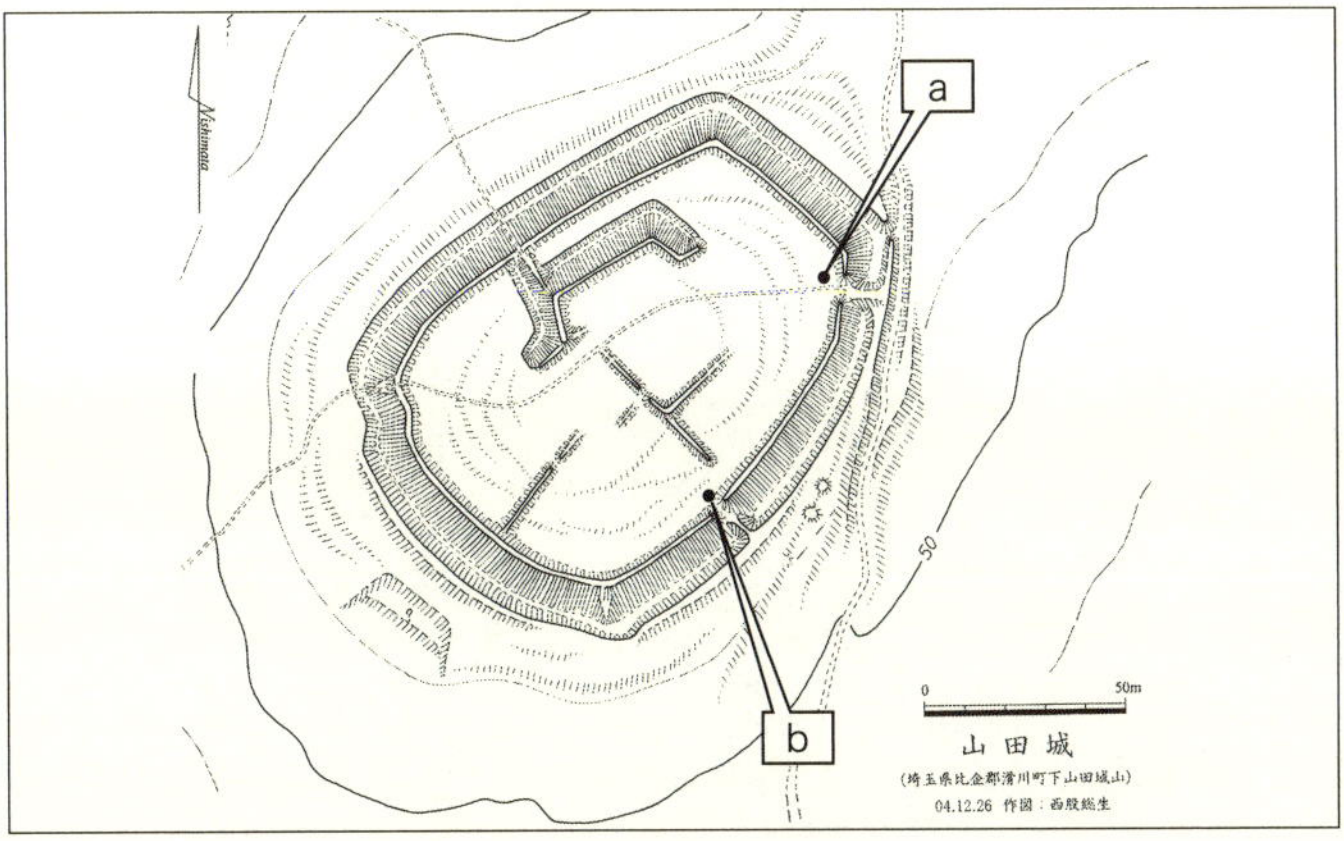

山田城縄張り図

そうとしていたように見えるが、判然としない。

虎口は北東と東側の二箇所にあり、この虎口を出たところを東西に走っている道には鎌倉古道の伝承がある。鎌倉街道のサブルートとして、中世にはこの丘陵上を通る道が使われていたのだろう。

山田城は縄張りが粗放で塁壕の規模も小さく、本格的な攻撃に耐えられるような構造にはなっていないうえ、居住性も乏しい。鎌倉古道と眺望を意識して、応急に築かれた城なのであろう。おそらく築城者は、まず最低限の防備として丘の頂部を堀と土塁で囲み、そののちに城内に区画を設けて中心部の備えを固めようとした、と考えることができる。

なお、鎌倉古道に沿って四〇〇メートルほど北上した場所に、山崎城と伝承される遺構がある。東向きに開く谷を堀と土塁で馬蹄《ばてい》形に囲んだような特異な構造で、曲輪にあたる場所がない。ただし、谷を囲い込んでいるので、駐屯地のような使

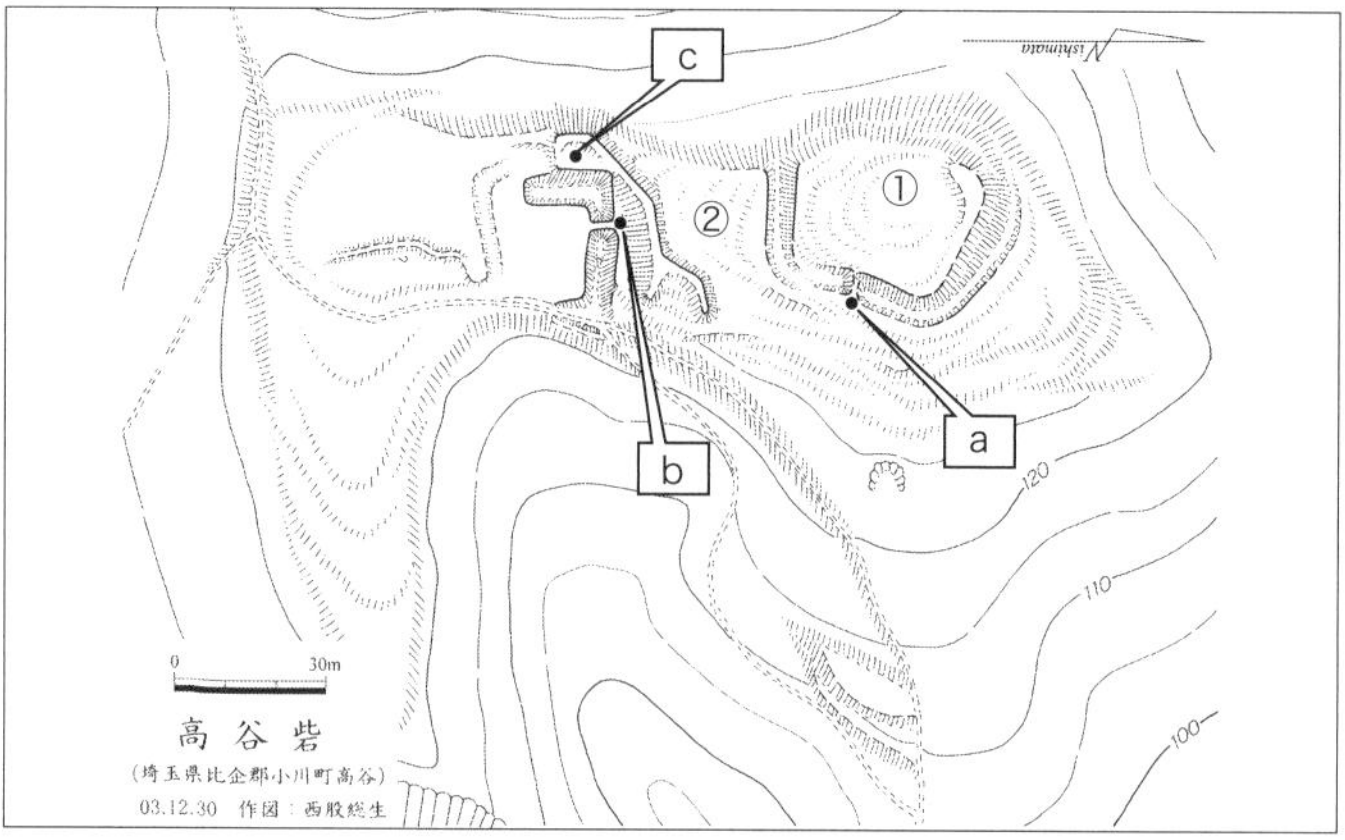

高谷砦縄張り図

い方は想定できる。

高谷《こうや》砦（小川町高谷城山《しろやま》）

中城の北東二・二キロの丘陵地にある。『新編武蔵』比企郡高谷村の条には「塁蹟」として、金子氏の城というあいまいな伝承を載せるのみである。

城は標高一三七メートル、比高約六〇メートルの丘の上に築かれているが、樹枝状に開析された丘陵の一角にあたっているため、遠くからは城の存在がわかりにくい。

南北一〇〇メートル、東西四〇メートルほどの範囲に空堀や土塁が確認されるものの、縄張りはひどく粗放で、曲輪面を平坦化しようという意志がまったく感じられない。主郭と目される場所①にいたっては、自然地形そのままで小山のようになっており、「曲輪」と呼ぶことをためらうほどだ。ただし、北・東・南の三面には空堀が廻っていて（現状では一部が途切れている）、東面の中央には土橋も確認できるので（a）、虎口を意識していたことがわかる。

この主郭から堀をへだてた南側（②）が二ノ曲輪ということになるのだろうが、ここも自然地形のままで、建物などは建ちそうにない。二ノ曲輪の南側にはL字形に築かれた土塁と堀があって、堀の中央部に土橋がかかっているので、ここが虎口となる（b）。また、土塁の南東端が突出していて、土橋・虎口に対する横矢掛りとなっている（c）。この突角は青山城や柏原城のものとよく似ているが、現状では前面に堀を伴っていない。

安戸《やすど》城（東秩父村安戸）

腰越城の西方一・七キロにある小さな山城で、上田氏の菩《ぼ》提寺《だいじ》とされる浄蓮寺《じょうれんじ》と近世安戸宿とのちょうど中間に位置している。

『新編武蔵』秩父郡安戸村の条には「城山」として、「鉢形城全盛の頃、大河原神冶太郎と云るものの居城なりと云」とある。現在の東秩父村一帯は、戦国期の史料では「大河原谷」と呼ばれているから、この大河原氏とは北条氏邦の家臣となった当地の土豪であろうか。

一方、『関八州古戦録』には、「扇谷の宿老武州安戸の城主上田左衛門太夫」「上田も力なく足土《（マヽ）》の砦へ退去し」という記述が見える。同書の表記は「安土」「足土」などと混乱しているが、「安戸」の誤記であろう。ただし、旧腰越村と旧安戸村との境界にある腰越城を、安戸村側ではかつて「安戸城」と呼んでいたらしく、『関八州古戦録』がいう「安戸城」は実際には

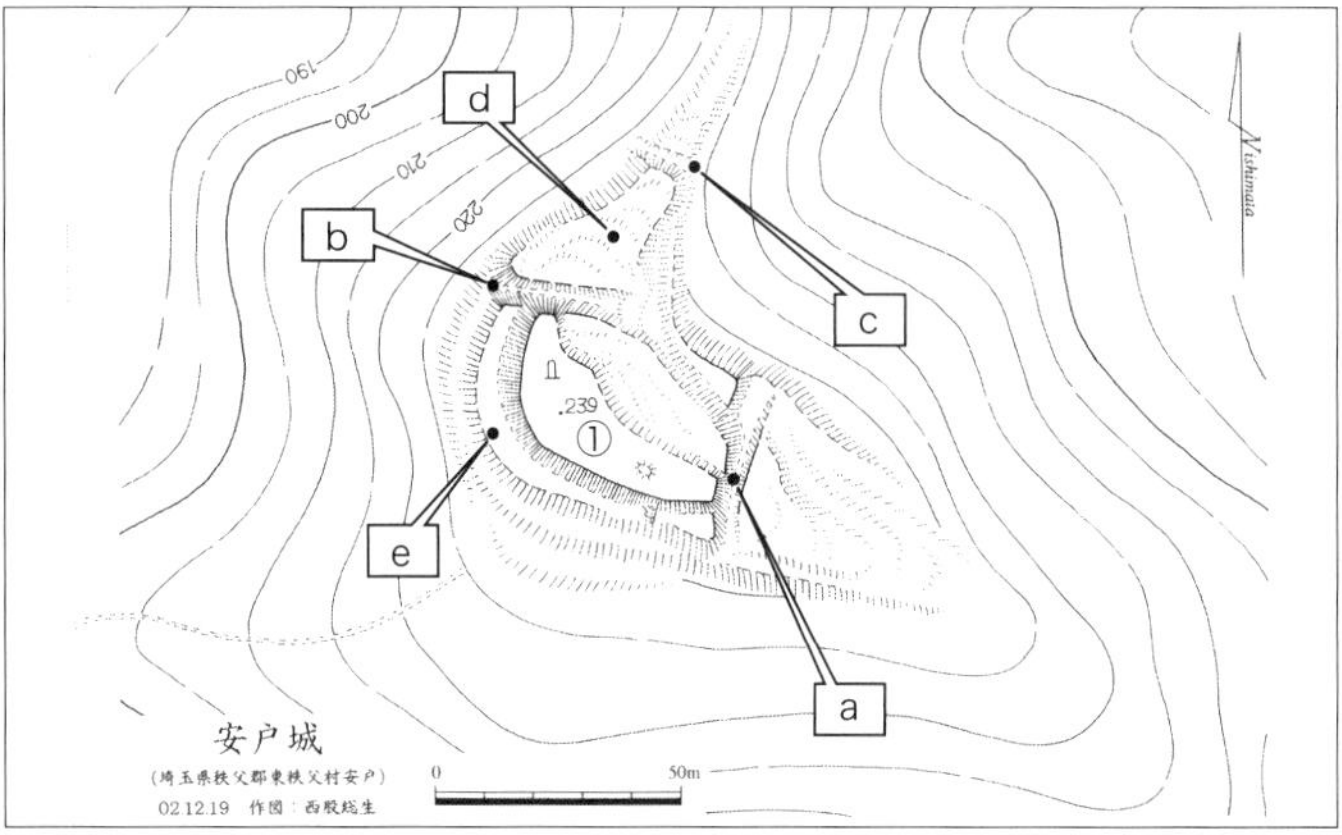

安戸城縄張り図

腰越城を指している可能性もある。

さて、東秩父村の安戸城は標高二三九メートル、比高一一〇メートルの小さな山城である。図示したように縄張りはいたって簡素なもので、主郭①の東と北に堀切を入れ（a・b）、北につづく尾根にごく小さな堀切cを加えたのみである。

曲輪として利用できるのは山頂の主郭のみで、北尾根の二本の堀切にはさまれたスペースdは、曲輪の体《てい》をなしていない。主郭の南から西にかけて腰曲輪が廻っているように見えるが、外側に壁面（切岸）を伴っていないので、主郭の壁面（切岸）を削り落としたために生じた平坦面にすぎないことがわかる（e）。

この城は、山田城や高谷砦とは異なって、主郭の内部は概ね平坦であるものの、主郭そのものが狭いので居住性にはやはり乏しい。全体としては最低限の普請によって成立している山城であり、青山・腰越城とは明らかに異質である。

『関八州古戦録』の伝える安戸城が当城なのだとしたら、上田朝直の本城ないし詰《つめ》城ということになるが、それには収容力・防禦力とも不足である。あるいは、松山城から落ちのびた上田朝直が応急に築いた山城なのであろうか。

小結

ここにとりあげた三城は、いずれも最低限の普請によって防備を固めた城であり、大人数を収容したり、長期間駐屯をつづけるような使い方には適していない。また、防禦ラインが閉じていなかったり、山腹側に障碍を設けていないなど縄張りは粗放で、堀や土塁の規模も小さい。一言でいうなら、本格的な攻撃にはとても耐えられない城である。

このような粗放な縄張りの城については、しばしば「普請途中の城、未完成の城なのではないか」といった評価が投げかけられる。むろん、これらの城に大々的な普請を加えてゆけば、いずれはⅡ群のような本格的な城になったかもしれない。

しかし、縄張りを観察してゆくと、第三章第三節で杉山城について述べたのと同じ様に、Ⅲ群の城はいずれも曲輪を平坦化することよりも、まず敵の接触を防ぐ障碍を設けることを優先して築城が行われていることがわかる。たとえば山田城の場合、城内を平坦化するよりも、土塁や堀によって区画することが優先しているのである。高谷砦であれば、曲輪の内部には一切手を付けていないにもかかわらず、虎口や土橋、横矢掛りには手数をかけている。

安戸城の場合も、二ノ曲輪を造成して収容力や居住性を確保するより先に、尾根つづきに堀切を入れている。Ⅱ群に属する杉山城や青山城・大築城においても、曲輪の内部は必ずしも平坦化されていないという事実を考え併せるなら、城域内に手つかずの自然地形が残っていることをもって未完成の城とは、評価できないことになる。

つまり、本格的な攻撃に耐える城を築いている時間（ないし労力）はないが、何らかの備えを大至急、固めなくてはならないという状況下での築城、と見なすことができるわけだ。だとしたらこの場合、築城者が想定しているのは、夜襲や小部隊による奇襲だと見るのが妥当だろう。要するにⅢ群の城は、かぎられた兵力でごくかぎられた任務に対応するための応急的な築城なのである。

四　縄張りから読みとれる城の個性

軍事施設としての城

われわれは「城」とか「城郭」という言葉から、ともすれば領主が居住する地域支配の拠点、というイメージを抱きがちだ。しかし、第三章で検証したように杉山城の発掘調査は、この城が領主の日常生活とも地域支配とも無縁な、純然たる軍事施設であったことを物語っている。

比企地方の他の諸城もまた然《しか》り。本章で検討した十三城のうち、領主の本拠・地域支配の拠点として機能したことが確実なのは、松山城ただ一つである。小倉城の場合、確かに曲輪の平坦面を充分に確保して、居住性を求めているように見える。しかし一方には、小倉城について記した同時代史料が存在しない、という事実もある。

青鳥城や菅谷城、高坂城の事例を考え併せれば、曲輪の平坦面を充分に確保することは、そのまま領主の日常的な居住空間や支配拠点を構成することを意味しないのは明らかである。曲輪の平坦面は、一定数の軍勢を長期間駐屯させるためにも必要なのであり、作戦基地のような城でも平坦な曲輪を備える場合がありうる。つまり、戦国時代の比企地方には、純然たる軍事施設としての城が次々に築かれていたのである。

と同時に考えなければならないのは、Ⅰ群・Ⅱ群・Ⅲ群といったグルーピングだけでは割り切れないような、各城の違いである。たとえば、第一節の小結で述べたように、Ⅰ群に属する三城の縄張りからは、それぞれに異なる性格――城に期待された役割が読みとれる。その一方で、規模をもとにⅡ群に分類した高坂城は実態としては陣であり、Ⅰ群の青鳥城に近い性格が想定できる。

高坂城をのぞいたⅡ群の諸城も、居住性・駐屯性や指向性といった要素は城ごとに違っていて、内実は多様である。縄張りの技巧が目立つ中小規模の城としてグルーピングした比企Ⅱ群ではあるが、それぞれの城は異なった目的のもとに築かれた可能性が考えられるのだ。

たとえば、指向性がはっきりしている城とは、敵が特定の方向から侵攻してくる前提で築かれた城である。しかも、本章で検討した青山城・大築城・四津山城は、決して大きな山城ではない。収容できる人数はどうしてもかぎられる。

だとしたら、指向性の明確な中小規模の城とは、かぎられた兵力で特定の任務を果たすために築かれた城、と考えることができる。築城者は誰か（主君など）から、「お前に四〇〇人預けるから、あっちから進んでくる敵を数日間、釘付けにしろ」というような任務を与えられているのである。これなら口頭の指令で済んでしまうから、城の存在は文書に残りようがない。縄張りに技巧を凝らすのも、かぎられた守備兵力をできるだけ効果的に使うため、と考えることができよう。

パワープレイの城

もちろん、指向性の顕著な縄張りでは、想定外の方向から侵攻されると対処ができなくなる。けれども、想定外の方向から敵が侵攻してくるということは、その地域全体での戦況が、当初の想定と違ってきていることを意味する。作戦の前提が崩れているのだとしたら、その城で頑張りつづけても意味がないから、早々に城を捨てて退却した方がよいことになる。『関八州古戦録』の伝える四津山城の自落は、まさにこの状況に該当している。

というより、かぎられた兵力で任務を遂行しようとするとき、「後ろや横から攻められたらどうしよう」などと心配して、城域の各所にあたら守備兵を分散させてしまったら、正面からの敵の攻撃を支えきれなくなる。

それよりは、敵の主攻を想定した方向に守備隊の主力も集中させた方が生存率が高まるからこそ、指向性の顕著な縄張りが成立するのであろう。サッカーでいうなら終了間際のパワープレイ、野球にたとえるなら満塁策のようなものだ。Ⅲ群の城の場合は、さらに限定的な短時間の戦闘に対処するための築城となる。

その一方で、腰越城のようにコンパクトに城域をまとめながらも、あらゆる方向からの攻撃に対処できるようにした縄張りがある。かぎられた守備兵力で、できるかぎり持久するための工夫であろう。また、小倉城のように、ある程度の人数が長期間、安定して駐屯しつつ敵の攻撃に備えている縄張りもある。

ここであらためて図版をめくってみると、比企の城はどれもみな、他と明確に異なった縄張りを持っていて、似た縄張りの城がないことに気付く。そもそも、全国に数万箇所もあるといわれている城は、ひとつひとつみな縄張りが異なっていて城ごとに個性が見てとれるものだが、比企の城はそれぞれの個性が際立っている。

戦況に対応するために、具体的な条件や任務にもとづいて築かれた城は、戦況の急激な変化には適応できない。けれども、そうした城が実在するという事実は、個々の城ごとに築かれた条件や与えられた役割（任務）が、明確であったという状況を示している。つまり、戦況に具体的に対応するための築城が行われていたのである。

くり返される築城

このように考えてきたとき、縄張りが技巧的な中小規模の城（比企Ⅱ群）と、縄張りが粗放な臨時築城タイプの城（比企Ⅲ群）ばかりが比企地方に集中している理由は、明らかだろう。ある時期、この地方は強い軍事的緊張状態に置かれ、その中で戦況に具体的に対応するような築城が、短いスパンでくり返されていたのである。

問題は、短いスパンで築城がくり返されていた時期だ。比企地方が軍事的緊張状態に置かれていた時期としては、長享～永正年間の両上杉氏の抗争期と、天文～永禄年間の松山城争奪戦期との二通りが想定できる。では、比企地方で築城が集中したのは、どちらの時期か。

菅谷城・腰越城・小倉城などの発掘調査で得られた遺物の年代が、そのまま城の構築・存続年代を表しているのだとしたら、両上杉氏の抗争期と見なすのが妥当ということになる。しかし、杉山城について検討してきたように、純軍事的施設の場合は遺物の年代が城の年代とずれる可能性がある。松山城のように、領域の主城として使われる城ですら、年代が食い違う場合もあるのだ。

一方、青山城や腰越城が上田氏の後背地戦略の中で築かれたものだとする筆者の推定が正しいのだとしたら、小倉城も同時期に存在していたことになる。とはいえ、青山城・腰越城の評価は軍記の記述をもとにした筆者の推論であるから、それでは信憑性《しんぴょうせい》の低い編纂《へんさん》物をもとに推論を重ねたことにしかならない、という批判が出るだろう。

そこで、前章で考察した成果と照らし合わせてみよう。比企Ⅱ群の城はいずれも、多彩なパーツを効果的に組み合わせて使っている。そうした縄張りは、前章であぶり出した戦国前期の城とは、明らかに一線を画している。比企Ⅱ群に属する城の縄張りは、相模・武蔵地域における戦国前期の他の城とは似ていないのである。

ここに、

・高坂城は永禄年間に北条氏の陣として使用されたことが史料上で確認できる
・中城は天文六年以降に築造されたことが、考古学的に確認できる
・大築城は天文末年ないしは天正年間に上田氏が築いた可能性がある
という要素を加えてみる。

するど、比企地方の城の大半は、天文～永禄年間の松山城争奪戦期に築かれたものである可能性が大きく浮かび上がってくる。少なくとも、比企地方の大半の城が長享～永正年間における両上杉氏抗争期に築かれた、と断定するのはかなり難しいのではないか。

再び「杉山城問題」へ

無論、比企地方のすべての城が松山城争奪戦期に帰属するわけではない。両上杉氏抗争期に築かれて、そのまま放置された城や、松山城争奪戦に際してほとんど改修を受けずに陣などとして再利用された城もあるかもしれない。仮に梅沢氏の考証より地誌の所伝が正しいのだとしたら、大築城は天正年間の城ということになる（個人的には梅沢説に説得力を感じるが）。

四津山城の場合、『関八州古戦録』の記述に信をおくならば、天正十八年（一五九〇）における北条氏邦の支城ということになる。たしかに、四津山城には両側に櫓台を備えた虎口や畝状竪堀群、土塁囲みの小区画など、比企地方の他の城とは異質なパーツが目立ち、築城年代が異なる可能性がある。

また、豊臣軍の侵攻に際して、北条方の主だった武将が主力を率いて小田原城に入ったのに

対し、氏邦は鉢形城に籠《こ》もって抗戦している。軍記類の伝えるところによれば、作戦の方針について北条家の首脳部と見解が分かれたためとのことであるが、『関八州古戦録』はこのとき氏邦が、秩父方面にも数箇所の支城を築いていたとしている。氏邦が北条家首脳部と意見を異にしたという話の真偽はおくとしても、北条軍主力の来援が期待できない状況で鉢形城に籠もって自力で抗戦するとなれば、敵の攻撃目標を分散させるために支城を築くというのは、理にかなった戦略といえるだろう。

このように、比企地方における築城の契機を単純に割り切ることはできないが、天文～永禄年間の松山城争奪戦期に多くの城が築かれた可能性は充分にあるといえる。だとしたら、杉山城の年代をこの時期に求めたかつての城郭研究者たちの推測は、多分に直感的ではあったけれど、正鵠《せいこく》を射ていた可能性がある。

そこで、最後の章ではもう一度、杉山城がどのような城だったのかを考え直してみたい。

第八章　杉山城の時代――戦国の城とは何だったのか

一　縄張りから杉山城を読み直す

杉山城と比企諸城

前章での考察を受けて、杉山城と比企の諸城とをあらためて比較してみよう。試みに、それぞれの城がどのパーツを使い、どのパーツを使っていないのか、一覧にしてみた。表の中で、〇は使用が確認できるパーツ、△はごく限定的に使用しているパーツ、×は使用していないパーツで、？は可能性はあるが遺存状況等の条件により確定できないパーツを示す。青鳥城・菅谷城・高坂城については地形的な条件から堀切が存在しえないので、－印として×と区別しておいた。

一見して読みとれるのは、Ⅲ群の城が山の高さ（比高）によらず、使用パーツのバラエティに乏しいことだ。山田城と高谷砦は一見するとまったく異なる縄張りであるにもかかわらず、使用しているパーツがほぼ同じである。Ⅰ群では青鳥城のバラエティの乏しさが目立つが、目

	比企Ⅰ群			比企Ⅱ群								比企Ⅲ群		
	松山城	青鳥城	菅谷城	高坂城	中城	杉山城	青山城	腰越城	小倉城	大築城	四津山城	山田城	高谷砦	安戸城
比高(m)	40	10	18	10	20	42	200	110	70	270	100	23	60	110
堀切	×	—	—	—	×	×	○	○	○	○	○	×	×	○
横堀	○	○	○	○	○	○	○	○	○	×	×	○	○	×
竪堀	○	△	×	×	×	○	○	○	○	○	○	×	×	×
畝状竪堀群	○	×	×	×	×	×	×	×	×	×	○	×	×	×
土塁	○	○	○	○	○	○	○	○	○	○	○	○	○	×
石積	×	×	×	×	×	△	○	○	○	×	×	×	×	×
土橋	△	○	△	?	×	○	○	△	×	△	×	○	○	×
木橋	○	?	○	?	○	△	×	○	○	○	○	×	×	○
比企型虎口	×	×	×	×	×	○	×	○	○	?	○	×	×	×
枡形虎口	?	×	○	?	×	×	○	○	○	○	×	×	×	×
馬出	○	×	○	×	×	○	△	×	×	?	?	×	×	×
櫓台	?	×	○	○	○	×	○	○	○	△	○	×	×	×
横矢掛りの折	○	△	○	○	○	○	×	×	○	×	×	×	×	×
突角土塁	×	○	×	×	×	×	○	×	×	○	×	×	○	×
土塁囲み小区画	×	×	×	×	×	×	×	○	×	×	○	×	×	×
バイパスルート	×	×	×	×	×	×	×	×	×	×	×	×	×	×
腰曲輪	○	×	×	×	×	△	×	○	○	○	○	×	×	△

使用パーツから見た比企諸城

を横にすべらせてみると、青鳥城と山田城・高谷砦とはほぼ同じパーツに○がついていることがわかる。青鳥城の性格を考えるうえで興味深い現象といえよう。

さて、肝心の杉山城であるが、杉山城には八個の○と一個の△がついている。仮に○を1ポイント、△を0・5ポイントとして算定すると、杉山城は8・5ポイントになる。これは松山城・青山城と同ポイントとなるが、小倉城の11ポイント、腰越城の11・5ポイントには及ばない。また、四津山城は?を除いても9ポイントとなるので、杉山城とほぼ同じか若干上回ると評価できる。

この比較は、パーツのバラエティをポイント制で表示したものなので、高得点の城が縄張りとして優れている、という評価にはならない。また、前章での筆者の推測が正しいとするならば、築城年代が下るほど高得点になるわけではないこともわかる。と同時に、杉山城は比企地方の他の城にくらべて、特別に多彩なパーツを駆使しているとはいえないことも読みとれる。

パーツを選択する理由

次に、パーツのバラエティで高得点をマークした杉山城・松山城・青山城・腰越城・小倉城・四津山城をくらべてみると、○×の並びが揃う城は見あたらないことに気付く。目を横に走らせて中位得点の城と比較しても、同じ傾向が読みとれる。どうやら、比企地方においては、パーツの選択傾向だけから築城した勢力や年代を単純に割り出せるわけではないらしい。

ただし特定のパーツ、つまり縄張り上の技法を用いるということは、想定される何らかの事態に築城者が対処しようとしていることを示している。たとえば、竪堀《たてぼり》であれば山腹における敵の迂回《うかい》を阻止したいわけだし、木橋であれば虎口《こぐち》の手前で敵をシャットアウトしたい、という意図があるわけだ。

だとしたら、多彩なパーツを組み合わせて使用しているということは、築城者が想定できるさまざまな事態に対応しようとしている、ということだ。しかも、多彩なリストの中から必要なパーツをチョイスして組み合わせられるということは、設計手法がこなれている、と考えるのが妥当だろう。右の考察で最高得点をマークした腰越城・小倉城が、指向性の弱い全方位対応型の縄張りであることを思い出してほしい。Ⅲ群の城がパーツのバラエティにおいて低得点に甘んじているのも、ごく限定的な状況のみに対応するための築城だからだとわかる。

逆に、指向性が顕著であるにもかかわらず高得点をたたき出している青山城や四津山城は、与えられた任務に全力を傾注しようとしている、ということか。そして、杉山城の得点がこれらの城に及ばないのは、堀切・枡形虎口《ますがたこぐち》・櫓台《やぐらだい》の三つが不在であるためだとわかる。

築城にあたってどのパーツとどのパーツを採用するかは、ケースバイケースが基本であったようだ。つまり築城者は、前提となっている条件や与えられた任務、実際に城を築く地形などを考慮して、最適なパーツの組み合わせをそのつど選択するのである。

横矢掛りが意味するもの

杉山城は、比企地方の他の城とくらべた場合に、格段に技巧を駆使した縄張りであるとは必ずしもいえない。筆者も、この城が「最高傑作」だとか「教科的」だとは思わない。にもかかわらず、杉山城がこれまで多くの城郭研究者の注意を引いてきた最大の理由は、やはり横矢掛りに求められるであろう。

杉山城においては、すべての土橋・木橋・虎口に対し、塁線を折って徹底的に横矢を掛けている。これは、比企地方の諸城とくらべても際立っている。たとえば、パーツのバラエティにおいて杉山城をしのぐ小倉城の場合、横矢掛りのための塁線の折れは二ノ曲輪《くるわ》に二箇所見られるのみだが、そのうちの一箇所は櫓台の張り出しによるもので、虎口に対する横矢掛りとはなっていない。腰越城においても虎口の大半は横矢掛りを伴っておらず、横矢掛りのために塁線を折った箇所がそもそも存在していない。これは、何を意味しているのだろうか。

一般に横矢掛りとは、攻撃してくる敵の側面から弓・鉄炮《てっぽう》を射かけるための工夫、として認識されている。そこで、城について解説した本などではしばしば、敵に対して正面と側面の二方向から射線を交差させて討ち取るような、クロスファイアの説明図が載せられている。

しかし、筆者はこうした説明に疑問を抱く。クロスファイアを実現するためにはたくさんの弓や鉄炮が入り用になるが、戦国時代の軍隊では弓や鉄炮は相対的に少数だったからだ。史料を見るかぎり、弓・鉄炮の装備率は平均して一割から、せいぜい二割程度でしかない。

したがって、城を守る場合に土塁の上に弓・銃兵がずらりと並んで、押し寄せる敵に矢玉の雨を降らせる、などという情景は幻想にすぎないことになる。クロスファイアを実現するために塁線を折り曲げるのだとしたら、塁線の延長は長くなるわけだから、余計にたくさんの弓・鉄炮が必要になる。城兵が塁上から矢玉の雨を降らせ、さらに横矢掛りの箇所でクロスファイアを浴びせるなどという戦い方は、現実にはありえないのだ。

火点としての横矢掛り

では、横矢掛りをどう考えたらよいのか。もっとも理にかなった答えを探してみよう。もし、あなたが城の守将だとして、守備隊の弓・鉄炮装備率が一割か二割だったとする。つまり、三〇〇人の守備隊を預かっているとしたら、弓・鉄炮合わせて四〇〜五〇丁くらいしかないわけだ。土塁の上にずらりと並べて敵を迎え撃つなど、できるわけがない。どうするか。弓・鉄炮を、できるだけ〝効きのよい〟場所に配置するのが、もっとも合理的・効果的な使用法なのではあるまいか。

近代的な軍事学では、効果的な射撃を行うために火器（銃や砲）を配置するポイントのことを「火点」と呼ぶ。機関銃座のような施設をイメージしてもらうと、わかりやすいかもしれない。また、コンクリートや装甲板のような堅牢《けんろう》な構築物で強化された火点のことを、「強化火点」などと呼ぶ。

この概念は、城の縄張りを分析する際に応用できるのではないか。近世城郭における隅櫓《すみやぐら》や天守は、銃弾に耐えるような分厚い土壁と、耐火性に優れた瓦葺《かわらぶ》きの屋根を持ち、壁面には多数の狭間《さま》（銃眼）を備えている。これは、どう見ても強化火点だ。だとしたら、近世的な隅櫓や天守が出現する以前の土の城にも、火点が存在していたはずである。

実は、城郭研究の草分けであった鳥羽正雄氏は『日本城郭辞典』の中で、櫓（矢倉）の語義はもともと「矢の倉」つまり武器庫ではなく、「矢の座《くら》（坐）」であり、「矢倉・矢蔵」は当て字と考えるべきであると指摘していた。「矢の座（坐）」とは弓矢を射るためのプラットフォームであるから、これはずばり火点を意味していることになる。

また鳥羽氏は、古代の「兵庫」が「やぐら」と訓じられていることについても、もともと城門のすぐ脇に武器の保管場所を置いて、敵襲があった場合に門の上の楼閣（矢座）から即応できるよう工夫していたために、射撃のためのプラットフォームと即応用の矢の保管場所が一体化して、「やぐら」と呼ばれるようになったのではないか、とも述べていた。

井楼櫓《せいろうやぐら》のような構造物では武器の貯蔵庫としてはうまく機能しないが、「やぐら」が「矢座」なのだとしたら、合点がゆく。中世の絵巻物にしばしば描かれている矢倉門も、即応用の弓矢の保管場所を兼ねた「矢座」と考えた方が納得できそうだ。

もともと矢倉（矢座）とは火点として機能する施設であり、戦国末期に銃砲戦が激しくなった結果、耐弾性・耐火性に優れた強化火点として、近世城郭の隅櫓や天守のような構造物が出現したのである。

火点から縄張りを読む

この火点という概念を応用して、城の縄張りを見直してみよう。第六章で検討した柏原城（一八六ページ）は、主郭の三方に土塁の突角《とつかく》部を設けて全周に横矢を掛けられるように工夫していた。この突角部を火点として考えると、柏原城の縄張りはすんなり理解できる。つまり、弓兵を土塁の上にずらりと並べなくても、火点を設定して、そこに弓を配置すれば、効率のよい守備が可能になるわけだ。

高坂城や中城の縄張り図を見れば、土塁の折れの箇所に弓・鉄炮を配置することで、塁線の全体を射通せることがわかる（現地に立ってみるとより実感できる）。菅谷城の外郭部で土塁を連続して折っているのも、広大な城域を囲い込んだ結果として長大となった塁線を、少数の弓・鉄炮で効率よく守備するための工夫であろう。

杉山城の場合、すべての曲輪が横堀によって囲まれているから、攻城軍側は必然的に虎口の突破を狙ってくる。そこで、侵入者が方向転換や堀を越えるような動作を余儀なくされる「足止めポイント」を設けておき、そこを狙撃《そげき》すれば、敵の侵入を阻止できることになる。つまり、杉山城守備隊の弓・銃兵（鉄炮があったとすれば）たちは、われわれが横矢掛りと呼んでいる土塁の折れなど、特定の火点に配置されていて、走り込んできた敵が足止めされた瞬間を狙撃すればよいわけだ。この戦い方は、ある意味マニュアル的といえるかもしれない。

一方、第七章で見たように、縄張りに技巧を凝らした比企地方の城の中でも、山城では土塁を折って横矢掛りとする技巧を用いていない。その理由も火点の概念を用いて説明できる。山城では尾根の上に曲輪を並べていて、その両側面は急斜面となっていることが多い。したがって、敵が曲輪の側面に取りつくことは考えにくいし、尾根から山腹への迂回は竪堀で阻止できる。したがって、曲輪の側面に火点を置く必要はないのだ。

と同時に、尾根上の曲輪を順に攻略してくる敵に対しては、高低差を利用して火点を設けることができる（この考え方は中世城郭研究会の佐藤旺《さかゆ》氏から教えていただいた）。青山城や大築城で、尾根に向けて突角部を構えて火点としているのは、こうしたセオリーによるものと考えてよい。

また、尾根上に曲輪を並べる山城では、高低差を利用しながら導入路を曲輪の側面に沿わせることによって、侵入者に横矢を掛けることができる。このセオリーを定型化したものが比企型虎口で、曲輪の正面と導入路の直上が火点となる。比企型虎口は山城や比高の大きい丘城のように、連郭式タイプの縄張りで有効なパーツなのだろう。一方、比高の低い丘城では、曲輪の側面を効果的に防備するために、塁線を折って横矢掛りとする技法が有効となる。

なぜ尾根を余したか

杉山城の築城者が持っていたパーツリストは、青山城・腰越城・小倉城・大築城・中城・高坂城・菅谷城あたりの築城者のそれと、大差がなかったようだ。彼は、比高四二メートルの、さほど急峻《きゅうしゅん》ではないが尾根と谷のはっきりした丘の上に、長軸三五〇メートル×短軸一八〇メートルというサイズの戦闘用の城を築く、という条件にもっとも適合するパーツを、リストの中から選択していったのだ。そして第四章と第六章の考察に従うなら、彼のパーツリストは、関東地方の築城者たちに受けつがれてきたものをベースとしていたらしい。

ただし、杉山城の縄張りの中には、ここまで考察してきたセオリーだけでは理解できない要素もある。それは、城域の設定や曲輪の並べ方だ。たとえば、主郭から北に伸びる尾根と東に伸びる尾根には、それぞれ二つの曲輪が並んでいるが、北の尾根では地形が開いて防禦《ぼうぎょ》が難しくなるギリギリ手前に曲輪の前縁を設定しているのに対し、東の尾根では二つの曲輪の外側に自然地形の平坦《へいたん》面がつづいている。つまり、尾根を余した状態で城域を設定しているのである。

このような縄張りを施した理由として、筆者が思い当たる合理的な説明は一つしかない。守備兵力の制約である。城域を広げると、守備に必要な兵力は当然ふくらむ。したがって、守備兵力がかぎられているのなら、城域もまたコンパクトにまとめなくてはならない。杉山城の築城者は、北の尾根にくらべて東の尾根は受ける脅威の度合いが小さいと判断して、少ない兵力で効率よく守れるように縄張りを決定したのではあるまいか。

一方で、北の尾根については長大な区間に二つの曲輪を置いているが、ここを三分割するという選択肢もありえたはずである。にもかかわらず二分割で済ませているのは、やはり何らかの合理的な理由があるのではないか。

縄張りはどう機能するか

横矢掛りを火点として理解する際に、戦国時代の軍隊で弓・鉄炮は相対的に数の揃わない兵器だった、と説明した。では、弓・鉄炮を持たない兵士たちは何を持っていたかというと、彼らの大半は鑓《やり》を持っていた。史料から読み取るかぎり、数の上での主力兵器は明らかに鑓である。戦場での手柄のことを「鑓働き」と呼ぶのも、このためだ。

杉山城においても、守備兵の大半は鑓を携えていたに違いない。だとしたら、弓・鉄炮（あるとしたら）を効果的に使うのと併行して、鑓を効果的に使う工夫も必要になったはずである。城の守備に鑓を活用する方法としては、土塁を乗り越えようとする敵を突き返したり、曲輪の中に侵入した敵を突き伏せる、といった戦い方が考えられる。要するに、白兵戦だ。

ただ、筆者は城郭戦における白兵戦力の活用法として、もう一つ重要な要素を指摘しておきたい。逆襲だ。守備隊が城に籠《こ》もって敵を迎え撃っているだけでは、戦いに勝つことができないからだ。その状態では、相手が攻城戦をあきらめて退却してくれないかぎり城側は勝利できないわけだから、戦いのイニシアティブは攻城軍側に握られていることになる。城側がイニシアティブを奪って戦いに勝利するためには、逆襲を仕掛けて敵を追い落とす必要がある。そこで主役となるのは当然、白兵戦力だ。

杉山城の築城者が北の尾根を二分割で済ませたのは、鑓を持った逆襲部隊を待機させておくためのスペースが必要だったからではなかろうか。反対に考えるなら、逆襲部隊の主力を北尾根の二つの曲輪に収容するために、東と南は少ない兵力でも効率よく守れるよう、曲輪のサイズを切りつめて縄張りを細かく工夫しているのではないか。

こう考えたとき、杉山城の巧緻《こうち》な縄張りを、もっとも合理的に理解できるように思うのである。なお、火点の概念を利用して城の縄張りを分析する方法は、『城館史料学』第二号（二〇〇四）誌上に発表した「『横矢』の効用」という論考で示したものである。

二　杉山城とは何だったのか

「椙山之陣」はどこか

ここまで述べてきたことは、杉山城の縄張りを合理的に説明するために、筆者が知恵を絞って考えてきたことだ。そこには、どうしても城や歴史に対する筆者なりの主観が入り込むのを避けられない。筆者自身が納得している分析手法も、他人が客観的に見れば矛盾や破綻《はたん》を生じているかもしれない。

杉山城に対して、筆者と異なる考え方をしている研究者の代表が、山内上杉氏築城説の旗頭ともいうべき齋藤慎一氏だ。齋藤氏は杉山城を、杉山長尾氏という一族の本拠として理解している。

これはどういうことかというと、先に「足利高基書状写」に注目していた竹井英文氏は、江戸時代に作られた長尾氏系図の一つに、「杉山長尾」と注記された傍系があることに注目していた。そして、「足利高基書状写」に出てくる「椙山之陣《すぎやまのじん》」は杉山城を指すのではなく、杉山長尾氏の拠《よ》る杉山城を攻撃するための陣だったのではないか、と推測していたのだ。杉山城の構造が陣にふさわしくないからである。

当初、「椙山之陣＝杉山城」と考えていた齋藤氏も、この指摘に接して杉山城を杉山長尾氏の本拠と考えるようになったようだ。領主制論の分野で大きな実績を積みあげてきた齋藤氏は、領主の本拠としての城に一貫して注目して、いくつもの重要な成果を世に問うてきたから、この考え方は齋藤氏らしいといえる。

一方で齋藤氏は以前から、城を軍事だけで分析・評価する研究方法に対して批判的であった。城郭研究者としての齋藤慎一氏は、橋口批判の直系の継承者といってよい。中井均氏との近著である『歴史家の城歩き』の中でも齋藤氏は、城の縄張りを軍事的要因だけで理解する研究方法を強く批判している。そして、横矢掛りであれば城を訪れる者に監視の視線を意識させる効果、虎口の形であれば身分指標といった要素も考慮すべきだ、と説いている。

杉山城は本拠の城たりうるか

しかし、こと杉山城に関するかぎり、こうした考え方を投影させて理解するのは不適切といわざるをえない。杉山城は、曲輪の中に満足な建物が存在していないような城だからだ。杉山長尾氏という一族が存在したかどうかの議論はひとまずおくとして、そうした領主が平時から杉山城に居住していたと考えるのは困難である。

技巧的な虎口を身分指標として理解しようにも、そもそも主郭の虎口には門が建っていないのだ。領主が居住していない、門が建っていない主郭において、はたして虎口の形が身分指標たりえるのだろうか。齋藤氏自身『歴史家の城歩き』の中で、武家社会において門の形が身分指標として重要であったことを指摘しているのだ。

杉山城で顕著な横矢掛りにしても、領主が住んでいないような城に一体誰が訪れてくるというのだろう。それに、そもそも来訪者に監視の視線を意識づけるのであれば、城門かその脇の土塁の上に監視の兵を立たせておけば済むことではないか。いや実際、戦争の心配がない平時だったとしても、門に監視の者が誰も立っていない城などというものが、ありうるのだろうか。監視の視線を意識づけるために、わざわざ塁線を折って横矢掛りとする必然性を、筆者は理解することができない。

そして、第七章での考察が有効であるとするならば、同じことは松山城をのぞく比企地方の、ほぼすべての城に当てはまることになる。丹念な領主制論をもとに、本拠としての城について、齋藤氏が挙げてきた多くの成果については学ぶべき内容も多い。けれども、戦国の城には本拠論では割り切れない領域があるのだ。

城の基本的な属性が軍事施設であることについては、齋藤慎一氏も中井均氏もみな認めているところである。にもかかわらず、ここで述べたような見解の相違が生じるのは、城を理解するときに、軍事と非軍事とにそれぞれどれだけの比重を置くか、というスタンスが違っているからだ。筆者も、城のすべてが軍事だけで割り切れるとは思っていない。

ただ、ここまで本書で考察してきたことを総合するなら、どうやら戦国時代には、領域支配とも日常生活とも無縁な、純然たる戦闘施設としての城が築かれていたらしい。しかも、比企地方にはそうした戦闘用の城が、次から次へと築かれていたようなのである。そうした城は、まず軍事面から考察すべきではないのか。

軍事の階層構造と築城

軍事という事象には、古今洋の東西を問わずに共通する普遍的なセオリーが、いろいろとある。火点という概念を応用したとき、横矢掛りを整合的に説明できるのもそのためだ。そうした普遍的セオリーの一つとして、軍事の階層構造がある。

戦争を行うための方法論は、いくつかの階層をなして折り重なっていて、戦争全体に勝つための方策と、個々の合戦や戦闘に勝つための方法とでは次元が異なっている。前者を戦略、後者を戦術と呼ぶが、現代の軍事学では戦略と戦術の間に、複数の戦闘を組み合わせて戦略を達成するための方策として、作戦（作戦術）という概念を設定している。また、戦術の下には戦闘の個々の局面における技術としての戦技がある。

この話をていねいに説明していくと長くなってしまうので、興味のある方は拙著『戦国の軍隊』や『東国武将たちの戦国史』をお読みいただきたいのだが、戦国時代の戦いでは戦略から戦技にいたる階層構造を、かなりはっきりと見て取ることができる。というより、中世の初期には未分化だった階層構造（極度に圧縮されていたともいえる）が、戦国時代にかけて次第に分化していった、というのが筆者の考えである。

軍事の階層構造に照らし合わせて城を評価した時、戦国大名の居城や領域支配の拠点となるような城は、戦略次元で必要とされ、運用される城として理解できる。関東地方でいうなら、小田原城や玉縄城、江戸城、滝山城、八王子城、鉢形城がこれにあたる。比企地方でいうなら、松山城だ。

だとしたら、作戦次元や戦術次元で必要とされる城もありうることになる。本書での考察をこのセオリーに当てはめるなら、比企Ⅱ群やⅢ群が該当する。具体的な条件や任務に適応して設計され、戦況が変化すると不要になるような城である。Ⅰ群の中でも青鳥城や菅谷城は、この範疇《はんちゅう》に入ってくる可能性が高い。守備兵力や戦い方が具体的に想定されているらしい杉山城も、まぎれもなくこのタイプの城に属している。

戦術的築城の時代

これらの城は、理論的には作戦次元の城なのか戦術次元の城なのか、区別するべきかもしれないが、何せ史料に登場してこないので、誰がどのような目的で築いたのか判然としないのが普通だ。そこで筆者は、戦略次元の城にざっくりと対置する意味で「戦術的築城」ないし「戦術級城郭」と呼ぶことにしている。

　こうした区分は相対的なものである。たとえば、後背地戦略において詰《つめ》城である腰越城は、前衛である青山城よりは戦略性がやや高い。菅谷城や小倉城も同様であろう。一方、四津山城やⅢ群の城は純然たる戦術的築城である。階層構造における位相は、城によってそれぞれに異なっているのだ。

　運用される中で、城の性格が変化してゆくこともありうる。たとえば相模の玉縄城は、扇谷上杉軍の救援を阻止して三浦氏を半島に封じ込めるために、伊勢宗瑞が築いた城であるから、本来は作戦次元の城であった。しかし、北条軍の〝前線〟が北上してゆく中で、次第に後方支援基地のような性格を帯びるとともに、玉縄北条氏の居城として領域支配の拠点となっていった。つまり、作戦次元から戦略次元へと位相がシフトしたわけである。

　では、戦術的築城が始まったのはいつか。第五章第一節で述べた、「陣から城へ」の変化と長尾景春の乱について、思い出していただきたい。関東地方で戦術的築城が本格的に登場してきた契機は、長尾景春の乱と見なしてよい。一四五ページにある「新しいタイプの城」とは、このことを指している。

　文明年間に関東地方に出現した戦術的築城は、長享《ちょうきょう》・永正の乱をへて広まってゆき、ある時期の比企地方で盛行した。いや、比企地方だけが特別ではないだろう、戦国の城のほとんどが同時代史料に登場してこないのは、各地で戦術的築城が繰り返されていたからに違いない。城の歴史から見るなら戦国時代とは、杉山城のような戦術的築城が盛んに行われる時代——作戦上の駆け引きの中で築城がくり返される時代だったのだ。

三　「杉山城問題」のゆくえ

戦国の軍隊と城

戦国時代とは、百年以上もの間、戦争がつづいた時代だ。だとしたらその間、兵器や戦い方がずっと同じままだったはずがない。実際、室町時代から戦国末期にかけて甲冑《かっちゅう》の形は変化しているし、室町時代にはごく一部でしか使われていなかった鑓が、戦国時代に入ると主力兵器の座を占めるようになる。戦国時代の後半には、鉄炮も普及しているのだ。戦い方や部隊の編成、運用だって変化するのが道理というものではないか。

拙著『戦国の軍隊』は、こうした疑問を解決するために書いた本である。というより、戦国時代に城の構造がどのように変わっていったのかを考える前提として、戦い方や部隊の編成、運用がどう変わっていったのかを自分なりに整理したい、というのがそもそもの出発点である。城とは、生きて動いている人間の集団＝軍隊が築いて使うものであるから、軍隊の構造や戦い方が変化すれば、城の構造もまたそれを反映して変化するに違いない。

戦国時代における軍隊の構造や戦い方と、城との関係を掘り下げる必要を感じた筆者は、二〇〇九年の八月に東京の國學院大學で行われた第二六回全国城郭研究者セミナーにおいて、「縄張の変化と戦国大名の軍事力」と題する報告を行った。杉山城の『第3〜5次報告書』が刊行され、「足利高基書状写」に関する論考「戦国大名北条家と城館」が発表されてから、一年と少々たつ頃だ。そして、この時の報告をベースとして執筆したのが『戦国の軍隊』だったのである。

この著書の中では、戦国時代には軍事の階層構造が明確に分化するとともに、足軽・雑兵《ぞうひょう》といった被支配階級出身の軽装歩兵を大量動員する軍隊が出現したことを説いた。戦国大名は、家臣たちが戦場に連れてくる兵士たちを、侍（馬上）・鑓・弓・鉄炮・旗などの兵種ごとに再編成し、複雑な作戦を遂行できる軍隊を作り上げていった、というのが筆者の論旨である。

十二年後の発問

この戦国の軍隊論を投影したとき、杉山城はどう見えるか。筆者が縄張りを分析したかぎりでは、杉山城の築城者は、その城に与えられた任務と守備隊の人数を、かなりはっきりと具体的に意識していたようである。そして、全体の中から弓・鉄炮を持つ兵を選抜して、ここに三丁、あそこに五丁といった具合に、決められた火点に配置し、鑓を持った兵たちは白兵戦力として、まとまって使うことを考えていた。

また、杉山城の特徴は、障碍《しょうがい》の主体を徹底して横堀に求めていることにあるが、それは対岸のバイパスルートを重視したゆえの選択である。そして、虎口からバイパスルートに出る場所には、馬出《うまだし》が構えられている。築城者は、馬出とバイパスルートを駆使した駆け引きを想定していたのではないか。管領《かんれい》・守護の公権にもとづいて動員した国衆たちの軍勢を束ねて戦っていた、長享・永正年間の山内上杉氏に、このような戦い方ができるものだろうか。

二〇〇五年の比企シンポの際に会場にあって、杉山城の年代観について意見を求められた筆者は、杉山城のような縄張りの城を築くことのできる勢力は何者か、北条氏以外に考えられないのではないか、という趣旨の発言をした。そしてこの発言は、そっくりそのまま齋藤慎一氏の批判を受けることとなった。西股は自ら発問して自ら回答しているが、回答の論理的根拠を示していないではないか、と（「戦国大名北条家と城館」）。

比企シンポにおける発言は、パネラーとしてではなく、求められての会場からのものであったため、意を尽くせていない部分はあったにせよ、筆者が不用意な論を述べたのも確かだ。齋藤氏の批判は至極もっともである。

こののち筆者は、比企地方における城郭の特性を整理し、考古学と縄張り研究との関係を考え、横矢掛りを火点として理解できることを発見し、上田朝直の後背地戦略と青山・腰越城の関係を検討し、南関東における戦国前期の城の縄張りを分析してきた。その一方で、長尾景春の乱と城との関係を考察し、戦国の軍隊がどのようなものだったのかを掘り下げ、東国の城と織豊系城郭との比較を試み、そしてこの本を書いている。

比企シンポにおける未熟な発言を省みつつ、さまざまな考察を積みあげてきたうえで、筆者は今あらためて問いたい。杉山城の築城者にふさわしいのは、やはり戦国大名の北条氏ではないだろうか、と。

「椙山之陣」をどう考えるか

杉山城の築城者と年代についての、筆者の現時点での認識は以上である。ここまで論じてきて、咀嚼《そしゃく》できていない問題や積み残した課題が、まだまだたくさんあるという事実を、筆者は嚙《か》みしめざるをえない。「杉山城問題」に関する、最近のいくつかの印象的な言説については、紙幅の制約もあって割愛せざるをえなかったし、そもそも北条氏がなぜ杉山城を必要としたのかも、説明できていない。それらについては今後、別の機会に何らかの形で論じなくてはならないだろう。

ただ、「足利高基書状写」については一言触れておかなければなるまい。この史料をめぐる論点は、「椙山之陣」がはたして杉山城を指しているのか、ということに尽きるだろう。竹井英文氏は、杉山城の構造は陣にはふさわしくないとして、「椙山之陣」は杉山城を攻略するための陣であろう、と推測した。

そして、杉山城の北西一・二キロの場所にある越畑城を「椙山之陣」の有力候補として挙げていた。越畑城は標高一一六メートル、比高四六メートルを測るから、城の高さは杉山城によく似ている。この城は、関越自動車道の建設によって破壊されることになり、一九七七年に全面的な発掘調査が行われた。それによると、城は三つの曲輪からなっていて、一部には横堀や喰違《くいちが》い虎口が見られるものの、全体としては粗放な構造で、グルーピングでいうなら間違いなく比企Ⅲ群に入る。

一方、陣という語には「大坂の陣」のように、特定の場所や施設ではなく戦役全体を指す用法もある。だとしたら「椙山之陣」は、杉山城攻防戦（攻囲戦）を指しているのだろうか。ここで筆者が疑問に感じるのは、「椙山之陣」の「椙山」の地名を、比企郡の杉山に求めることの必然性だ。

長享・永正の乱の経過から考えて、「椙山之陣」は上野・武蔵・相模か、そのごく近い地域のどこかであるのは間違いない。しかし、その範囲にある「椙山」は、比企郡だけではない。第六章で述べたように、現在「住吉」の地名が失われている神奈川県の伝山下長者屋敷が、史料に登場する「住吉要害」と考証された例もある。現在、「杉山」の地名が失われた場所が「椙山之陣」に該当する可能性もあるのだ。

それに、「足利高基書状写」の文面からは、山内憲房を助ける毛呂氏が各地を転戦したニュアンスが読みとれる。大永四年（一五二四）に毛呂氏が北条氏綱に寝返ったのも、こうした転戦で疲弊したことに不満を抱いていたため、と考えるのが妥当だろう。だとしたら、転戦の起点となった「椙山」は、毛呂氏の本拠からほど近い比企郡であってよいのだろうか。

また、関口和也氏の近業によると、『松陰私語』と「太田道灌状」に登場する城や陣、計一三二か所のうち、山や丘陵上に占地しているものはわずかに十例（可能性含む）のみで、比定地を踏査しても堀や土塁などの遺構は認められない、とのことである。戦国初期に堀や土塁を伴って営まれる陣は基本的には平城であって、「椙山の陣」を杉山城や越畑城と見なすのは難しい、と関口氏は指摘している（「陣の様相」）。

以上のような問題を考慮しつつ、長享・永正の乱の戦況を整理していってはじめて、「椙山之陣」の具体的な比定地を挙げられるのではなかろうか。この問題について、筆者は現時点で成案を持っていないが、「足利高基書状写」が杉山城の年代を特定する決定打と考えるのは、少々早計ではなかろうか。

国指定史跡・杉山城

二〇〇八年、杉山城は松山城・小倉城とともに「比企城館跡群」として国の史跡となった。いくら縄張りがすばらしくとも、どこの誰が、いつ築いたのかもわからないような城は指定されないわけだから、杉山城は十六世紀前半に管領上杉氏によって築かれたことが判明した、という認識のもとに、指定を受けたことになる。

これは、喜ぶべきことである。土の城などというものは、耕地化や宅地化、道路や施設の建設などで、ひとたまりもなく消滅してしまうからだ。国史跡に指定された杉山城は、今後とも良好に保存されてゆくことが保証されたのである。実際、城跡は現在、良好な状態に保たれている。杉山城の指定と、保存活用に尽力された関係各位に、率直な敬意と謝意を表さなければならない。

一方で、この城がいつ何者によって、何のために築かれたのか、という問題について、研究上の決着がついたわけでは必ずしもない。少なくとも筆者は、本書でこれまで述べてきたように、十六世紀前半に管領上杉氏によって築かれたという見解に納得できていない。同じように考えている城郭研究者も、少なからず存在しているだろう。

とはいえ、二〇〇五年に行われた比企シンポ以降も、杉山城の築城年代について関係者が侃々諤々《かんかんがくがく》の議論を続けていたとしたら、国史跡への指定は難航していたに違いない。この城を国史跡へと持っていく流れは、文化財行政上の手続きとしては正しかったのだ。

そして今年（二〇一七年）、杉山城は日本城郭協会による「続日本１００名城」に選定された。おそらく、本書の刊行からそう時をおかずして、「続日本１００名城」の公式なガイドブックが世に出るだろう。そうなれば、杉山城が各種出版物などでとりあげられる機会は、大幅に増えるに違いない。これも、喜ばしいことだ。

杉山城の時代

十四年前、雑誌の記事にとりあげようとして編集長の説得に骨を折らされた杉山城は、今や一度は訪れてみたい城として、多くのお城ファン・歴史ファンに指折られる存在となっている。決して壮大でもなく歴史的には無名といってよい杉山城のような城に、人々が関心を寄せ、足を運ぶ時代となったのだ。

十六世紀前半の管領上杉氏の城というのが、杉山城についての文化財行政上の公式見解である以上、紹介する出版物やメディアなどでは、その見解が伝えられるであろう。この文化財行政上の公式見解が覆る可能性は、ほぼない。日本の行政は、世界に冠たる無謬《むびゅう》主義を誇っているからである。

畠山重忠の「館《やかた》」として国史跡に指定された菅谷城が、いまだに重忠の館から発展した「城館」として、「菅谷館」と呼ばれつづけていることを考えるなら、城郭研究においてこの先、どのような進展があろうとも、杉山城についての公式見解が覆ることはないものと考えた方がよさそうだ。

ただし、城跡が武士道精神称揚の場とされた時代と違って、今のわれわれには研究の自由がある。思想と言論の自由がある。誰かに信心を強制される必要はないし、いや、思想や思考が自由であるためにこそ、人文科学というものは存在しているのではないか。

だから、ここまで本書を読んできて、「西股の言い分は理にかなっていて、杉山城北条氏築城説は納得できる」と評価するか、「杉山城北条氏築城説が成立する余地はあるが、論証できているとまではいえない」と見るか、あるいは「やはり山内上杉氏築城説の方が説得力がある」と考えるか、はたまた織豊系城郭説に魅力を感じるか。それは、あなたの自由だ。

歴史学や考古学は、過去における人の営みを明らかにするための科学だ、という前提に立って、あなたがもっとも理にかなっていると思う答えを選べばよいではないか。われわれには、杉山城を歩きながら人の営みについて思いを巡らす自由が、あるのだ。

参考文献

※書名・論考名のサブタイトルや史料集の出版年次は一部省略した。また、くり返し引用した文献は初出の章にのみ掲載した。

［全体］

嵐山町教育委員会『埼玉県指定史跡　杉山城跡第1・2次発掘調査報告書』（二〇〇五）
嵐山町教育委員会『杉山城跡第3～5次発掘調査報告書』（二〇〇八）
埼玉県教育委員会『埼玉の中世城館跡』（一九八八）
中世を歩く会編『埼玉県の中世城館跡資料集』（二〇一二）
柳田敏司・段木一行編『日本城郭大系第5巻　埼玉・東京』新人物往来社（一九七九）
『角川日本地名大辞典　11埼玉県』角川書店（一九八〇）
『角川日本地名大辞典　14神奈川県』角川書店（一九八四）
黒田基樹編『北条氏年表』高志書院（二〇一三）

［第一章］

村田修三「城跡調査と戦国史研究」『日本史研究』二一一号（一九八〇）
橋口定志「一九九五年の動向　中・近世（東日本）」『考古学ジャーナル』二六三号（一九八六）
橋口定志「中世居館の再検討」『東京考古』五号（一九八七）
橋口定志「中世方形館を巡る諸問題」『歴史評論』四五四号（一九八八）
橋口定志「戦国期城館研究の問題点」『季刊考古学』二六号・特集 戦国考古学のイメージ（一九八九）

松岡進『戦国期城館群の景観』校倉書房（二〇〇二）
千田嘉博『織豊系城郭の形成』東京大学出版会（二〇〇〇）
中井均「本邦築城史編纂委員会と『日本城郭史資料』について」『中世城郭研究』七（一九九三）
関口和也「『武蔵野』における敗戦前の城館研究」『中世城郭研究』九（一九九五）
八巻孝夫「明治から敗戦までの城郭研究の流れについて」『中世城郭研究』一〇（一九九六）
八巻孝夫「敗戦から昭和三〇年代にかけての城郭研究の流れについて」『中世城郭研究』一一（一九九七）
八巻孝夫「昭和四〇年代の城郭研究の流れについて」『中世城郭研究』一二―一七（一九九八―二〇〇三）
松本直子・中園聡・時津裕子『認知考古学とは何か』青木書店（二〇〇三）
時津裕子『鑑識眼の科学』青木書店（二〇〇七）
西股総生「縄張図の方法論」『中世城郭研究』二一（二〇〇七）
西股総生「縄張図の技法」『中世城郭研究』二四（二〇一〇）
西股総生『「城取り」の軍事学』学研パブリッシング（二〇一三）
西股総生『土の城指南』学研パブリッシング（二〇一四）

［第二章］
村田修三監修『図説中世城郭事典 一』新人物往来社（一九八七）
中世城郭研究会『中世城郭研究』創刊号（一九八七）
史跡を活用した体験と学習の拠点形成事業実行委員会編『シンポジウム・埼玉の戦国時代　検証　比企の城』資料集（二〇〇五）

藤木久志監修・埼玉県立歴史資料館編『戦国の城』高志書院（二〇〇五）
帝京大学山梨文化財研究所編『シンポジウム・戦国の城と年代観』資料集（二〇〇八）
萩原三雄・峰岸純夫編『戦国時代の城』高志書院（二〇〇九）
齋藤慎一「戦国大名北条家と城館」浅野晴樹・齋藤慎一編『中世東国の世界3　戦国大名北条氏』高志書院（二〇〇八）
竹井英文「戦国前期東国の戦争と城郭――『杉山城問題』によせて」『千葉史学』五一（二〇〇七）
藤木久志『雑兵たちの戦場』朝日新聞社（一九九五）
佐藤博信編『戦国遺文・古河公方編』東京堂出版

［第三章］

伊禮正雄『関東合戦記』新人物往来社（一九七四）
伊禮正雄「一つの謎・杉山城址考」『埼玉史談』一六―三（一九六九）
西股総生『戦国の軍隊』学研パブリッシング（二〇一二）
『渡辺水庵覚書』『続群書類従』第二十輯下（合戦部）続群書類従刊行会
田中信「山内上杉氏の土器（かわらけ）とは」前掲『戦国の城』（二〇〇五）

［第四章］

西股総生「戦国の堅城・武蔵杉山城」『歴史群像』六一（二〇〇三）
西股総生『「東国の城」の進化と歴史』河出書房新社（二〇一六）
中井均「検出遺構よりみた城郭構造の年代観」前掲『戦国時代の城』（二〇〇九）
松岡進『中世城郭の縄張と空間』吉川弘文館（二〇一五）

西股総生「東国の城郭と織豊系城郭」城郭談話会編『織豊系城郭とは何か』サンライズ出版（二〇一七）
東京都教育委員会『東京都の中世城館（主要城館編）』（二〇〇六）※滝山城・八王子城の項は文責西股
西股総生「相州三崎城の縄張りについて」『中世城郭研究』一二（一九九八）
村田修三「城の発達」『図説中世城郭事典二』新人物往来社（一九八七）
西股総生「後北条氏の築城技術における虎口形質の獲得過程」『織豊城郭』六（一九九九）
西股総生「後北条氏系城郭以前」『城館史料学』七（二〇〇九）
西股総生「八王子城伝太鼓曲輪の機能」『中世城郭研究』二八（二〇一四）

［第五章］

松岡進「戦国初期東国における陣と城館」『戦国史研究』五〇（二〇〇五）
西股総生「『太田道灌状』に見る城郭戦」『中世城郭研究』二〇（二〇〇六）
西股総生・松岡進・田嶌貴久美『神奈川中世城郭図鑑』戎光祥出版（二〇一五）
大木衛・小笠原清・田代道弥編『日本城郭大系第6巻　千葉・神奈川』新人物往来社（一九八〇）
『新編武蔵風土記稿』雄山閣（大日本地誌大系）
『新編相模国風土記稿』雄山閣（大日本地誌大系）
『武蔵名勝図会』慶友社
平塚市博物館・平塚市教育委員会『真田・北金目遺跡群』（二〇一三）
平塚市博物館『平塚と相模の城館』（二〇一二）
松岡進「東国における平地城館跡研究の深化のために」『中世城郭研究』一九（二〇〇五）

「石川忠総留書」『新編埼玉県史　資料編8中世4（記録2）』埼玉県（一九八六）
黒田基樹『扇谷上杉氏と太田道灌』岩田書院（二〇〇四）
佐藤旺「相模国丸山城」『中世城郭研究』二二（二〇〇八）
荻野将盛「河越館跡—山内上杉氏陣所期を中心として」前掲『戦国の城』（二〇〇五）
関口和也「埼玉県川越市大字下広谷の城址群」『中世城郭研究』四（一九九〇）
齋藤慎一「戦国大名城館論覚書」萩原三雄・小野正敏編『戦国時代の考古学』高志書院（二〇〇三）
西股総生「峠の山城」『中世城郭研究』一四（二〇〇〇）
西股総生「中世城郭における遮断線構造」『中世城郭研究』一五（二〇〇一）
西股総生「背後の堀切」『中世城郭研究』一六（二〇〇二）
西股総生「城の外にひろがるもの」『中世城郭研究』一七（二〇〇三）
西股総生「『横矢』の効用」『城館史料学』二（二〇〇四）

［第八章］
貫達人編『改訂新編相州古文書』角川書店
西股総生「上田朝直と青山・腰越城」『城館史料学』五（二〇〇八）
西股総生「縄張研究における遺構認識と年代観」前掲『戦国時代の城』（二〇〇九）
西股総生「縄張の変化と戦国大名の軍事力」「第二六回全国城郭研究者セミナー資料集」（二〇〇九）
峰岸純夫・齋藤慎一編『関東の名城を歩く　南関東編』吉川弘文館（二〇一一）
梅沢太久夫『城郭資料集成 中世北武蔵の城』岩田書院（二〇〇三）

［第七章］

小川町教育委員会『中城跡発掘調査報告書』（一九八一）

小川町『小川町の歴史（資料編1・考古）』（一九九九）

小川町『小川町の歴史 絵図で見る小川町』（一九九八）

小川町教育委員会『町内遺跡発掘調査報告書XV 埼玉県指定史跡 腰越城跡』（二〇〇八）

玉川村教育委員会『玉川村埋蔵文化財調査報告第12集　埼玉県指定史跡　小倉城跡　第1次発掘調査報告書』（二〇〇五）

埼玉県教育委員会『青鳥城跡（関越自動車道関係埋蔵文化財調査報告Ⅳ）』（一九七四）

梅沢太久夫『（改訂版）武蔵松山城主 上田氏』まつやま書房（二〇一一）

杉山博・下山治久ほか編『戦国遺文・後北条氏編』東京堂出版

［第八章］

鳥羽正雄『日本城郭辞典』東京堂出版（一九七一）

中井均・齋藤慎一『歴史家の城歩き』高志書院（二〇一六）

西股総生『東国武将たちの戦国史』河出書房新社（二〇一五）

埼玉県教育委員会『越畑城跡（関越自動車道関係埋蔵文化財調査報告Ⅷ）』（一九七九）

松岡進「『杉山城問題』追考―竹井英文・齋藤慎一両氏の近業に寄せて」『城館史料学』七（二〇〇九）

関口和也「陣の様相」『戦乱の空間』一五（二〇一六）

あとがき

※世の中には「あとがき」を最初に読んでしまう読者がいるそうですが、この「あとがき」は、本文につづいて最後に読んだときに意味がわかるよう書いてあります。念のため。

僕のはじめての著書は『戦国の軍隊』といって、二〇一二年に学研パブリッシングから上梓したものだ。それから五年半たって、ご縁があって『戦国の軍隊』は角川ソフィア文庫として再刊していただき、著作は今回の『杉山城の時代』で単著・共著合わせて一一冊目となった。もちろんそれだけではなく、いろいろな雑誌やムック、最近ではWEB媒体にも記事を書かせてもらっているし、トークイベントや講座、城歩きツアーなどの仕事もずいぶんといただくようになった。せっかくお声掛けいただいても、僕の能力やスケジュールの関係で、申し訳ないのだけれどお請けできない、ということも増えてきた。

しかし、それだけ仕事をこなしても、わが家の家計は一向に豊かにならない。そうして考えてみると、僕が『戦国の軍隊』の中で比喩《ひゆ》的に持ち出した「非正規雇用」や「格差社会」といった、二〇一二年に論じられていた「問題」は、五年半たった今も一向に解決していないように見える。政府はしきりに、景気は回復基調にあると喧伝《けんでん》しているが、国民の多くは景気回復の恩恵を実感できていない。

その一方で、相も変わらぬ非効率的な、効果のよくわからない公共事業や許認可行政、補助金行政の数々。いつの間にか高くなっている税金のゆくえは、闇の中だ。「富の再配分」が十全に機能しているとは到底、思えない。読者の皆さんの中にも、働けど働けどわが暮らし……、という思いを抱いている方は少なくないのではあるまいか。

ところが、わが家の財政状況が芳しくない理由について、家内はまったく別の見解をもっている。家内によれば、僕は一年の大半をぐうたら過ごしていて、働きがすこぶる悪いのだそうだ。おまけに、城好き・歴史好き女子の皆さんと遊びに行ったり、お酒を飲みに行ったりばかりしていて、ロクに家にお金を入れないのだという。

これは、異なことを承る。僕は毎月、相応な金額を家計に入れている。家内の分の駐輪場代だって、僕の口座から引き落としになっている。女性たちと出かける機会があるのも事実だが、実態は取材や打ち合わせである場合が多い。今後の企画の参考にするための情報収集や、ファンサービスといった営業的な要素だってある。それに、彼女らと飲食に行っても、割り勘にしてもらって領収書だけはいただくのが常だから、彼女らは僕のことを陰で「しみったれ先生」と呼んでいるに違いない。

この本を担当してくださったKADOKAWAの竹内祐子さんだって、よく気の回る聡明《そうめい》な方だから、僕は打ち合わせでお会いするのが、いつも楽しみだ（本当にお世話になりました）。おまけに、出版社さんとの打ち合わせでは、飲食代は編集部持ちが普通だから（いつもご馳走《ちそう》さまです）、むしろ家計の助けになっているといってよいではないか。

そもそも、家計だって経済の一環であるのだから、もっと広い視野から多角的に考えなくてはいけない。家内のいい分は、主観的だし一面的にすぎる。やはり政策による「富の再配分」が正しく機能していないところにこそ、家計窮乏の真因があるのではないか。ミクロな事柄を感情的につつくばかりでは、問題の本質を見誤ってしまう。

それに、家内だってずいぶん無駄遣いをしているではないか。サッカーの試合を見に行けば、必ずといってよいほどグッズを買い込むし、冷蔵庫の中にはいつの間にかプリンが増えている。デパートでやっている「××の観光と物産展」には目がないし……。

＊　＊　＊

西股家の年収がいくら、支出がいくら、何月何日に誰と飲みに行ってお勘定がいくら、などというのは、データとしてきちんと数字で出すことができる。しかし、家計が楽にならない原因は何か、という問題になると、解釈や評価はいかようにも可能だ。

「杉山城問題」に関してある研究者が、「解釈や評価はいろいろあっても、事実は一つ」と発言していたが、彼のそうした自信を、僕は羨《うらや》ましく思う。家計逼迫《ひっぱく》の儀について家内から厳しく指弾されている身としては、自分が縄張り研究やら考古学やら、文献史学やらの方法論を正しく用いることで、唯一無二の事実に過たずにたどり着ける、という自信を持つことができないからだ。研究上の価値観などというものも、所詮《しょせん》は個人の経験によって形作られるものではなかろうか。

そうしてあらためてふり返ってみると、二〇〇四年に「杉山城問題」が提起されてこのかた現在までの十三年間、僕の研究は「杉山城問題」を中心に回ってきた——というより杉山城のまわりを、うろうろ、とぼとぼと彷徨《さまよ》っていたような気がする。『戦国の軍隊』だって、「杉山城問題」がなかったら書かなかっただろうし、だとしたらKADOKAWAさんとのご縁もなかったに違いない。

この十三年間は、僕にとっても、この問題に関わった研究者たちにとっても、「杉山城の時代」だったのだ。そして、僕にとってのそれは、まだ当分つづく。なぜなら、研究とは知的冒険の旅だと思うから。たとえ「杉山城問題」が解決しなくても、「問題」をめぐる議論から紡ぎ出される論点は、僕らを次の冒険へと導いてくれる。少なくとも僕は、まだ冒険を終わらせたくはない。

二〇一七年八月　蟬しぐれの頃に　著者記す

西股総生（にしまた・ふさお）

1961年、北海道生まれ。城郭・戦国史研究家。学習院大学大学院史学専攻・博士前期課程修了。三鷹市遺跡調査会、(株) 武蔵文化財研究所などの勤務をへて、著述業。主著に『戦国の軍隊』(角川ソフィア文庫)、『「城取り」の軍事学』『土の城指南』(学研パブリッシング)、『東国武将たちの戦国史』『「東国の城」の進化と歴史』(河出書房新社)、『図解 戦国の城がいちばんよくわかる本』『首都圏発 戦国の城の歩きかた』(ＫＫベストセラーズ)。共著に『神奈川中世城郭図鑑』(戎光祥出版) など。2016年のＮＨＫ大河ドラマ『真田丸』で「戦国軍事考証」を担当。

角川選書 592

杉山城《すぎやまじよう》の時代《じだい》

平成 29 年 10 月 27 日　初版発行

著　者　西股総生《にしまたふさお》

発行者　郡司　聡

発　行　株式会社 KADOKAWA
東京都千代田区富士見 2-13-3　〒 102-8177
電話 0570-002-301（ナビダイヤル）

装　丁　片岡忠彦　　帯デザイン　Zapp! 高橋里佳

印刷所　横山印刷株式会社　　製本所　本間製本株式会社

ISBN978-4-04-703614-7 C0321

この書物を愛する人たちに

詩人科学者寺田寅彦は、銀座通りに林立する高層建築をたとえて「銀座アルプス」と呼んだ。戦後日本の経済力は、どの都市にも「銀座アルプス」を造成した。アルプスのなかに書店を求めて、立ち寄ると、高山植物が美しく花ひらくように、書物が飾られている。

印刷技術の発達もあって、書物は美しく化粧され、通りすがりの人々の眼をひきつけている。しかし、流行を追っての刊行物は、どれも類型的で、個性がない。歴史という時間の厚みのなかで、流動する時代のすがたや、不易な生命をみつめてきた先輩たちの発言がある。また静かに明日を語ろうとする現代人の科白がある。これらも、銀座アルプスのお花畑のなかでは、雑草のようにまぎれ、人知れず開花するしかないのだろうか。

マス・セールの呼び声で、多量に売り出される書物群のなかにあって、選ばれた時代の英知の書は、ささやかな「座」を占めることは不可能なのだろうか。マス・セールの時勢に逆行する少数な刊行物であっても、この書物は耳を傾ける人々には、飽くことなく語りつづけてくれるだろう。私はそういう書物をつぎつぎと発刊したい。真に書物を愛する読者や、書店の人々の手で、こうした書物はどのように成育し、開花することだろうか。私のひそかな祈りである。「一粒の麦もし死なずば」という言葉のように、こうした書物を、銀座アルプスのお花畑のなかで、一雑草であらしめたくない。

一九六八年九月一日　　角川源義

武田氏滅亡
平山 優

甲相越三国和睦構想、御館の乱、高天神城攻防戦という長篠敗戦後の転換点を主軸に、史料博捜と最新研究から、詳述されてこなかった勝頼の成果と蹉跌を徹底検証。戦国史研究に新たなる足跡を刻む決定版！

580 | 752頁

978-4-04-703588-1

真田信繁
幸村と呼ばれた男の真実

平山 優

諱は幸村か信繁か。真田丸はどんな形態をしていたのか。大坂の陣における東西両軍の意外な事情とは――史料を博捜し諸説を根底から再検証。真田研究の第一人者が「不思議なる弓取」の真実を照らし出す！

563 | 384頁

978-4-04-703563-8

真田信之
真田家を継いだ男の半生

黒田基樹

戦いから平和への時代転換の中で、真田信之はいかにして真田家の存続を図ったか。政治的な動向と領国支配の実態を明らかにしつつ、沼田城から上田城に本拠を移すまでの半生を史料に基づき丹念に追いかける。

569 | 240頁

978-4-04-703584-3

羽柴を名乗った人々
黒田基樹

秀吉は、旧織田家臣や旧戦国大名に羽柴名字を与えることで「御一家」と位置づけた。羽柴家の論理による秩序化である。全く新しい武家の政治序列の方法を創出した、秀吉の野望と類い稀な政治手腕を描く。

578 | 264頁

978-4-04-703599-7

徳川家臣団の謎
菊地浩之

家康が率いた軍団は、本当に組織的だったのか――。松平・徳川家の歴史をていねいにたどり、「忠節・徳川家臣団」という定説がどのような創作に満ちていたのかを、豊富な史料を用いながら検証する。

576　312頁
978-4-04-703598-0

足利直義
兄尊氏との対立と理想国家構想
森　茂暁

南北朝の動乱期に、武力によらない仏国土の理想郷を目指した足利直義。兄尊氏とともに室町幕府の基礎を築いたにもかかわらず、最期は兄に毒殺されたとも伝えられる悲劇の人物の政治・思想・文化に迫る。

554　232頁
978-4-04-703554-6

足利尊氏
森茂暁

これが「尊氏研究」の最前線！「英雄」と「逆賊」の間を揺れ動き、南北朝動乱を招いた中心人物として解明が進まなかった足利尊氏を徹底研究。発給文書一五〇〇点から見えてくる新しい尊氏像とは。

583　256頁
978-4-04-703593-5

忍者の歴史
山田雄司

一口に忍者といっても、時代によってその姿を変えてきた歴史がある。真の忍者とはいかなる者か？　今まで解明されることのなかった「忍者」の歩みを、忍術書「万川集海」をはじめとする資料から読み解く。

570　272頁
978-4-04-703580-5

武士はなぜ歌を詠むか
鎌倉将軍から戦国大名まで
小川剛生

戦乱の中世、武士は熱心に和歌を詠み続けた。武家政権の発祥地・関東を中心に、鎌倉将軍宗尊親王、室町将軍足利尊氏、江戸城を築いた太田道灌、今川・武田・北条の大名を取り上げ、伝統の足跡をたどる。

572 | 296頁

978-4-04-703589-8

怪しいものたちの中世
本郷恵子

社会事業や公共事業を請け負った勧進聖、祈祷師や占い師、芸能者、ばくち打ちや山伏――。夢見る喜びや生きる意味を考える機会を与えた中世の宗教者の知られざる役割を、豊富な事例で解き明かす新しい中世史。

566 | 200頁

978-4-04-703566-9

源実朝
歌と身体からの歴史学
五味文彦

甥の公暁に暗殺された悲劇の鎌倉三代将軍・実朝。その実朝は何を信じ、発心して、どう行動したか。それらを『金槐和歌集』『吾妻鏡』『愚管抄』などによって詳細に跡づけ、歴史背景とともに実像を明らかにする。

562 | 264頁

978-4-04-703562-1

長崎奉行の歴史
苦悩する官僚エリート
木村直樹

松平定信が「長崎は日本の病の一つ」と言うほど治めるのが難しかった長崎。各集団のパワーバランスに注目し、海防やキリシタン禁制、長崎の文化・政治的な葛藤と軋轢について長崎奉行を軸に明らかにする。

574 | 208頁

978-4-04-703574-4

洛中洛外図・舟木本を読む
黒田日出男

この圧倒的な絵画空間は、いつ誰の注文によって描かれたのか。それを紺暖簾、能舞台の演目、家紋、公家の姿、武家行列、二条城での裁判、若松図などの細部から読解。華麗な岩佐又兵衛ワールドを解き明かす！

564 | 272頁

978-4-04-703564-5

葛飾北斎の本懐
永田生慈

北斎展や美術館のオープンなど、注目が集まる葛飾北斎。しかし日本では数十年前までほとんど注目されていなかった。なぜか？ 海外での高評価が逆輸入された背景と、終生不撓不屈を貫いた絵師の実像に迫る。

584 | 208頁

978-4-04-103845-1

日本思想の言葉
神、人、命、魂
竹内整一

古い言葉をじっくりと読み味わうことで、我々は先人の叡智や、消えゆくものへの静かな眼差しに触れることができる。今日という時代を生きるよすがとなる、美しい言葉の数々が織りなす、日本思想史の新たな地平。

575 | 264頁

978-4-04-703590-4

「国民主義」の時代
明治日本を支えた人々
小林和幸

国民の困難を見ず専制的な政治にかたよる藩閥政府に対峙し、民権派や政党の利己的な行動を非難する政治勢力「国民主義」。彼らが担ってきた役割を検証し、近代国家建設期の日本の多様な姿を描き出す。

581 | 264頁

978-4-04-703573-7